히라가나 · 가타카나부터
JLPT까지 한 달 완성

GO!독학 일본어 첫걸음

본서

S 시원스쿨닷컴

GO!독학 일본어 첫걸음

초판 1쇄 발행 2024년 11월 1일
초판 13쇄 발행 2025년 4월 15일

지은이 최유리·시원스쿨어학연구소
펴낸곳 (주)에스제이더블유인터내셔널
펴낸이 양홍걸 이시원

홈페이지 japan.siwonschool.com
주소 서울시 영등포구 영신로 166 시원스쿨
교재 구입 문의 02)2014-8151
고객센터 02)6409-0878

ISBN 979-11-6150-905-1 13730
Number 1-310201-26260420-08

머리말

일본어 하면 여러분은 어떤 생각을 가지고 계시나요?
한자의 어려움 때문에 또는 어려운 문법 설명 때문에 시작하기도 전에 포기하지 않았나요?

일본어 강의를 통해 다양한 학습자를 만나오면서 '일본어를 보다 쉽고 재미있게 알려 줄 수 있는 방법은 없을까?'를 늘 고민하였습니다. 학습자 한 분, 한 분이 일본어 배우는 목적이 다르고, 원하는 학습 방식이 다르기 때문에 최대한 모두를 만족시키면서 조금이라도 일본어 공부에 도움이 되는 교재를 만들고자 긴 시간 동안 다양한 시도를 했습니다. 그 결과물이 지금 손에 들고 있는 『GO! 독학 일본어 첫걸음』입니다.

『GO! 독학 일본어 첫걸음』은 일본어를 처음 시작하는 학습자들이 어렵지 않게 일본어의 문자와 발음부터 일상 회화 그리고 JLPT 준비까지 할 수 있도록 단계별로 구성하였습니다.

> **문자·발음** 에서는 일본어의 기본기를 다질 수 있는 발음 연습에 **중점을 두GO!**
> **문형** 에서는 일본어의 주요 문법 설명으로 학습자의 **이해를 돕GO!**
> **패턴** 에서는 앞에서 배운 문법을 활용한 문형을 반복해서 따라 **말하GO!**
> **회화** 에서는 다양한 상황으로 이루어진 대화를 **연습해 보GO!**
> **연습문제** 에서는 자신의 실력을 다시 점검해 볼 수 있게 구성하였습니다.

모든 언어에서 가장 중요한 건 반복입니다. 억지로 외우는 것이 아닌, 어린아이가 처음 말을 배울 때처럼 계속 귀로 듣고 입으로 따라 말해 보세요. 어느새 일본어가 입에서 자연스럽게 나오는 여러분을 발견하실 수 있을 겁니다.

그동안의 강의 경험과 긴 연구 시간이 녹아 있는 이 한 권의 교재가 일본어를 시작하고자 하시는 많은 분들께 믿을 수 있는 길잡이가 되어 드릴 것입니다.
여러분의 일본어 공부를 응원합니다!

최유리 · 시원스쿨어학연구소 드림

학습 목차

PART1
문자·발음편

PART2
회화편

학습 목차

학습 로드맵

STEP 1 **교재와 함께 동영상 강의를 보며 학습합니다.**

일본어의 <문자·발음>, <문형>, <패턴>, <회화>로 구성된 교재와 함께 동영상 강의를 보며 학습합니다. 교재와 강의를 함께 학습하면 보다 쉽게 내용을 이해할 수 있습니다.

STEP 2 **워크북을 풀어보며 학습한 내용을 완벽히 복습합니다.**

학습한 내용을 떠올리며 배운 내용을 얼마나 기억하고 있는지 확인해 봅니다.
워크북을 풀며 실력을 확인하고 부족한 부분은 다시 복습합니다.

STEP 3 **원어민이 녹음한 MP3를 들으며 듣기와 말하기를 연습합니다.**

원어민이 녹음한 정확한 발음을 들으며 일본어 문장을 반복적으로 들어보세요. 회화문의 경우 속도별 음원을 제공하여 자신의 수준에 맞는 음원을 선택하여 듣고 연습할 수 있습니다.

STEP 4 **말하기 트레이닝 영상을 보며 반복적으로 연습합니다.**

문장이 입에 붙을 때까지 말하기 트레이닝 영상을 보며 연습합니다.

STEP 5 **JLPT N5·N4 실전 모의고사를 풀어봅니다.**

본 교재를 모두 학습하고 난 뒤 JLPT N5·N4 실전 모의고사를 풀어보며 시험에 도전해 보세요. JLPT 무료 해설 강의를 통해 쉽고 확실하게 문제 풀이 방법을 익힐 수 있습니다.

본서

문자·발음 확인하GO!

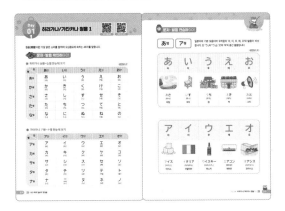

일본어의 기본인 히라가나와 가타카나를 재미있는 삽화와 함께 학습할 수 있습니다. 탁음, 반탁음, 요음, 촉음, 발음, 장음 등도 자세히 제시되어 있어 일본어 문자에 대한 기본 개념을 확실하게 다질 수 있습니다.

배울 내용 미리 보GO!

각 과에서 배울 핵심 내용을 한눈에 파악하기 쉽게 정리하였습니다. 학습하기 전 <미리 보GO>를 통해 주요 내용을 먼저 확인해 볼 수 있습니다.

문형 다지GO!

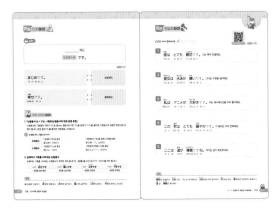

각 과에서 반드시 알아야 할 문형을 자세한 설명과 예문으로 이해하기 쉽게 정리하였습니다. <표현 연습하GO>에서는 앞에서 배운 문형을 활용하여 일본어 말하기 연습까지 가능하도록 구성하였습니다.

회화로 말문트 GO!

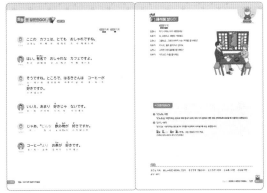

앞에서 익힌 문형이 실생활에서 어떻게 쓰이는지 회화문을 통해 확인할 수 있습니다. 뻔한 표현이 아닌 활용도 높은 문장으로 구성하였으며, 하단에는 함께 알아두면 좋은 TIP을 제시하여 학습의 이해를 높였습니다.

워크북

문제 풀어 보GO!

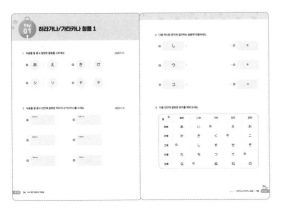

문자·발음 일본어 문자에 대해 제대로 이해했는지 문제를 직접 풀어보며 자신의 실력을 점검해 볼 수 있습니다.

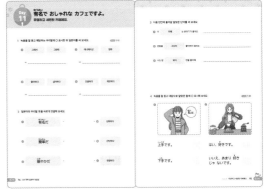

회화 학습한 주요 내용을 듣고, 읽고, 말하고, 써 보며 다양한 방식으로 연습해 봅니다. 학습한 내용 점검은 물론 JLPT 문제 유형을 제시하여 N5·N4 시험 대비까지 가능합니다.

히라가나·가타카나 써 보GO!

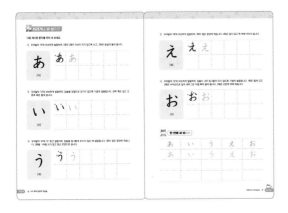

히라가나와 가타카나를 획순에 맞게 따라 쓰면서 일본어 문자를 자연스럽게 익힐 수 있습니다.

JLPT로 실력 확인해 보GO!

JLPT N5·N4 실전 모의고사 문제를 풀어보며 일본어 능력 시험에 도전해 보세요. 실제 시험이 어떤 형식으로 출제되는지 미리 확인해 볼 수 있습니다.

이 책의 구성 및 활용

『GO! 독학 일본어 첫걸음』은 문자부터 실생활 회화까지 일본어를 처음 시작하는 누구나 체계적으로 쉽고 재미있게 학습할 수 있게 구성한 교재입니다. 본 교재는 처음 일본어를 접하는 학습자라도 30일이면 일본어 말문이 트일 수 있습니다. 누구나 쉽게 꾸준히 공부할 수 있는 분량과 난이도로 구성하여 부담 없이 학습할 수 있습니다.

단어

주제별 단어 PDF

일상에서 유용하게 쓰이는 단어를 20가지 주제로 분류하여 정리하였습니다. 단어 PDF는 시원스쿨일본어 홈페이지 > 학습지원센터 > 공부 자료실에서 다운로드 받으실 수 있습니다.

주제별 단어 무료 동영상

200개 단어를 보다 효율적으로 암기할 수 있도록 도와줍니다. 주제별 단어 동영상은 유튜브 채널에서 '고독학 일본어 첫걸음 주제별 단어'를 검색하여 시청할 수 있습니다.

쓰기 노트

히라가나 · 가타카나 쓰기 노트

히라가나와 가타카나를 정확하게 쓰는 법을 알려줍니다. 문자의 획순부터 발음 시 주의해야 할 부분까지 학습할 수 있어 정확한 발음을 구사할 수 있습니다. 히라가나 · 가타카나 쓰기 노트는 워크북 5p를 참고해 주세요.

문장 쓰기 노트 PDF

주요 핵심 문장들을 따라 쓰면서 배웠던 문장을 되짚어 볼 수 있습니다. 쓰면서 연습하다 보면 문장을 확실히 내 것으로 만들 수 있습니다. 문장 쓰기 노트는 시원스쿨일본어 홈페이지 > 학습지원센터 > 공부 자료실에서 다운로드 받으실 수 있습니다.

무료 동영상

문자 · 발음 무료 동영상

일본어의 문자 · 발음 영상을 보며 기본기를 탄탄히 다질 수 있을 뿐만 아니라 한국인이 어려워하는 발음, 자주 실수하는 발음 등도 자세히 익힐 수 있습니다. 무료 동영상은 본서 Day1~5에 있는 QR 코드를 스캔하여 시청할 수 있습니다.

말하기 트레이닝 무료 동영상

언제, 어디서든 보고, 듣고, 따라 연습할 수 있는 말하기 트레이닝 영상을 제공합니다. 익숙해질 때까지 반복하여 연습해 보세요. 말하기 트레이닝 동영상은 본서 Day6~30에 있는 QR 코드를 스캔하여 시청할 수 있습니다.

원어민 MP3 음원

원어민의 음성을 들으며 일본어 듣기·말하기 연습을 할 수 있습니다. 회화문의 경우 느린 속도와 보통 속도 두 가지 음원을 제공하여 다양한 방식으로 학습할 수 있습니다. 음원은 시원스쿨일본어 홈페이지 > 학습지원센터 > 공부 자료실에서 다운로드 받거나 매 과에 있는 QR코드를 스캔하여 이용할 수 있습니다.

JLPT N5 · N4

실전 모의고사

JLPT 모의고사 N5 · N4 실전 모의고사 문제를 풀어보며 실제 시험이 어떤 형식으로 출제되는지 시험 유형을 미리 확인해 볼 수 있습니다. 실전 모의고사는 워크북 213p에 수록되어 있습니다.

실전 모의고사 해설서 PDF

모든 문제의 해석을 수록했습니다. 문제를 다 푼 뒤 정답을 대조해 보고, 해석 PDF 파일을 다운로드 받아 틀린 문제를 복습해 보세요. 해설서 PDF는 시원스쿨일본어 홈페이지 > 학습지원센터 > 공부 자료실에서 다운로드 받으실 수 있습니다.

실전 모의고사 무료 해설 강의

JLPT N5 · N4 실전 모의고사 풀이 강의를 보며 부족한 부분이나 이해가 되지 않았던 부분을 명확하게 짚고 넘어갈 수 있습니다. 무료 해설 강의는 워크북 213p, 255p에 있는 QR코드를 스캔하여 시청할 수 있습니다.

기타 부가 자료

숫자 표현

시간 · 날짜 등 일본어에서 중요한 숫자 표현을 수록하였습니다. 본서 364p를 참고해 주세요.

일본어 문법표

명사 · い형용사 · な형용사 · 동사의 일본어 문법표를 한눈에 보기 쉽게 정리하였습니다. 본서 368p를 참고해 주세요.

품사별 활용표

품사별 활용표를 한눈에 보기 쉽게 정리하였습니다. 완전히 익힐 때까지 수시로 보며 틈틈이 학습하세요. 품사별 활용표는 본서 370p를 참고해 주세요.

동사 활용 테스트

다양한 동사의 활용법을 익힐 수 있도록 테스트 자료를 제공하였습니다. 외우기 까다로운 동사 활용을 테스트를 풀어보며 완벽하게 익혀보세요. 동사 활용 테스트지는 도서 내 워크북에 수록되어 있습니다.

학습 구성표

Day	제목	학습 내용
01	히라가나/가타카나 청음 1	• 히라가나 あ행~な행 • 가타카나 ア행~ナ행
02	히라가나/가타카나 청음 2	• 히라가나 は행~ん • 가타카나 ハ행~ン
03	탁음/반탁음/요음	• 탁음/반탁음/요음
04	촉음/발음/장음/헷갈리기 쉬운 글자	• 촉음/발음/장음 • 헷갈리기 쉬운 글자
05	일본어 인사말/숫자 표현	• 만날 때/헤어질 때 • 고마울 때/사과할 때 • 외출·귀가할 때/축하할 때 • 처음 만날 때/오랜만에 만날 때/오랫동안 헤어질 때 • 식사할 때/권할 때 • 숫자 표현
06	私はキム・ハンナです。 저는 김한나입니다.	• 인칭 대명사 • 명사의 현재 긍정 표현: ~です • 명사의 현재 의문 표현: ~は ~ですか • 명사의 현재 부정 표현: ~は ~じゃ ないです/ありません
07	アイスコーヒーを2つください。 아이스커피를 두 개 주세요.	• 부탁·요청을 나타내는 표현: ~ください • 조사 の • 소유를 나타내는 명사+の • 지시 대명사
08	授業は何時からですか。 수업은 몇 시부터예요?	• 출발점과 도달점을 나타내는 표현: ~から、~まで • 시간을 나타내는 표현 • 분을 나타내는 표현 • 요일을 나타내는 표현 • 명사의 연결형: で
09	私の誕生日は18日ですよ。 제 생일은 18일이에요.	• 명사의 과거 긍정 표현: ~でした • 명사의 과거 의문 표현: ~でしたか • 명사의 과거 부정 표현: ~じゃ なかったです • 명사의 과거 의문 표현: ~じゃ なかったですか • 월(月)을 나타내는 표현 • 일(日)을 나타내는 표현

Day	제목	학습 내용
10	古くておいしいお店です. 오래되고 맛있는 가게예요.	· い형용사의 현재 긍정 표현: ~い+です · い형용사의 현재 부정 표현: ~く ないです/ありません · い형용사 + 명사: ~한 명사 · い형용사의 연결형: て
11	有名でおしゃれなカフェですよ. 유명하고 세련된 카페예요.	· な형용사의 현재 긍정 표현: だ+です · な형용사의 현재 부정 표현: ~じゃ ないです/ありません · な형용사의 연결형: で · な형용사 + 명사: ~한 명사
12	兄弟がいますか. 형제가 있나요?	· 생물의 존재를 나타내는 표현: います/いません · 가족 관계 호칭을 나타내는 표현 · 무생물의 존재를 나타내는 표현: あります/ありません · 위치를 나타내는 명사
13	ホカンスはよかったですか. 호캉스는 좋았어요?	· い형용사의 과거 긍정 표현: い+かったです · い형용사의 과거 부정 표현: ~く なかったです/ ありませんでした · な형용사의 과거 긍정 표현: だ+でした · な형용사의 과거 부정 표현: だ+じゃ なかったです/ ありませんでした
14	このアイフォーンがほしいです. 이 아이폰을 갖고 싶어요.	· 희망을 나타내는 표현: ~が ほしいです/ ~が ほしく ないです · 가격 묻는 표현 · 화폐 단위 읽는 법 · 역접 또는 전환을 나타내는 접속사
15	友達と遊園地に行きます. 친구와 놀이공원에 갈 거예요.	· 동사의 특징 · 동사의 종류 · 동사의 현재 긍정 표현: ~ます · 동사의 현재 부정 표현: ~ません
16	ユーチューブを見ながら、家トレしますよ. 유튜브를 보면서 홈트해요.	· 동시 동작을 나타내는 표현: ~ながら · 욕구나 희망을 나타내는 표현: ~たい · 의향을 묻거나 권유하는 표현: ~ませんか/~ましょう

Day	제목	학습 내용
17	ネットで買いました。 인터넷으로 샀어요.	• 동사의 과거 긍정 표현: ~ました • 동사의 과거 부정 표현: ~ませんでした • 이유, 원인, 근거를 강조하는 표현: から • 목적을 나타내는 표현: に
18	おいしくて食べすぎました。 맛있어서 과식했어요.	• 동작의 용이함의 정도를 나타내는 표현: やすい/にくい • 정도를 나타내는 표현: すぎる • 방법이나 방식을 나태내는 표현: ~方 • 권유나 제안하는 표현: ~ましょうか
19	後で確認して連絡します。 나중에 확인하고 연락하겠습니다.	• 동사의 て형 • 부탁하거나 요청을 나타내는 표현: て형+ください • 동작의 진행이나 상태를 나타내는 표현: て형+いる
20	写真を撮ってもいいですか。 사진을 찍어도 되나요?	• 동작의 이동이나 변화를 나타내는 표현: て형+いく/て형+くる • 시도를 나타내는 표현: て형+みる • 허락을 구할 때 쓰는 표현: て형+も いいですか • 금지를 나타내는 표현: て형+は いけません
21	新しい化粧品を買うつもりです。 새 화장품을 살 생각이에요.	• 의지와 결심을 나타내는 표현: ~つもりだ • 미리 준비해 놓은 상태를 나타내는 표현: て형+おく • 동작의 완료를 나타내는 표현: て형+しまう • 동작의 순서를 나타내는 표현: 前に
22	北海道に行ったことがありますか。 홋카이도에 가 본 적이 있나요?	• 동사의 た형 • 경험의 유무를 나타내는 표현: た형+ことが ある/ない • 동작의 상태를 연결할 때 쓰는 표현: ~たり ~たりします
23	地下鉄に乗った方がいいですよ。 지하철을 타는 편이 좋겠어요.	• 동작의 순서를 나타내는 표현: て형+から • 가볍게 제안하거나 조언하는 표현: た형+ら どうですか • 추측을 나타내는 표현: ~かも しれない • 강하게 조언하거나 권유하는 표현: た형+方が いい
24	電話で予約しなければなりませんよね。 전화로 예약하지 않으면 안 되겠네요.	• 동작의 부정을 나타내는 표현: ~ない • 의무를 나타내는 표현: ~なければ ならない • 허가·허락을 나타내는 표현: ~なくても いい • 금지를 나타내는 표현: ~ないで ください

일러두기

① 한자에 익숙하지 않은 학습자를 위해 1-15과까지 한국어 독음을 표기하였습니다.

② 한글 독음은 최대한 원어민 발음에 가깝게 표기하였습니다.

③ 한글 독음에서 '-'는 일본어의 장음을 뜻하며 길게 발음합니다.

④ 일본어에는 띄어쓰기가 없지만 문장 구조에 대한 이해를 높이기 위해 띄어쓰기를 하였습니다.

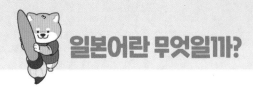

일본어란 무엇일까?

🐻 일본어 문자

일본어는 히라가나(ひらがな), 가타카나(カタカナ), 한자(漢字) 세 종류의 글자를 사용합니다.

❶ 히라가나

일본어의 가장 기본 문자로 총 46개 글자가 있으며 모든 일본어와 한자 발음을 표기할 수 있습니다.

❷ 가타카나

한자의 일부를 차용해서 만든 글자로 외래어를 표기하거나 의성어, 의태어 또는 문장에서 특별히 강조하고 싶은 단어에 사용합니다.

❸ 한자(漢字=칸지)

단어나 문장의 내용을 전달하기 위해 한자로 표기하는 경우가 많습니다. 일본 문무과학성은 총 2,136개의 상용한자를 지정했으며 1,026개는 초등학교 때 배우고, 나머지 1,110개는 중학교 때 배운다고 합니다.

🐻 훈독과 음독

일본어 한자를 읽는 방식으로 훈독과 음독 두 가지가 있습니다.

	훈독	음독
우리말	꽃(뜻)	화(소리)
일본어	**はな**	**か**

훈독	한자의 뜻을 읽는 방법입니다.
음독	한자의 소리를 읽는 방법입니다.
후리가나	같은 한자라도 읽는 방법이 여러 가지이기 때문에 한자 위에 작게 읽는 방법을 제시해 놓는 것을 말합니다.

🐕 일본어에 없는 것 세 가지

① 띄어쓰기

일본어에는 띄어쓰기가 없어 문장을 쓸 때 모두 붙여 씁니다.

② 받침

일본어에는 받침이 없어 '콜라'를 '코-라'라고 발음합니다.

③ 물음표

일본어 문장에는 물음표가 없어 의문문이어도 물음표를 제시하지 않습니다. 대신 모든 문장 끝에는 마침표를 사용합니다. 다만, 반말체의 경우에는 물음표를 써 주지 않으면 평서문과 의문문의 형태가 같은 경우가 많기 때문에 구별하기 위해 물음표를 쓰는 경우가 많습니다.

🐕 일본어의 어순

일본어는 어순이 우리말과 비슷합니다.

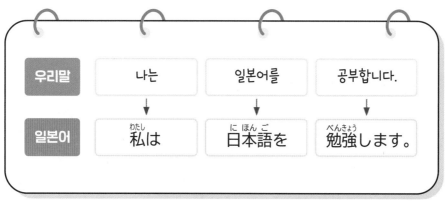

17

일본어 히라가나와 가타카나 오십음도

🐱 히라가나 오십음도

히라가나는 일본어의 가장 기본 문자입니다. 오십음도이지만 실제 사용되지 않는 것을 빼면 46개입니다.

행 \ 단	あ단	い단	う단	え단	お단
あ행	あ [아]	い [이]	う [우]	え [에]	お [오]
か행	か [카]	き [키]	く [쿠]	け [케]	こ [코]
さ행	さ [사]	し [시]	す [스]	せ [세]	そ [소]
た행	た [타]	ち [치]	つ [츠]	て [테]	と [토]
な행	な [나]	に [니]	ぬ [누]	ね [네]	の [노]
は행	は [하]	ひ [히]	ふ [후]	へ [헤]	ほ [호]
ま행	ま [마]	み [미]	む [무]	め [메]	も [모]
や행	や [야]		ゆ [유]		よ [요]
ら행	ら [라]	り [리]	る [루]	れ [레]	ろ [로]
わ행	わ [와]				を [오]
ん	ん [응]				

가타카나 오십음도

가타카나는 외래어나 의성어 · 의태어, 강조하고 싶은 단어에 쓰이며 히라가나와 마찬가지로 46개입니다.

행＼단	ア단	イ단	ウ단	エ단	オ단
ア행	ア [아]	イ [이]	ウ [우]	エ [에]	オ [오]
カ행	カ [카]	キ [키]	ク [쿠]	ケ [케]	コ [코]
サ행	サ [사]	シ [시]	ス [스]	セ [세]	ソ [소]
タ행	タ [타]	チ [치]	ツ [츠]	テ [테]	ト [토]
ナ행	ナ [나]	ニ [니]	ヌ [누]	ネ [네]	ノ [노]
ハ행	ハ [하]	ヒ [히]	フ [후]	ヘ [헤]	ホ [호]
マ행	マ [마]	ミ [미]	ム [무]	メ [메]	モ [모]
ヤ행	ヤ [야]		ユ [유]		ヨ [요]
ラ행	ラ [라]	リ [리]	ル [루]	レ [레]	ロ [로]
ワ행	ワ [와]				ヲ [오]
ン	ン [응]				

문자·발음 미리보기

배울 내용 미리 확인하GO!

일본어를 처음 배울 때 반드시 알아야 할 히라가나와 가타카나 문자, 인사 및 숫자 표현까지 일본어의 기본 개념을 익히려고 합니다. 이번 과에서 일본어의 기초를 탄탄하게 다져보며 재미있게 익혀 볼까요?

Day 01 히라가나/가타카나 청음 1

1과 전체 음원

문자·발음 강의

청음(清音)이란 가장 맑은 소리를 말하며 오십음도에 속하는 46자를 말합니다.

문자·발음 확인하GO!

❀ 히라가나 あ행~な행 한눈에 보기

Track 01-01

행＼단	あ단	い단	う단	え단	お단
あ행	あ [아]	い [이]	う [우]	え [에]	お [오]
か행	か [카]	き [키]	く [쿠]	け [케]	こ [코]
さ행	さ [사]	し [시]	す [스]	せ [세]	そ [소]
た행	た [타]	ち [치]	つ [츠]	て [테]	と [토]
な행	な [나]	に [니]	ぬ [누]	ね [네]	の [노]

❀ 가타카나 ア행~ナ행 한눈에 보기

행＼단	ア단	イ단	ウ단	エ단	オ단
ア행	ア [아]	イ [이]	ウ [우]	エ [에]	オ [오]
カ행	カ [카]	キ [키]	ク [쿠]	ケ [케]	コ [코]
サ행	サ [사]	シ [시]	ス [스]	セ [세]	ソ [소]
タ행	タ [타]	チ [치]	ツ [츠]	テ [테]	ト [토]
ナ행	ナ [나]	ニ [니]	ヌ [누]	ネ [네]	ノ [노]

あ행	ア행

일본어의 기본 모음이며 우리말의 '아, 이, 우, 에, 오'와 발음이 비슷합니다. 단 「う」와 「ウ」는 '으'와 '우'의 중간 발음입니다.

Track 01-02

あ	い	う	え	お
아	이	우	에	오
あさ	いす	うち	えき	おと
[아사]	[이스]	[우치]	[에키]	[오토]
아침	의자	집	역	소리

ア	イ	ウ	エ	オ
아	이	우	에	오
アイス	イタリア	ウイスキー	エアコン	オアシス
[아이스]	[이타리아]	[우이스키-]	[에아콩]	[오아시스]
아이스	이탈리아	위스키	에어컨	오아시스

か행 カ행 단어의 첫머리에 올 때는 우리말의 '카, 키, 쿠, 케, 코'와 발음이 비
슷합니다. 그 외의 경우는 '까, 끼, 꾸, 께, 꼬'에 가깝게 발음합니다.

Track 01-03

か	き	く	け	こ
카	키	쿠	케	코
かさ	き	くし	けしき	ここ
[카사]	[키]	[쿠시]	[케시키]	[코코]
우산	나무	빗	경치	여기, 이곳

カ	キ	ク	ケ	コ
카	키	쿠	케	코
カート	キウイ	クリーム	ケーキ	コース
[카-토]	[키우이]	[쿠리-무]	[케-키]	[코-스]
카트	키위	크림	케이크	코스

さ행	サ행

우리말의 '사, 시, 스, 세, 소'와 발음이 비슷합니다. 단 「す」와 「ス」는
우리말의 '스'와 '수'의 중간 발음입니다.

Track 01-04

さ 사	し 시	す 스	せ 세	そ 소
さけ [사케] 술	しお [시오] 소금	すし [스시] 초밥	せき [세키] 자리	そと [소토] 밖

サ 사	シ 시	ス 스	セ 세	ソ 소
サンタ [산타] 산타	シーソー [시-소-] 시소	スカート [스카-토] 스커트	セーター [세-타-] 스웨터	ソーセージ [소-세-지] 소시지

た행 タ행

단어의 첫머리에 올 때는 우리말의 '타, 치, 츠, 테, 토'와 발음이 비슷합니다. 그 외의 경우는 '따, 찌, 쯔, 떼, 또'에 가깝게 발음합니다.

Track 01-05

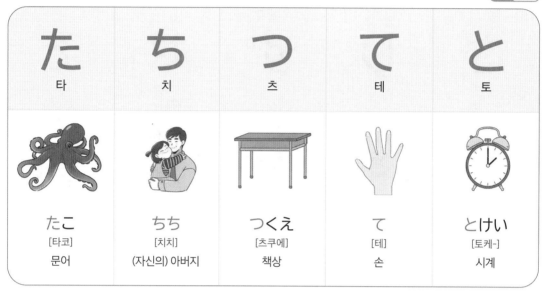

た	ち	つ	て	と
타	치	츠	테	토
たこ	ちち	つくえ	て	とけい
[타코]	[치치]	[츠쿠에]	[테]	[토케-]
문어	(자신의) 아버지	책상	손	시계

タ	チ	ツ	テ	ト
타	치	츠	테	토
タクシー	チケット	ツアー	テスト	トースト
[탁시-]	[치켓토]	[츠아-]	[테스토]	[토-스토]
택시	티켓	투어, 관광	테스트, 시험	토스트

な행	ナ행

우리말의 '나, 니, 누, 네, 노'와 발음이 비슷합니다. 단 「ぬ」와 「ヌ」는 우리말의 '느'와 '누'의 중간 발음입니다.

Track 01-06

な	に	ぬ	ね	の
나	니	누	네	노
なつ [나츠] 여름	にじ [니지] 무지개	ぬの [누노] 천	ねこ [네코] 고양이	のど [노도] 목구멍

ナ	ニ	ヌ	ネ	ノ
나	니	누	네	노
ナッツ [낫츠] 넛츠, 견과류	ニット [닛토] 니트	カヌー [카누-] 카누	ネクタイ [네쿠타이] 넥타이	ノート [노-토] 노트

Day 02 히라가나/가타카나 청음 2

2과 전체 음원

문자·발음 강의

 문자·발음 확인하GO!

✿ 히라가나 は행~ん 한눈에 보기

Track 02-01

행 \ 단	あ단	い단	う단	え단	お단
は행	は [하]	ひ [히]	ふ [후]	へ [헤]	ほ [호]
ま행	ま [마]	み [미]	む [무]	め [메]	も [모]
や행	や [야]		ゆ [유]		よ [요]
ら행	ら [라]	り [리]	る [루]	れ [레]	ろ [로]
わ행	わ [와]				を [오]
ん	ん [응]				

✿ 가타카나 ハ행~ン 한눈에 보기

행 \ 단	ア단	イ단	ウ단	エ단	オ단
ハ행	ハ [하]	ヒ [히]	フ [후]	ヘ [헤]	ホ [호]
マ행	マ [마]	ミ [미]	ム [무]	メ [메]	モ [모]
ヤ행	ヤ [야]		ユ [유]		ヨ [요]
ラ행	ラ [라]	リ [리]	ル [루]	レ [레]	ロ [로]
ワ행	ワ [와]				ヲ [오]
ン	ン [응]				

문자·발음 연습하GO!

| は행 | ハ행 | 우리말의 '하, 히, 후, 헤, 호'와 발음이 비슷합니다. 단 「ふ」와 「フ」는 우리말의 '흐'와 '후'의 중간 발음입니다. |

Track 02-02

は	ひ	ふ	へ	ほ
하	히	후	헤	호
はし [하시] 젓가락	ひと [히토] 사람	ふね [후네] (탈 것의) 배	へや [헤야] 방	ほし [호시] 별

ハ	ヒ	フ	ヘ	ホ
하	히	후	헤	호
ハム [하무] 햄	ヒーター [히-타-] 히터	フードコート [후-도코-토] 푸드 코트	ヘルシー [헤루시-] 헬시	ホテル [호테루] 호텔

ま행   マ행   우리말의 '마, 미, 무, 메, 모'와 발음이 비슷합니다. 단 「む」와 「ム」는
우리말의 '므'와 '무'의 중간 발음입니다.

Track 02-03

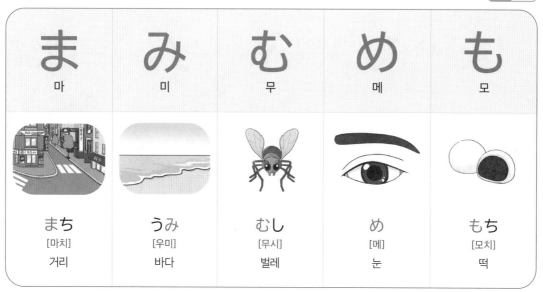

ま	み	む	め	も
마	미	무	메	모
まち [마치] 거리	うみ [우미] 바다	むし [무시] 벌레	め [메] 눈	もち [모치] 떡

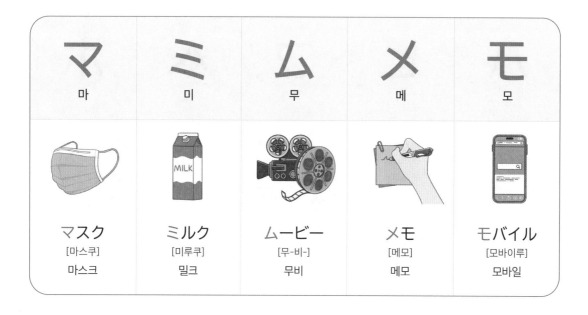

マ	ミ	ム	メ	モ
마	미	무	메	모
マスク [마스쿠] 마스크	ミルク [미루쿠] 밀크	ムービー [무-비-] 무비	メモ [메모] 메모	モバイル [모바이루] 모바일

や행	ヤ행

우리말의 '야, 유, 요'와 발음이 비슷합니다. 「や」행과 「ヤ」행은 세 글자만 존재합니다.

Track 02-04

や		ゆ		よ
야		유		요
やま [야마] 산		ゆき [유키] 눈		よこ [요코] 옆

ヤ		ユ		ヨ
야		유		요
ヤング [양구] 영, 젊은		ユニフォーム [유니풔-무] 유니폼		ヨーロッパ [요-롭파] 유럽

우리말의 '라, 리, 루, 레, 로'와 발음이 비슷합니다. 단 「る」와 「ル」는
우리말의 '르'와 '루'의 중간 발음입니다.

Track 02-05

ら	り	る	れ	ろ
라	리	루	레	로
とら	りす	くるま	れい	ろうそく
[토라]	[리스]	[쿠루마]	[레-]	[로-소쿠]
호랑이	다람쥐	자동차	0, 영[숫자]	초, 양초

ラ	リ	ル	レ	ロ
라	리	루	레	로
ラジオ	リボン	ルビー	レモン	ロッカー
[라지오]	[리봉]	[루비-]	[레몽]	[록카-]
라디오	리본	루비	레몬	로커(locker), 사물함

わ행	ワ행

우리말의 '와, 오'와 발음이 비슷합니다. 히라가나 「を」는 조사 '~을 (를)'의 의미로 사용하며, 가타카나의 「ヲ」는 존재하기는 하나 거의 사용할 일이 없습니다.

Track 02-06

わ	を
와	오
にわ	おとを きく
[니와]	[오토오 키쿠]
마당, 정원	소리를 듣다

ワ	ヲ
와	오
ワイン	
[와잉]	
와인	

ん	ン

「ん」과 「ン」은 뒤에 오는 소리에 따라서 우리말 받침 'ㄴ, ㅁ, ㅇ'과 비슷하게 발음됩니다. 「ん」과 「ン」은 단독으로 쓰이지 않으며 단어 중간이나 끝에 사용합니다.

ん
응
ほん
[홍]
책

ン
응
メロン
[메롱]
멜론

탁음(濁音)은 청음과 대비되는 소리로 '탁한 소리'를 뜻하는데 か·さ·た·は행(カ행·サ행·タ행·ハ행)의 오른쪽 위에 작은 점 두 개「゛」를 찍어서 표기합니다. 반탁음(半濁音)은 は행(ハ행)의 오른쪽 위에 작은 동그라미「゜」를 그려서 표기하며 は행(ハ행)에서만 사용됩니다.

문자·발음 확인하GO!

❀ 탁음·반탁음 한눈에 보기

Track 03-01

행 \ 단	あ · ア단	い · イ단	う · ウ단	え · エ단	お · オ단
が · ガ행	が · ガ [가]	ぎ · ギ [기]	ぐ · グ [구]	げ · ゲ [게]	ご · ゴ [고]
ざ · ザ행	ざ · ザ [자]	じ · ジ [지]	ず · ズ [즈]	ぜ · ゼ [제]	ぞ · ゾ [조]
だ · ダ행	だ · ダ [다]	ぢ · ヂ [지]	づ · ヅ [즈]	で · デ [데]	ど · ド [도]
ば · バ행	ば · バ [바]	び · ビ [비]	ぶ · ブ [부]	べ · ベ [베]	ぼ · ボ [보]
ぱ · パ행	ぱ · パ [파]	ぴ · ピ [피]	ぷ · プ [푸]	ぺ · ペ [페]	ぽ · ポ [포]

문자·발음 연습하GO!

1 탁음

が행	ガ행	우리말의 '가, 기, 구, 게, 고'와 발음이 비슷합니다. 단 「ぐ」와 「グ」는 '그'와 '구'의 중간 발음입니다.

Track 03-02

が 가	ぎ 기	ぐ 구	げ 게	ご 고
がくせい [각세-] 학생	かぎ [카기] 열쇠	かぐ [카구] 가구	かげ [카게] 그림자	ごみ [고미] 쓰레기

ガ 가	ギ 기	グ 구	ゲ 게	ゴ 고
ガム [가무] 껌	ギター [기타-] 기타	グッズ [굿즈] 굿즈, 상품	ゲーム [게-무] 게임	ゴム [고무] 고무

ざ행　ザ행　우리말의 '자, 지, 즈, 제, 조'와 발음이 비슷합니다. 단 「ず」와 「ズ」는
우리말의 '즈'와 '주'의 중간 발음입니다.

Track 03-03

ざ	じ	ず	ぜ	ぞ
자	지	즈	제	조
ざせき	じかん	ちず	かぜ	ぞう
[자세키]	[지캉]	[치즈]	[카제]	[조-]
좌석	시간	지도	바람	코끼리

ザ	ジ	ズ	ゼ	ゾ
자	지	즈	제	조
レザー	ジーンズ	ズボン	ゼリー	リゾート
[레자-]	[지-ㄴ즈]	[즈봉]	[제리-]	[리조-토]
레더, 가죽	청바지	바지	젤리	리조트

| だ행 | ダ행 |

우리말의 '다, 지, 즈, 데, 도'와 발음이 비슷합니다. 단 「づ」와 「ヅ」는 우리말의 '즈'와 '주'의 중간 발음입니다. 가타카나 「ヂ」와 「ヅ」는 쓰이는 경우가 많이 없고 발음이 같은 「ジ」와 「ズ」가 주로 쓰입니다.

Track 03-04

だ	ぢ	づ	で	ど
다	지	즈	데	도
だれ	はなぢ	みかづき	でぐち	いど
[다레]	[하나지]	[미카즈키]	[데구치]	[이도]
누구	코피	초승달	출구	우물

ダ	ヂ	ヅ	デ	ド
다	지	즈	데	도
ダイヤ	チヂミ		デート	ドア
[다이야]	[치지미]		[데-토]	[도아]
다이아	부침개, 전		데이트	도어, 문

ば행　バ행

우리말의 '바, 비, 부, 베, 보'와 발음이 비슷합니다. 단 「ぶ」와 「ブ」는
우리말의 '브'와 '부'의 중간 발음입니다.

Track 03-05

ば	び	ぶ	べ	ぼ
바	비	부	베	보
ばら	ゆび	ぶた	なべ	ぼうし
[바라]	[유비]	[부타]	[나베]	[보-시]
장미	손가락	돼지	냄비	모자

バ	ビ	ブ	ベ	ボ
바	비	부	베	보
バイク	ビール	ブーツ	ベスト	ボタン
[바이쿠]	[비-루]	[부-츠]	[베스토]	[보탕]
바이크	맥주	부츠	베스트	버튼

2 반탁음

ぱ행	パ행

단어의 첫머리에 올 때 우리말의 '파, 피, 푸, 페, 포'와 발음이 비슷합니다. 그 외의 경우는 '빠, 삐, 뿌, 뻬, 뽀'에 가깝게 발음합니다. 반탁음은 「ぱ」행과 「パ」행 밖에 없습니다.

Track 03-06

ぱ	ぴ	ぷ	ぺ	ぽ
파	피	푸	페	포
ぱくぱく	ぴかぴか	ぷくぷく	ぺこぺこ	ぽかぽか
[파쿠파쿠]	[피카피카]	[푸쿠푸쿠]	[페코페코]	[포카포카]
빠끔빠끔	반짝반짝	보글보글	배가 몹시 고픔	따끈따끈, 뜨끈뜨끈

パ	ピ	プ	ペ	ポ
파	피	푸	페	포
パイロット	ピアノ	プサン	ペット	ポイント
[파이롯토]	[피아노]	[푸상]	[펫토]	[포인토]
파일럿	피아노	부산	반려동물	포인트

♣ 요음 한눈에 보기

요음은 「い」단과 「イ」단의 오른쪽 아래에 「ゃ·ゅ·ょ」 혹은 「ャ·ュ·ョ」를 작게 써서 표기하고, 두 글자 이지만 한 글자, 한 음절로 발음합니다.

 문자·발음 확인하GO!

Track 03-07

	い단·イ단 + ゃ·ャ	い단·イ단 + ゅ·ュ	い단·イ단 + ょ·ョ
청음	きゃ キャ [캬]	きゅ キュ [큐]	きょ キョ [쿄]
	しゃ シャ [샤]	しゅ シュ [슈]	しょ ショ [쇼]
	ちゃ チャ [챠]	ちゅ チュ [츄]	ちょ チョ [쵸]
	にゃ ニャ [냐]	にゅ ニュ [뉴]	にょ ニョ [뇨]
	ひゃ ヒャ [햐]	ひゅ ヒュ [휴]	ひょ ヒョ [효]
	みゃ ミャ [먀]	みゅ ミュ [뮤]	みょ ミョ [묘]
	りゃ リャ [랴]	りゅ リュ [류]	りょ リョ [료]
탁음	ぎゃ ギャ [갸]	ぎゅ ギュ [규]	ぎょ ギョ [교]
	じゃ ジャ [쟈]	じゅ ジュ [쥬]	じょ ジョ [죠]
	びゃ ビャ [뱌]	びゅ ビュ [뷰]	びょ ビョ [뵤]
반탁음	ぴゃ ピャ [퍄]	ぴゅ ピュ [퓨]	ぴょ ピョ [표]

Track 03-08

き·キ	きゃ キャ	きゅ キュ	きょ キョ
	きゃく [캬쿠] 손님	キューブ [큐-부] 큐브	きょり [쿄리] 거리[간격을 나타냄]

し·シ	しゃ シャ	しゅ シュ	しょ ショ
	しゃしん [샤싱] 사진	しゅみ [슈미] 취미	ショー [쇼-] 쇼

ち·チ	ちゃ チャ	ちゅ チュ	ちょ チョ
	チャージ [차-지] 충전(요금)	ちゅうごく [츄-고쿠] 중국	チョコレート [쵸코레-토] 초콜릿

に・ニ	にゃ ニャ	にゅ ニュ	にょ ニョ
	こんにゃく [콘냐쿠] 곤약	ニュース [뉴-스] 뉴스	にょうぼう [뇨-보-] 아내

ひ・ヒ	ひゃ ヒャ	ひゅ ヒュ	ひょ ヒョ
	ひゃく [햐쿠] 100, 백	ヒューマン [휴-망] 휴먼	ひょうか [효-카] 평가

み・ミ	みゃ ミャ	みゅ ミュ	みょ ミョ
	ミャンマー [먐마-] 미얀마	ミュージアム [뮤-지아무] 뮤지엄	みょうじ [묘-지] 성씨, 성

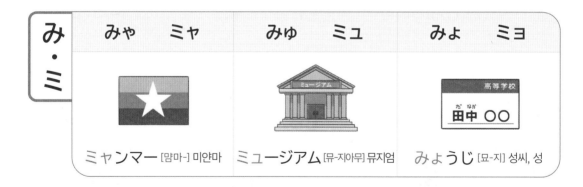

り・リ	りゃ リャ	りゅ リュ	りょ リョ
	りゃくず [랴쿠즈] 약도	りゅうがく [류-가쿠] 유학	りょうり [료-리] 요리

Track 03-10

ぎ·ギ	ぎゃ ギャ	ぎゅ ギュ	ぎょ ギョ
	ぎゃく [갸쿠] 반대	ぎゅうにく [규-니쿠] 소고기	ぎょうざ [교-자] 만두

じ·ジ	じゃ ジャ	じゅ ジュ	じょ ジョ
	ジャム [쟈무] 잼	ジュース [쥬-스] 주스	じょせい [죠세-] 여성

び·ビ	びゃ ビャ	びゅ ビュ	びょ ビョ
	300 さんびゃく [삼뱌쿠] 300, 삼백	ビューティー [뷰-티-] 뷰티	びょういん [뵤-잉] 병원

ぴ·ピ	ぴゃ ピャ	ぴゅ ピュ	ぴょ ピョ
	800 はっぴゃく [합퍄쿠] 800, 팔백	ピュア [퓨아] 퓨어	ピョンピョン [푬퓸] 깡충깡충

🍀 **촉음(促音) 한눈에 보기**

촉음은 우리말의 받침과 같은 역할을 하며 「つ」혹은 「ッ」를 작게 써서 「っ」, 「ッ」로 표기하고, 한 박자로 발음합니다. 바로 뒤에 오는 글자에 따라 소리가 달라집니다.

① [ㄱ] 받침으로 발음되는 경우

「っ」와 「ッ」뒤에 か행(か・き・く・け・こ), カ행(カ・キ・ク・ケ・コ)이 오면 [ㄱ] 음으로 발음합니다.

　예　いっかい [익카이] 한 번　　　　クッキー [쿡키-] 쿠키(cookie)

② [ㅅ] 받침으로 발음되는 경우

「っ」와 「ッ」뒤에 さ행(さ・し・す・せ・そ), サ행(サ・シ・ス・セ・ソ), た행(た・ち・つ・て・と), タ행(タ・チ・ツ・テ・ト)이 오면 [ㅅ] 음으로 발음합니다.

　예　いっさつ [잇사츠] 한 권　　　　セット [셋토] 세트(set)

③ [ㅂ] 받침으로 발음되는 경우

「っ」와 「ッ」뒤에 ぱ행(ぱ・ぴ・ぷ・ぺ・ぽ), パ행(パ・ピ・プ・ペ・ポ)이 오면 [ㅂ] 음으로 발음합니다.

　예　らっぱ [랍파] 나팔　　　　トップ [톱푸] 탑(TOP)

문자·발음 연습하GO!

① [ㄱ] 받침으로 발음되는 경우

Track 04-01

つ・ッ + か・カ행

さっか [삭카] 작가　　にっき [닉키] 일기　　サッカー [삭카-] 축구

② [ㅅ] 받침으로 발음되는 경우

つ・ッ + さ・サ행

いっさい [잇사이] 한 살　　ざっし [잣시] 잡지　　しゅっせき [슛세키] 출석

つ・ッ + た・タ행

こっち [콧치] 이쪽　　みっつ [밋츠] 세 개　　ベッド [벳도] 침대

③ [ㅂ] 받침으로 발음되는 경우

つ・ッ + ぱ・パ행

いっぱい [입파이] 가득　　ほっぺ [홉페] 볼, 뺨　　しっぽ [십포] 꼬리

✿ 발음(撥音) 한눈에 보기

발음은 우리말의 받침과 같은 역할을 하는 「ん」과 「ン」을 말하며, 바로 뒤에 오는 글자에 따라 소리가 달라집니다. 이때 「ん」과 「ン」은 한 박자로 발음합니다.

① [ㄴ] 받침으로 발음되는 경우

> 「ん」과 「ン」 뒤에 さ행·ざ행·た행·だ행·な행·ら행, サ행·ザ행·タ행·ダ행·ナ행·ラ행이 오면 [ㄴ] 음으로 발음합니다.

예 かんじ [칸지] 한자   べんり [벤리] 편리

② [ㅁ] 받침으로 발음되는 경우

> 「ん」과 「ン」 뒤에 ま행·ば행·ぱ행, マ행·バ행·パ행이 오면 [ㅁ] 음으로 발음합니다.

예 ぜんぶ [젬부] 전부   てんぷら [템푸라] 튀김

③ [ㅇ] 받침으로 발음되는 경우

> 「ん」과 「ン」 뒤에 か행·が행, カ행·ガ행이 오면 [ㅇ] 음으로 발음합니다.

예 てんき [텡키] 날씨   にほんご [니홍고] 일본어

④ [ㄴ], [ㅇ]의 중간 소리로 발음되는 경우

> 「ん」과 「ン」 뒤에 あ행·は행·や행·わ행, ア행·ハ행·ヤ행·ワ행이 오거나 「ん」 또는 「ン」으로 끝날 경우 [ㅇ] 음으로 발음합니다.

예 てんいん [텡잉] 점원   パン [팡] 빵

문자·발음 연습하GO!

① [ㄴ] 받침으로 발음되는 경우

Track 04-02

> ん・ン + さ・ざ・た・だ・な・ら행 / サ・ザ・タ・ダ・ナ・ラ행

せんたく [센타쿠] 선택

もんだい [몬다이] 문제

みんな [민나] 모두

② [ㅁ] 받침으로 발음되는 경우

> ん・ン + ま・ば・ぱ행 / マ・バ・パ행

さんま [삼마] 꽁치

かんぱい [캄파이] 건배

さんぽ [삼포] 산책

③ [ㅇ] 받침으로 발음되는 경우

> ん・ン + か・が행 / カ・ガ행

まんが [망가] 만화

にんき [닝키] 인기

かんこく [캉코쿠] 한국

④ [ㄴ], [ㅇ]의 중간 소리로 발음되는 경우

> ん・ン + あ・は・や・わ행 / ア・ハ・ヤ・ワ행

れんあい [렝아이] 연애

ほんや [홍야] 서점

でんわ [뎅와] 전화

✿ 장음(長音) 한눈에 보기

장음은 「あ・い・う・え・お」단 뒤에 あ행(あ・い・う・え・お)이 오면 あ행의 발음을 생략하고 앞에 오는 글자를 길게 발음합니다. 또한 요음 뒤에 「う」나 가타카나 뒤에 「ー」가 오면 앞의 글자를 길게 발음합니다.

 문자·발음 확인하GO!

① あ단 뒤의 장음

> あ단 뒤에 「あ」가 오면 앞의 글자를 길게 발음합니다.

例 おかあさん [오카-상] 어머니　　　　　おばあさん [오바-상] 할머니

② い단 뒤의 장음

> い단 뒤에 「い」가 오면 앞의 글자를 길게 발음합니다.

例 おじいさん [오지-상] 할아버지　　　　おいしい [오이시-] 맛있다

③ う단 뒤의 장음

> う단 뒤에 「う」가 오면 앞의 글자를 길게 발음합니다.

例 くうき [쿠-키] 공기　　　　　　　　すうじ [스-지] 숫자

④ え단 뒤의 장음

え단 뒤에 「い」나 「え」가 오면 앞의 글자를 길게 발음합니다.

예 がくせい [각세-] 학생　　　　　　おねえさん [오네-상] 누나, 언니

⑤ お단 뒤의 장음

お단 뒤에 「う」나 「お」가 오면 앞의 글자를 길게 발음합니다.

예 きのう [키노-] 어제　　　　　　どうろ [도-로] 도로

⑥ 요음 뒤의 장음

요음의 경우 뒤에 「う」가 오면 앞의 글자를 길게 발음합니다.

예 ぎゅうどん [규-동] 소고기 덮밥　　　　とうきょう [토-쿄-] 도쿄[일본의 수도]

⑦ 가타카나 뒤의 장음

가타카나의 모든 글자 뒤에 「ー」가 오면 앞의 글자를 길게 발음합니다.

예 ハンバーガー [함바-가-] 햄버거　　　　コーヒー [코-히-] 커피

① あ단 뒤의 장음

Track 04-03

あ단 뒤에 あ

おかあさん [오카-상] 어머니	おばあさん [오바-상] 할머니	かあかあ [카-카-] 깍깍

② い단 뒤의 장음

い단 뒤에 い

おにいさん [오니-상] 형, 오빠	おじいさん [오지-상] 할아버지	きいろ [키-로] 노란색

③ う단 뒤의 장음

う단 뒤에 う

ゆうひ [유-히] 석양	つうがく [츠-가쿠] 통학	ふうふ [후-후] 부부

④ え단 뒤의 장음

え단 뒤에 い 또는 え

えいが [에-가] 영화	せんせい [센세-] 선생님	おねえさん [오네-상] 누나, 언니

⑤ お단 뒤의 장음

お단 뒤에 う 또는 お		
すもう [스모-] 스모	おとうと [오토-토] 남동생	こおり [코-리] 얼음

⑥ 요음 뒤의 장음

요음 뒤에 う		
しゅうり [슈-리] 수리	きゅうり [큐-리] 오이	じゅぎょう [쥬교-] 수업

⑦ 가타카나 뒤의 장음

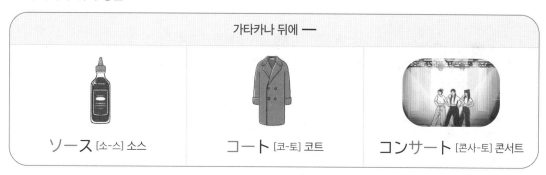

가타카나 뒤에 ー		
ソース [소-스] 소스	コート [코-토] 코트	コンサート [콘사-토] 콘서트

헷갈리기 쉬운 글자 익히GO!

1 히라가나

あ・お	あ와 お는 두 번째와 세 번째 획이 다릅니다. あ는 세 번째 획을 둥글게 말아줍니다. お는 두 번째 획을 둥글게 말아주며 세 번째 획은 오른쪽 위에 찍어 줍니다.
い・り	い는 왼쪽 획이 길고 오른쪽 획이 짧습니다. り는 왼쪽 획이 짧고 오른쪽 획이 깁니다.
く・し	く는 오른쪽 부등호 모양으로 중간 부분에서 꺾입니다. し는 우리말의 'ㄴ'과 모양이 비슷하며 아래 부분에서 꺾입니다.
き・さ・ち	き는 さ보다 가로 획이 하나 더 많습니다. ち는 두 번째 획의 내려오는 방향이 さ와 반대입니다.
こ・た・に	た와 に에는 모두 こ가 있습니다. た는 첫 번째 획 위로 두 번째 획을 비스듬히 길게 내려 씁니다. に는 첫 번째 획 끝 부분을 삐쳐 올려줍니다.
ぬ・め	ぬ는 두 번째 획을 둥글게 내려 쓰고 끝부분을 매듭지어 줍니다. め는 두 번째 획을 매듭 짓지 않고 둥글게 돌려 씁니다.
は・ほ	は는 총 3획으로 윗부분에 가로 획이 없습니다. ほ는 총 4획으로 윗부분에 가로 획이 있습니다.
ね・れ・わ	ね는 마지막 획을 돌려서 끝부분을 매듭지어 줍니다. れ는 마지막 획을 밖으로 빼 줍니다. わ는 마지막 획을 안으로 둥글게 돌려 줍니다.
る・ろ	る는 끝 부분을 둥글게 말아 매듭지어 줍니다. ろ는 끝 부분을 둥글게 말지 않고 짧게 끝냅니다.

2 가타카나

ア・マ	ア는 두 번째 획이 왼쪽으로 향하며 길게 쭉 내려 옵니다. マ는 두 번째 획을 짧게 씁니다.
ウ・ワ	ウ는 위에 꼭지가 달려 있습니다. ワ는 위에 꼭지가 없습니다.
ク・ワ	ク는 첫 번째 획과 두 번째 획의 간격이 좁습니다. ワ는 첫 번째 획을 직선으로 짧게 내려 그어줍니다. ク에 비해 ワ의 폭이 넓습니다.
コ・ユ	コ는 우리말의 'ㄷ'을 거꾸로 한 모양입니다. ユ는 마지막 획을 길게 그어줍니다.
シ・ツ	シ는 세 번째 획을 밑에서 위로 올려 씁니다. ツ는 세 번째 획을 위에서 밑으로 비스듬히 내려 씁니다.
ス・ヌ	ス는 우리말의 자음 'ㅈ' 모양과 유사합니다. ヌ는 두 번째 획이 첫 번째 획을 통과해야 합니다.
ソ・ン	ソ는 두 번째 획을 위에서 밑으로 비스듬히 내려 씁니다. ン는 두 번째 획을 밑에서 위로 올려 씁니다.
テ・ラ	テ는 총 3획으로 세 번째 획이 두 번째 획의 중앙 지점에서 내려 옵니다. ラ는 총 2획으로 두 번째 획이 끝부분에서 꺾여 비스듬하게 내려 옵니다.

일본어 인사말/숫자 표현

5과 전체 음원   인사·숫자 강의

♣ 만날 때

Track 05-01

おはよう。

오 하 요 -

안녕.

おはようございます。

오 하 요 - 고 자 이 마 스

안녕하세요.[아침 인사]

> Tip 「おはよう」는 편한 사이에 사용하는 인사 표현입니다.

こんにちは。

콘   니 치 와

안녕.

こんにちは。

콘   니 치 와

안녕하세요.[점심 인사]

> Tip 여기에서 「は」는 '하'로 발음하지 않고 '와'로 발음합니다.

こんばんは。

콤   방   와

안녕.

こんばんは。

콤   방   와

안녕하세요.[저녁 인사]

🍀 헤어질 때

Track 05-02

じゃあね。
쟈 - 네
안녕(잘 가).

また明日。
마 타 아시타
내일 또 만나.

おやすみ。
오 야 스 미
잘 자.

おやすみなさい。
오 야 스 미 나 사 이
안녕히 주무세요.

お先に 失礼します。
오 사키 니 시츠레- 시 마 스
먼저 실례하겠습니다.

お疲れさまでした。
오 츠카레 사 마 데 시 타
수고하셨습니다.

🍀 고마울 때/사과할 때

Track 05-03

ありがとうございます。
아 리 가 토 - 고 자 이 마 스
고맙습니다.

どういたしまして。
도 - 이 타 시 마 시 테
천만에요.

すみません。
스 미 마 셍
죄송합니다.

だいじょうぶです。
다 이 죠 - 부 데 스
괜찮습니다.

ごめんなさい。
고 멘 나 사 이
미안해요.

気にしないで　ください。
키 니 시 나 이 데　쿠 다 사 이
신경 쓰지 마세요.

❀ 외출·귀가할 때/축하할 때

Track 05-04

いってきます。
잇 테 키 마 스
다녀오겠습니다.

いってらっしゃい。
잇 테 랏 샤 이
잘 다녀와(잘 다녀오세요).

ただいま。
타 다 이 마
다녀왔습니다.

おかえりなさい。
오 카 에 리 나 사 이
잘 다녀왔니?(잘 다녀왔어요?)

おめでとうございます。
오 메 데 토 - 고 자 이 마 스
축하합니다.

ありがとうございます。
아 리 가 토 - 고 자 이 마 스
감사합니다.

✿ 처음 만날 때/오랜만에 만날 때/오랫동안 헤어질 때

はじめまして。 よろしく お願いします。
하 지 메 마 시 테   요 로 시 쿠   오 네 가 이 시 마 스

처음뵙겠습니다. 잘 부탁드립니다.

こちらこそ、 よろしく お願いします。
코 치 라 코 소   요 로 시 쿠   오 네 가 이 시 마 스

저야말로 잘 부탁드립니다.

お久しぶりです。
오 히 사 시 부 리 데 스

오랜만이에요.

お元気でしたか。
오 겡 키 데 시 타 까

잘 지냈어요?

さようなら。
사 요 - 나 라

잘 지내세요.

また会いましょう。
마 타 아 이 마 쇼 -

또 만납시다.

> **Tip** 「さようなら」는 오랫동안 못 만날 때나 작별을 고할 때 쓰는 표현입니다.

✿ 식사할 때/권할 때

いただきます。
이 타 다 키 마 스

잘 먹겠습니다.

ごちそうさまでした。
고 치 소 - 사 마 데 시 타

잘 먹었습니다.

どうぞ。
도 - 조

여기요./드세요./하세요.

どうも。
도 - 모

감사합니다.

> **Tip** 「どうぞ」는 물건을 줄 때, 무언가를 권하거나 호의를 베풀 때 쓰는 표현입니다.
> 「どうも」는 가볍게 고마움을 표현할 때 쓰며 정중하게 표현할 때는 「どうも ありがとうございます 정말 감사합니다」라고 합니다.

숫자 표현 알아보GO!

❀ 1~10 알아보기

숫자 0, 4, 7, 9는 읽는 법이 두 가지 이상이므로 모두 익혀두는 게 좋습니다.

Track 05-07

0	1	2	3	4	5
れい・ 레- ゼロ・ 제로 まる 마루	いち 이치	に 니	さん 상	よん・し 욘　시	ご 고
	6	**7**	**8**	**9**	**10**
	ろく 로쿠	なな・しち 나나　시치	はち 하치	きゅう・く 큐-　쿠	じゅう 쥬-

❀ 10~100 알아보기

십의 자리를 읽을 때는 뒤에「じゅう」를 붙여줍니다.

10	20	30	40	50
じゅう 쥬-	にじゅう 니 쥬-	さんじゅう 산　쥬-	よんじゅう 욘　쥬-	ごじゅう 고　쥬-
60	**70**	**80**	**90**	**100**
ろくじゅう 로쿠 쥬-	ななじゅう 나나 쥬-	はちじゅう 하치 쥬-	きゅうじゅう 큐-　쥬-	ひゃく 햐쿠

❀ 100~1,000 알아보기

백의 자리를 읽을 때는 뒤에「ひゃく」를 붙여줍니다. 300, 600, 800은 발음이 조금 다르니 주의해서 읽습니다.

100	200	300	400	500
ひゃく 햐쿠	にひゃく 니 햐쿠	さんびゃく 삼 뱌쿠	よんひゃく 욘 햐쿠	ごひゃく 고 햐쿠
600	**700**	**800**	**900**	**1,000**
ろっぴゃく 롭 퍄쿠	ななひゃく 나나 햐쿠	はっぴゃく 합 퍄쿠	きゅうひゃく 큐- 햐쿠	せん 셍

🍀 1,000~10,000 알아보기

천의 자리를 읽을 때는 「せん」을 붙여줍니다. 3,000, 6,000, 8,000은 발음이 조금 다르니 주의해서 읽습니다. 또한 10,000은 앞에 숫자 1(いち)을 붙여 「いちまん」이라고 합니다.

1,000	2,000	3,000	4,000	5,000
せん 셍	にせん 니 셍	さんぜん 산 젱	よんせん 욘 셍	ごせん 고 셍
6,000	7,000	8,000	9,000	10,000
ろくせん 록 셍	ななせん 나나 셍	はっせん 핫 셍	きゅうせん 큐- 셍	いちまん 이 치 망

🍀 실제 숫자 말해보기

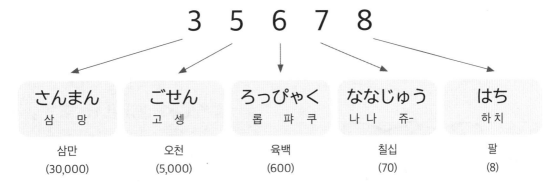

3	5	6	7	8
さんまん 삼 망	ごせん 고 셍	ろっぴゃく 롭 퍄쿠	ななじゅう 나나 쥬-	はち 하 치
삼만 (30,000)	오천 (5,000)	육백 (600)	칠십 (70)	팔 (8)

🍀 전화번호 말해보기

전화번호를 말할 때 ' - '는 「の」로 말하면 됩니다.

080 - 4935 - 2761

ゼロ	はち	ゼロ	の	よん	きゅう	さん	ご	の	に	なな	ろく	いち
제로	하치	제로	노	용	큐-	상	고	노	니	나나	로쿠	이치
(0)	(8)	(0)	(-)	(4)	(9)	(3)	(5)	(-)	(2)	(7)	(6)	(1)

저는 김한나입니다.

<ruby>私<rt>わたし</rt></ruby>は キム・ハンナです。

와타시 와 키 무 한 나 데 스

처음 뵙겠습니다.
はじめまして。
하 지 메 마 시 테

잘 부탁드립니다.
よろしく お<ruby>願<rt>ねが</rt></ruby>いします。
요 로 시 쿠 오 네 가 이 시 마 스

배울 내용 미리 확인하GO!

미리 보GO 1 저는 한국인이에요.

私(わたし)は 韓国人(かんこくじん)です。

와타시 와   캉 코쿠 진 데 스

미리 보GO 2 사토 씨는 학생이에요?

佐藤(さとう)さんは 学生(がくせい)ですか。

사 토- 상   와   각 세- 데 스 까

미리 보GO 3 저는 학생이 아니에요.

私(わたし)は 学生(がくせい)じゃ ないです。

와타시 와   각 세- 쟈   나 이 데 스

'학생'이나 '한국인'과 같은 명사 뒤에 '~이에요', '~이 아니에요'와 같은 문형을 붙이면
'학생이에요', '한국인이 아니에요'와 같은 말을 할 수 있듯이, 일본어도 마찬가지입니다.
일본어에서 가장 기본이 되는 명사 문형을 학습하면 신분이나 국적 등
간단한 자기소개를 할 수 있게 됩니다.

_____ 이에요.

명사 です。

Track 06-01

私です。
와타시데스

→ 저예요.

日本人です。
니혼진데스

→ 일본인이에요.

会社員です。
카이샤인데스

→ 회사원이에요.

1. 인칭 대명사

1인칭	私 나, 저[성별 구별 없이 모두 사용 가능] 僕 나, 저[남자만 사용]
2인칭	あなた 너, 당신
3인칭	彼 그 彼女 그녀

2. 「~です」 ~이에요(명사의 현재 긍정 표현)

「~です」는 '~이에요'라는 뜻으로 명사 뒤에 붙으며 정중한 현재 긍정 표현입니다. 일반적으로 사람의 직업, 신분, 국적, 이름 및 사물을 나타내는 명사 뒤에 자주 쓰입니다.

韓国人です。 한국인이에요.
캉코쿠진데스

友達です。 친구예요.
토모다치데스

단어

私 나, 저 | ~です ~입니다 | 日本人 일본인 |
会社員 회사원 | 韓国人 한국인 | 友達 친구

표현 연습하GO!

🎧 듣고 따라 말해보세요. ✔ ② ③ ④ ⑤

1

私は　学生です。 저는 학생이에요.
와타시 와　각 세- 데 스

> **Tip** 「学生」는 글자만 보면 '가쿠세-'라고 읽어야 할 것 같지만 「～く + さ행」이 오게 되면 「く」가 발음되지 않고 받침 'ㄱ'으로 발음이 됩니다.
> 따라서 실제 발음은 '각세-'에 가깝습니다.

2

僕は　シェフです。 저는 셰프예요.
보쿠 와　쉐 후 데 스

3

彼は　アメリカ人です。 그는 미국인이에요.
카레 와　아 메 리 카 진 데 스

4

彼女は　医者です。 그녀는 의사예요.
카노죠 와　이 샤 데 스

5

彼女は　バイト生です。 그녀는 아르바이트생이에요.
카노죠 와　바 이 토 세- 데 스

단어

は ~은(는) ｜ 学生 학생 ｜ シェフ 셰프, 요리사 ｜ アメリカ人 미국인 ｜ 医者 의사 ｜ バイト生 아르바이트생

_____ 은/는 _____ 이에요?

인칭 대명사 は 명사 ですか。

Track 06-03

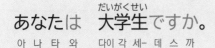

あなたは 大学生^{だいがくせい}ですか。
아 나 타 와   다이 각 세- 데 스 까

당신은 대학생이에요?

あなたは 先生^{せんせい}ですか。
아 나 타 와   센 세- 데 스 까

당신은 선생님이에요?

あなたは 銀行員^{ぎんこういん}ですか。
아 나 타 와   깅 코- 인 데 스 까

당신은 은행원이에요?

 문형 알아보GO!

1. 「~は ~ですか」 ~은(는) ~이에요?(명사의 현재 의문 표현)

'~이에요'라는 「~です」 뒤에 의문조사 「か」를 붙여 「~ですか」가 되면 '~이에요?, ~예요?'라는 의미를 나타내는 의문문이 됩니다. '~은(는) ~이에요?'라는 명사의 정중한 현재 의문 표현을 나타낼 경우 조사 「は」를 써서 「~は ~ですか」라고 제시해 주면 됩니다.

あなたは 看護師^{かんごし}ですか。 당신은 간호사예요?
아나타와   캉고시데스까

あなたは 社長^{しゃちょう}ですか。 당신은 사장님이에요?
아나타와   샤쵸-데스까

단어

大学生^{だいがくせい} 대학생 | ~ですか ~입니까? | 先生^{せんせい} 선생님 | 銀行員^{ぎんこういん} 은행원 | 看護師^{かんごし} 간호사 | 社長^{しゃちょう} 사장님

🎧 듣고 따라 말해보세요. ✔ 2 3 4 5

말하기 트레이닝 06-02 Track 06-04

1

あなたは　<ruby>同僚<rt>どうりょう</rt></ruby>ですか。 당신은 동료예요?
아 나 타 와　도- 료- 데 스 까

2

<ruby>彼<rt>かれ</rt></ruby>は　<ruby>友達<rt>ともだち</rt></ruby>ですか。 그는 친구예요?
카레 와　토모 다치 데 스 까

3

<ruby>彼<rt>かれ</rt></ruby>は　<ruby>作家<rt>さっか</rt></ruby>ですか。 그는 작가예요?
카레 와　삭 카 데 스 까

4

<ruby>彼女<rt>かのじょ</rt></ruby>は　<ruby>中国人<rt>ちゅうごくじん</rt></ruby>ですか。 그녀는 중국인이에요?
카노죠 와　츄-고쿠 진 데 스 까

5

<ruby>彼女<rt>かのじょ</rt></ruby>は　ユーチューバーですか。 그녀는 유튜버예요?
카노죠 와　유 - 츄 - 바 - 데 스 까

단어

<ruby>同僚<rt>どうりょう</rt></ruby> 동료 ｜ <ruby>作家<rt>さっか</rt></ruby> 작가 ｜ <ruby>中国人<rt>ちゅうごくじん</rt></ruby> 중국인 ｜ ユーチューバー 유튜버

문형3

_____ 은/는 _____ 이/가 아니에요.

인칭 대명사 **は** 명사 **じゃ ないです。**

Track 06-05

私は 日本人じゃ ないです。
와타시와 니 혼진 쟈 나이데스

저는 일본인이 아니에요.

私は 留学生じゃ ないです。
와타시와 류-각세- 쟈 나이데스

저는 유학생이 아니에요.

私は バリスタじゃ ないです。
와타시와 바리스타 쟈 나이데스

저는 바리스타가 아니에요.

 문형 알아보**GO!**

1. 「~は ~じゃ ないです」 ~은(는) ~이(가) 아니에요(명사의 현재 부정 표현)

「~は ~じゃ ないです」는 '~은(는) ~이(가) 아니에요'라는 뜻으로 「~は ~です」의 정중한 현재 부정 표현입니다. 또한 「じゃ」는
「では」의 축약형으로 바꿔 쓸 수 있습니다.

私は 乗務員では ないです。　저는 승무원이 아니에요.
와타시와 죠-무인데와 나이데스

2. 「~は ~じゃ ありません」 ~은(는) ~이(가) 아니에요

「~は ~じゃ ないです」보다 더 정중한 표현으로는 「~は ~じゃ ありません」 또는 「~は ~では ありません」를 사용합니다.
단, 회화에서는 「~は ~じゃ ありません」을 더 많이 씁니다.

私は 新入社員じゃ ありません。　저는 신입사원이 아니에요.
와타시와 신뉴-샤인쟈 아리마셍

단어

~じゃ ない ~이(가) 아니다 | 留学生 유학생 | バリスタ 바리스타 | 乗務員 승무원 | 新入社員 신입 사원 |

~じゃ(では) ありません ~이(가) 아닙니다

🎧 듣고 따라 말해보세요. ✔ 2 3 4 5

 말하기 트레이닝 06-03 Track 06-06

1
わたし　せいしゃいん
私は　正社員じゃ　ないです。 저는 정직원이 아니에요.
와타시 와　세-샤인 쟈　나 이 데 스

2
かれ　かんこくじん
彼は　韓国人じゃ　ないです。 그는 한국인이 아니에요.
카레 와　캉 코쿠 진 쟈　나 이 데 스

3
かれ　こいびと
彼は　恋人じゃ　ないです。 그는 애인이 아니에요.
카레 와　코이비토 쟈　나 이 데 스

4
かのじょ　きょうじゅ
彼女は　教授　じゃ　ありません。 그녀는 교수가 아니에요.
카노죠 와　쿄- 쥬　쟈　아 리 마 셍

5
かのじょ
彼女は　ガイドじゃ　ありません。 그녀는 가이드가 아니에요.
카노죠 와　가 이 도 쟈　아 리 마 셍

(단어)

せいしゃいん　　　　こいびと　　　　きょうじゅ
正社員 정직원 ┃ 恋人 애인, 연인 ┃ 教授 교수 ┃ ガイド 가이드

 로 말문트GO! JLPT N5

Track 06-07　천천히　　Track 06-08　보통

김한나

はじめまして。
하 지 메 마 시 테

私^❶は　^❷キム・ハンナです。韓国人です。
와타시와　　키 무　　한 나데 스　　캉 코쿠 진 데 스

하루키

私は　佐藤　はるきです。よろしく　お願いします。
와타시와　　사 토-　하 루 키 데 스　　요 로 시 쿠　　오 네가 이 시 마 스

김한나

こちらこそ、よろしく　お願いします。
코 치 라 코 소　　요 로 시 쿠　　　오 네가 이 시 마 스

佐藤^❸さんは　学生ですか。
사 토-　　상　 와　각 세- 데 스 까

하루키

いいえ、私は　学生じゃ　ないです。
이 - 에　와타시와　각 세- 쟈　　나 이 데 스

キムさんは　学生ですか。
키 무　상 　와　각 세- 데 스 까

김한나

いいえ、私も　学生じゃ　ないです。会社員です。
이 - 에　와타시모　각 세- 쟈　　나 이 데 스　카이 샤 인 데 스

본서　70 | GO! 독학 일본어 첫걸음

해석해 보GO!

한국어>일본어

김한나   처음 뵙겠습니다.
           저는 김한나입니다. 한국인입니다.

하루키   저는 사토 하루키입니다. 잘 부탁드립니다.

김한나   저야말로 잘 부탁드립니다.
           사토 씨는 학생이에요?

하루키   아니요, 저는 학생이 아닙니다.
           김 씨는 학생이에요?

김한나   아니요, 저도 학생이 아닙니다. 회사원입니다.

＋더알아보GO!

❶ 「は」~은(는)
조사 「は」는 '~은(는)'이라는 뜻으로 기본적으로 [ha 하]라고 발음하지만, 조사로 쓰일 때는 [wa 와]라고 발음합니다.

❷ キム 김[성씨]
우리나라는 자신을 소개할 때 보통 성씨와 이름을 모두 말하지만, 일본은 성씨만 말하는 경우가 많습니다.

❸ 「さん」~씨, ~님
「さん」은 '~씨, ~님'이라는 뜻으로 존중의 의미를 나타냅니다. 「성 + さん」을 붙여서 사용하며, 좀 더 친근한 사이에서는 「이름 + さん」을 붙여 사용합니다. 단, 상대방에게 본인의 이름이나 자신의 가족, 지인을 소개할 때에는 「さん」을 사용하지 않습니다.

단어

はじめまして 처음 뵙겠습니다 ｜ キム 김[성씨] ｜ ハンナ 한나[이름] ｜ 佐藤(さとう) 사토[성씨] ｜ はるき 하루키[이름] ｜ よろしく 잘 ｜
お願(ねが)いします 부탁드립니다 ｜ こちらこそ 저야말로 ｜ ~さん ~씨, ~님 ｜ いいえ 아니요, 아니에요 ｜ も ~도

아이스커피를 두 개 주세요.

アイスコーヒーを
아 이 스 코 ― 히 ― 오

ふた 2つ ください。
후타 츠 쿠 다 사 이

아이스커피 주세요.

アイスコーヒー ください。
아 이 스 코 ― 히 ― 쿠 다 사 이

어서오세요.

いらっしゃいませ。
이 랏 샤 이 마세

7과 전체 음원   7과 미리보기

배울 내용 미리 확인하GO!

미리 보GO 1 ▶ 아이스커피를 두 개 주세요.

アイスコーヒーを　2つ　ください。
아 이 스 코 - 히 - 오　후타츠　쿠 다 사 이

미리 보GO 2 ▶ 제 (저의) 아이스커피예요.

私の　アイスコーヒー　です。
와타시 노　아 이 스 코 - 히 -　데 스

미리 보GO 3 ▶ 이곳의 아이스 커피는 역시 최고예요.

ここの　アイスコーヒーは、やっぱり　最高です。
코 코 노　아 이 스 코 - 히 - 와　얍 파 리　사이 코 - 데 스

오늘은 '~주세요'처럼 상대방에게 무언가를 부탁하거나 요청할 때 쓰는 표현과 소유 · 소속 · 생산지 등
명사와 명사를 연결할 때 쓰는 표현, 그리고 '이것', '저것'처럼 사물을 가리키는 표현,
'이곳', '저곳'처럼 장소나 방향을 나타내는 표현을 배워보려고 합니다.
이 표현들을 배우고 나면 식당에 가서 '메뉴판을 주세요'라고 요청할 수 있고,
'제 가방이예요'라고 자신의 소유물을 나타낼 수도 있습니다. 또한 사물을 가리키며
'이것은 차예요', 장소나 방향을 가리키며 '여기는 2층이예요?'와 같은 다양한 표현을 말할 수 있습니다.

문형1

_____ 주세요.

명사 ください。

Track 07-01

お水 ください。
오 미즈 　쿠 다 사 이

○━━○
○━━○

물 주세요.

ランチセット ください。
란 치 셋 토 　쿠 다 사 이

○━━○
○━━○

런치 세트 주세요.

おしぼり ください。
오 시 보 리 　쿠 다 사 이

○━━○
○━━○

물수건 주세요.

 문형 알아보GO!

1. 「ください」 ~주세요

「ください」는 '~주세요'라는 의미로 상대방에게 무언가를 부탁하거나 요청할 때 쓰는 표현입니다.

おはし ください。젓가락 주세요.
오하시 　쿠다사이

取り皿 ください。앞접시 주세요.
토리자라 쿠다사이

단어

お水 물 ｜ ください ~주세요 ｜ ランチセット 런치 세트 ｜ おしぼり 물수건 ｜ おはし 젓가락 ｜ 取り皿 앞접시

🎧 듣고 따라 말해보세요. ✔ 2 3 4 5

 말하기 트레이닝 07-01 Track 07-02

1

メニューを　ください。 메뉴판을 주세요.
메 뉴 - 오　쿠 다 사 이

2

コーヒーを　1つ　ください。 커피를 한 개 주세요.
코 - 히 - 오　히토츠　쿠 다 사 이

3

ドーナツ　2つ　ください。 도너츠 두 개 주세요.
도 - 나 츠　후타츠　쿠 다 사 이

4

ハンバーガーと　コーラ　ください。 햄버거와 콜라 주세요.
함 바 - 가 - 토　코 - 라　쿠 다 사 이

5

レシートを　私に　ください。 영수증을 저에게 주세요.
레 시 - 토 오　와타시니　쿠 다 사 이

단어

メニュー 메뉴(판) | を ~을(를) | コーヒー 커피 | 1つ 한 개 | ドーナツ 도너츠 | 2つ 두 개 | ハンバーガー 햄버거 |
と ~와(과) | コーラ 콜라 | レシート 영수증 | に ~에게

문형 2

_____ 의

명사 の

Track 07-03

私の　かばん
와타시 노　카 방

내(나의) 가방

今日の　天気
쿄- 노　텡 키

오늘(의) 날씨

先生の　です。
센 세- 노　데 스

선생님의 것이에요.

1. 조사 「の」 ~의

「の」는 '~의'라는 뜻으로 명사와 명사를 연결할 때 쓰는 조사입니다. 「명사 + の + 명사」의 형태로 쓰며, 앞의 명사가 뒤의 명사를 수식하여 소유 관계, 소속 관계, 생산지 등을 나타냅니다. 「の」는 우리말로 해석되지 않는 경우도 많습니다.

大学の　教授 대학 교수
다이가쿠노 쿄-쥬

2. 소유를 나타내는 「명사 + の」 ~의 것

「명사 + の」는 '~의 것'처럼 소유를 나타내는 표현으로도 사용할 수 있습니다.

キムさんの　です。 김 씨의 것이에요.
키무산노　　　데스

단어

の ~의, ~의 것 ｜ かばん 가방 ｜ 今日 오늘 ｜ 天気 날씨 ｜ 大学 대학

🎧 듣고 따라 말해보세요. ✔ ☐2 ☐3 ☐4 ☐5

말하기 트레이닝 07-02   Track 07-04

1
私の 机です。 제 책상이에요.
와타시 노 츠쿠에 데 스

2
友達の 自転車です。 친구의 자전거예요.
토모 다치 노   지 텐 샤 데 스

3
私は 韓国の 学生です。 저는 한국 학생이에요.
와타시 와   캉 코쿠 노   각 세- 데 스

4
日本の 車です。 일본 자동차예요.
니 혼 노   쿠루마 데 스

5
あの 服は 彼女の です。 저 옷은 그녀의 것이에요.
아 노   후쿠 와   카노죠 노   데 스

단어

机 책상 │ 自転車 자전거 │ 韓国 한국 │ 日本 일본 │ 車 자동차 │ あの 저 │ 服 옷

문형 3

_____ 은/는 _____ 예요.

명사/지시 대명사 **は** 명사/지시 대명사 **です。**

Track 07-05

これは　パンです。
코 레 와　판 데 스

이것은 빵이에요.

それは　和菓子です。
소 레 와　와 가 시 데 스

그것은 과자예요.

 문형 알아보GO!

1. 사물을 가리키는 지시 대명사

사물을 가리키는 지시 대명사에는 말하는 사람과 가까운 것을 가리키는 「これ 이것」, 상대방에게 가까이 있는 것을 가리키는 「それ 그것」, 말하는 사람과 상대방 모두에게 멀리 떨어져 있는 것을 가리키는 「あれ 저것」, 어느 것인지 확실하지 않을 때 쓰는 「どれ 어느 것」이 있습니다.

これは　ペンです。 이것은 펜이에요.
코레와　펜데스

2. 장소·방향을 가리키는 지시 대명사 및 명사를 수식하는 지시 대명사

장소와 방향을 가리키는 지시 대명사, 명사를 수식하는 지시 대명사도 있습니다.

あそこは　学校です。 저기는 학교예요.
아소코와　각코-데스

단어

パン 빵 | 和菓子 일본 전통 과자 |
ペン 펜 | 学校 학교

사물을 가리키는 지시 대명사		장소를 가리키는 지시 대명사		방향을 가리키는 지시 대명사				명사를 수식하는 지시 대명사	
これ	이것	ここ	여기, 이곳	こちら	이쪽	こっち	이쪽	この	이
それ	그것	そこ	거기, 그곳	そちら	그쪽	そっち	그쪽	その	그
あれ	저것	あそこ	저기, 저곳	あちら	저쪽	あっち	저쪽	あの	저
どれ	어느 것	どこ	어디, 어느 곳	どちら	어느 쪽	どっち	어느 쪽	どの	어느

Tip 회화에서만 사용하는 구어체입니다.

🎧 듣고 따라 말해보세요. ✔ 2 3 4 5

1

これは お茶です。 이것은 차예요.
코 레 와 오 챠 데 스

2

ここは 2階です。 여기는 2층이에요.
코 코 와 니 카이 데 스

3

あの 本は 私の です。 저 책은 제 것이에요.
아 노 홍 와 와타시노 데 스

4

食堂は こちらです。 식당은 이쪽이에요.
쇼쿠 도- 와 코 치 라 데 스

5

トイレは どこですか。 화장실은 어디예요?
토 이 레 와 도 코 데 스 까

단어

お茶 차 | 2階 2층 | 本 책 | 食堂 식당 | トイレ 화장실

점원

いらっしゃいませ。
이 랏 샤 이마 세

이민호

あ、アイスコーヒーを ❶2つ ください。
아 아이스코-히-오   후타 츠   쿠 다 사 이

점원

❷かしこまりました。
카 시 코 마 리 마 시 타

-잠시 후-

점원

お待たせしました。
오 마 타 세 시 마 시 타

이민호

ここの アイスコーヒーは、❸やっぱり 最高です。
코 코 노   아 이 스 코 - 히 - 와   얍 파 리   사 이 코- 데 스

점원

ありがとうございます。
아 리 가 토 - 고 자 이 마 스

한국어>일본어

점원	어서오세요.
이민호	아, 아이스커피를 두 개 주세요.
점원	알겠습니다.
	–잠시 후–
점원	오래 기다리셨습니다.
이민호	이곳의 아이스 커피는 역시 최고예요.
점원	감사합니다.

+ 더알아보GO!

❶ 「2つ」두 개

「2つ」는 '두 개'라는 뜻으로 일반적으로 물건의 개수를 셀 때 사용하지만, 커피와 같은 음료를 주문할 때도 사용할 수 있습니다.

❷ 「かしこまりました」알겠습니다

「かしこまりました」는 '알겠습니다'라는 뜻으로 고객이나 윗사람을 상대할 때 사용하는 매우 정중한 표현입니다.

❸ 「やっぱり」역시

「やっぱり」는 '역시'라는 뜻으로 「やはり」를 강조한 표현이며 예상과 같은 결과를 나타낼 때 씁니다. 긍정과 부정에 모두 사용할 수 있으며 일반적으로 회화에서 자주 쓰입니다.

단어

いらっしゃいませ 어서오세요 ㅣ あ 아[갑자기 어떤 일이 생각나거나 떠오를 때 쓰는 감탄사] ㅣ アイスコーヒー 아이스커피 ㅣ
かしこまりました 알겠습니다 ㅣ お待たせしました 오래 기다리셨습니다 ㅣ やっぱり 역시 ㅣ 最高 최고 ㅣ
ありがとうございます 감사합니다

Day 08

수업은 몇 시부터예요?

授業は 何時から
쥬 교- 와   난 지 카 라

(じゅぎょう) *(なんじ)*

ですか。
데 스 까

몇 시예요?

何時ですか。
난 지 데 스 까

(なんじ)

지금은 12시예요.

今は 12時です。
이마 와   쥬-니지 데 스

(いま) *(じゅうにじ)*

배울 내용 미리 확인하GO!

미리 보GO 1   집에서 학교까지 어느 정도예요?

家から 学校まで どのくらいですか。
いえ   がっこう
이에카 라   각 코-마 데   도 노쿠 라 이 데스까

미리 보GO 2   집에서 5분 정도예요.

家から 5分くらいです。
いえ   ご ふん
이에카 라   고 훙쿠 라 이 데 스

미리 보GO 3   월요일은 오전 9시부터 수업이에요.

月曜日は 午前 9時から 授業です。
げつようび   ごぜん   くじ   じゅぎょう
게츠 요- 비 와   고 젱   쿠 지 카 라   쥬 교- 데 스

미리 보GO 4   월요일은 오전 9시부터 수업이고 수요일은 오후부터예요.

月曜日は 午前 9時から 授業で、水曜日は 午後からです。
げつようび   ごぜん   くじ   じゅぎょう   すいようび   ごご
게츠 요- 비 와   고 젱   쿠 지 카 라   쥬 교- 데   스이요- 비 와   고 고 카 라 데스

오늘은 '집에서 학교까지의 거리는 어느 정도예요?'와 같은 범위를 나타내는 표현,
'지금은 1시예요', '오늘은 월요일이에요'와 같은 시간 및 요일을 나타내는 표현을 배우려고 합니다.
또한 명사를 연결할 때 쓰는 「で」를 배워 자연스럽게 문장을 연결해 보는 연습을 해 볼 수 있습니다.

 문형 **다지GO!**

 문형 1

_____ 에서/부터 _____ 까지예요.

장소·시간 **から** 장소·시간 **まで です。**

Track 08-01

えき　　　　かいしゃ
駅から　会社までです。
에키 카 라　카이 샤 마 데 데 스

역에서 회사까지예요.

くうこう
空港から　ホテルまでです。
쿠-코- 카 라　　호 테루 마 데 데 스

공항에서 호텔까지예요.

あさ　　　　ばん
朝から　晩までです。
아사 카 라　밤 마 데 데 스

아침부터 저녁까지예요.

 문형 알아보**GO!**

1. 출발점과 도달점을 나타내는 「~から」、「~まで」

「~から」는 '~에서, ~부터'라는 뜻으로 시작점이나 출발점을 나타낼 때 쓰며, 「~まで」는 '~까지'라는 뜻으로 도달점이나 한계점을 나타낼 때 쓰는 표현입니다.

とうきょう
ソウルから　東京までです。 서울에서 도쿄까지예요.
소-루카라　　토-쿄-마데데스

2. 「~から ~まで」의 쓰임

보통 「~から ~まで」가 함께 쓰여 '~부터 ~까지'라는 의미를 나타내며, 시간·장소·금액·범위 등을 나타낼 수 있습니다.

しょうがくせい　　こうこうせい
小学生から　高校生までです。 초등학생부터 고등학생까지예요.
쇼-각세-카라　코-코-세-마데데스

단어

えき　　　　　　　　　　　　　　　　　　　かいしゃ　　　　　　　　　　　　　　　くうこう　　　　　　　　　　　　　　　　　あさ　　　　ばん
駅 역 ｜ **~から** ~에서, ~부터 ｜ **会社** 회사 ｜ **~まで** ~까지 ｜ **空港** 공항 ｜ **ホテル** 호텔 ｜ **朝** 아침 ｜ **晩** 저녁 ｜ **ソウル** 서울[지명] ｜
とうきょう　　　　　　　　しょうがくせい　　　　　　　こうこうせい
東京 도쿄[지명] ｜ **小学生** 초등학생 ｜ **高校生** 고등학생

 표현 연습하GO!

🎧 듣고 따라 말해보세요. ✔ ② ③ ④ ⑤

말하기 트레이닝 08-01 Track 08-02

1

ここから　あそこまでです。 여기부터 저기까지예요.
코 코 카 라　아 소 코 마 데 데 스

2

こうえん
公園は　こちらから　あちらまでです。 공원은 이쪽부터 저쪽까지예요.
코- 엥 와　코 치 라 카 라　아 치 라 마 데 데 스

3

がっこう　　じゅく　　ごふん
学校から　塾まで　5分です。 학교에서 학원까지 5분이에요.
각 코- 카 라　쥬쿠 마 데　고 훈 데 스

4

やす　　　こんしゅう　　　らいしゅう
休みは　今週から　来週まadでです。 휴가는 이번 주부터 다음 주까지예요.
야스 미 와　콘 슈- 카 라　라이 슈- 마 데 데 스

5

えき
ホテルから　駅までは　どのくらいですか。
호 테 루 카 라　에키 마 데 와　도 노 쿠 라 이 데 스 까
호텔부터 역까지는 어느 정도예요?

단어

こうえん　　　　じゅく　　　　ごふん　　　やす　　　　　　　　　　　こんしゅう　　　らいしゅう
公園 공원 ｜ 塾 학원 ｜ 5分 5분 ｜ 休み 휴가, 쉬는 날, 방학 ｜ 今週 이번 주 ｜ 来週 다음 주 ｜ くらい ~정도

본서

 문형 2

_____ 시 _____ 분이에요.

숫자 時 숫자 分(分)です。

Track 08-03

질문

何時ですか。
난 지 데 스 까

몇 시예요?

대답

2時15分です。
니 지 쥬-고 훈 데 스

2시 15분이에요.

대답

7時40分です。
시치 지 온줍 푼 데 스

7시 40분이에요.

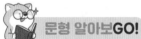 문형 알아보GO!

1. 시간을 나타내는 표현

일본어로 '~시'는 「時」이며, 시간을 물어볼 때는 「何時ですか 몇 시예요?」라고 합니다. 시간을 말할 때 4시, 7시, 9시는 읽는 법에 주의합니다.

1시	2시	3시	4시	5시	6시
いちじ	にじ	さんじ	よじ	ごじ	ろくじ
7시	8시	9시	10시	11시	12시
しちじ	はちじ	くじ	じゅうじ	じゅういちじ	じゅうにじ

2. 분을 나타내는 표현

일본어로 '~분'은 「分」이라고 표기하며, 읽는 법은 「ふん・ぷん」두 가지가 있습니다. 2분, 5분, 7분, 9분 다음에는 「ふん」을 쓰고, 1분, 3분, 4분, 6분, 8분, 10분 다음에는 「ぷん」을 씁니다. '30분'은 「さんじゅっぷん」또는 「半 반」이라고 합니다. '몇 분'은 「何分」이라고 합니다.

5분	10분	15분	30분	50분
ごふん	じゅっぷん	じゅうごふん	さんじゅっぷん = 半	ごじゅっぷん

단어 何時 몇 시 | 時 시 | 分(分) 분

부록 P365 참고

 표현 연습하GO!

🎧 듣고 따라 말해보세요. ✔ 2 3 4 5

1

今は 3時45分です。 지금은 3시 45분이에요.
いま　　さん じ よんじゅうごふん
이마 와　　산 지 욘쥬-고훈 데 스

2

退勤は 6時半です。 퇴근은 6시 반이에요.
たいきん　　ろく じ はん
타이 킹 와　　로쿠 지 한 데 스

3

会議は 1時20分からです。 회의는 1시 20분부터예요.
かい ぎ　　いち じ にじゅっぷん
카이 기 와　　이치 지 니쥽 풍 카 라 데 스

4

アルバイトは 午後 8時までです。 아르바이트는 오후 8시까지예요.
ご ご　　はち じ
아 루 바 이 토 와　　고 고　　하치 지 마 데 데 스

5

授業は 7時から 9時までです。 수업은 7시부터 9시까지예요.
じゅぎょう　　しち じ　　く じ
쥬 교- 와　　시치 지 카 라　　쿠 지 마 데 데 스

단어

今 지금 | 退勤 퇴근 | 会議 회의 | アルバイト 아르바이트 | 午後 오후 | 授業 수업
いま　　たいきん　　かい ぎ　　　　　　　　　　　　　　　ご ご　　じゅぎょう

문형 다지GO!

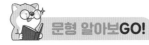 문형 3

> 오늘은 _____ 이에요.
>
> ^{きょう}今日は 요일 です。

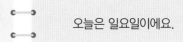 Track 08-05

질문
^{きょう}今日は ^{なんようび}何曜日ですか。
쿄- 와 낭 요- 비 데 스 까

오늘은 무슨 요일이에요?

대답
^{きょう}今日は ^{げつようび}月曜日です。
쿄- 와 게츠 요- 비 데 스

오늘은 월요일이에요.

대답
^{きょう}今日は ^{にちようび}日曜日です。
쿄- 와 니치 요- 비 데 스

오늘은 일요일이에요.

문형 알아보GO!

1. 요일을 나타내는 표현

일본어로 요일을 말할 때는 「^{ようび}曜日」를 사용하여 아래와 같이 말합니다. 또 무슨 요일인지 물어볼 때는 「^{なんようび}何曜日ですか 무슨 요일이에요?」라고 말하면 됩니다.

^{すいようび}水曜日は ^{やす}休みです。 수요일은 쉬는 날이에요.
스이요-비와 야스미데스

월요일	화요일	수요일	목요일	금요일	토요일	일요일
^{げつようび}月曜日	^{かようび}火曜日	^{すいようび}水曜日	^{もくようび}木曜日	^{きんようび}金曜日	^{どようび}土曜日	^{にちようび}日曜日

단어

^{なんようび}何曜日 무슨 요일

🎧 듣고 따라 말해보세요. ✔ 2 3 4 5

말하기 트레이닝 08-03 · Track 08-06

1
今日は 水曜日です。 오늘은 수요일이에요.
쿄- 와   스이요-비데스

2
デートは 土曜日です。 데이트는 토요일이에요.
데-토 와   도요-비데스

3
テストは 火曜日と 木曜日です。 시험은 화요일과 목요일이에요.
테스토와   카요-비토   모쿠요-비데스

4
水曜日から 金曜日まで 出張です。 수요일부터 금요일까지 출장이에요.
스이요-비카라   킹요-비마데   슛쵸-데스

5
面接は 何曜日ですか。 면접은 무슨 요일이에요?
멘세츠와   낭요-비데스까

단어

デート 데이트 ｜ テスト 시험, 테스트 ｜ 出張 출장 ｜ 面接 면접

 문형 4

_____ 이고

명사 で

Track 08-07

かんこくじん 韓国人で だいがくせい 大学生です。
캉 코쿠 진 데　다이각 세- 데 스

한국인이고 대학생이에요.

えいご 英語の せんせい 先生で じん アメリカ人です。
에- 고 노　센 세- 데　아 메 리 카 진 데 스

영어 선생님이고 미국인이에요.

これは ほん 本で、あれは えんぴつ 鉛筆です。
코 레 와　혼 데　아 레 와　엠 피츠 데 스

이것은 책이고 저것은 연필이에요.

 문형 알아보GO!

1. 「で」 ~이고(명사의 연결형)

명사와 명사를 연결해서 말할 때는 「명사 + で」라고 하며 '~이고'라는 의미를 나타냅니다.

これは まんが 漫画の ほん 本で、あれは じしょ 辞書です。 이것은 만화책이고 저것은 사전이에요.
코레와　망가노　혼 데　아레와　지쇼데스

こっちは わたし 私の かれし 彼氏で、あっちは わたし 私の おとうと 弟です。 이쪽은 제 남자 친구이고 저쪽은 제 남동생이에요.
콧치와　와타시노 카레시데 앗치와　와타시노 오토-토데스

단어

で ~이고 ｜ えいご 英語 영어 ｜ えんぴつ 鉛筆 연필 ｜ まんが 漫画 만화(책) ｜ じしょ 辞書 사전 ｜ かれし 彼氏 남자 친구 ｜ おとうと 弟 남동생

 **표현 연습하GO!**

🎧 듣고 따라 말해보세요. ✔ ② ③ ④ ⑤

1

かれ　がっこう　こうはい　わたし　こいびと
彼は　学校の　後輩で　私の　恋人です。

카레 와　　각 코- 노　　코- 하이 데　　와타시 노　　코이 비토 데 스

그는 학교 후배이고 제 애인이에요.

2

かのじょ　わたし　ともだち　かいしゃいん
彼女は　私の　友達で　会社員です。 그녀는 제 친구이고 회사원이에요.

카노 죠 와　　와타시 노　　토모 다치 데　　카이 샤 인 데 스

3

に ほん ご　じゅぎょう　か よう び　えい ご　じゅぎょう　もくよう び
日本語の　授業は　火曜日で、英語の　授業は　木曜日です。

니 홍 고 노　　쥬 교- 와　　카 요- 비 데　　에- 고 노　　쥬 교- 와　　모쿠 요- 비 데 스

일본어 수업은 화요일이고 영어 수업은 목요일이에요.

4

こんしゅう　　　　　　　らいしゅう　めんせつ
今週は　テストで、来週は　面接です。

콘 슈- 와　　테 스 토 데　　라이 슈- 와　　멘 세츠 데 스

이번 주는 시험이고 다음 주는 면접이에요.

5

ど よう び　　　　　にちよう び　やす
土曜日は　バイトで、日曜日は　休みです。

도 요- 비 와　　바 이 토 데　　니치 요- 비 와　　야스 미 데 스

토요일은 아르바이트이고 일요일은 쉬는 날이에요.

단어

こうはい　　　　　　に ほん ご
後輩 후배 ｜ 日本語 일본어 ｜ バイト 아르바이트[アルバイト의 준말]

Track 08-09 Track 08-10
천천히   보통

이민호

さくらさん、家から 学校まで ❶どのくらいですか。
사쿠라 상   이에카라   각코-마데   도노쿠라이데스까

사쿠라

家から 5分くらいです。
이에카라   고훙쿠라이데스

ミノさんは、学校まで どのくらいですか。
미노 상 와   각코-마데   도노쿠라이데스까

이민호

❷僕は 家から 10分くらいです。
보쿠 와   이에카라   쥽풍쿠라이데스

授業は 何時からですか。
쥬교- 와   난지카라데스까

사쿠라

月曜日は 午前 9時から 授業で、水曜日は 午後からです。
게츠요- 비 와   고젱   쿠지카라   쥬교- 데   스이요- 비 와   고 고카라데스

Track 08-11

한국어>일본어

이민호　사쿠라 씨, 집에서 학교까지 어느 정도예요?

사쿠라　집에서 5분 정도예요.
　　　　민호 씨는 학교까지 어느 정도예요?

이민호　저는 집에서 10분 정도예요.
　　　　수업은 몇 시부터예요?

사쿠라　월요일은 오전 9시부터 수업이고 수요일은 오후부터예요.

+ 더 알아보GO!

❶ 「どのくらい」 어느 정도

「どのくらい」는 '어느 정도'라는 뜻으로 시간이나 기간 등을 대략적으로 말할 때 사용하며 「どのぐらい」라고 하기도
합니다.

❷ 「僕」 나, 저

「僕」는 '나, 저'라는 뜻으로 남자만 사용할 수 있는 1인칭이며 상대방과 나이가 비슷하거나 손아랫사람과 대화할 때만
사용하는 것이 좋습니다.

단어

さくら 사쿠라[이름] ｜ 家 집 ｜ ミノ 민호[이름] ｜ 午前 오전

Day 08 수업은 몇 시부터예요? ｜ 93 본서

제 생일은 18일이에요.

私の 誕生日は
와타시 노 탄 죠- 비 와

18日ですよ。
쥬-하치 니치 데 스 요

생일 축하합니다!
お誕生日おめでとうございます。
오 탄 죠-비 오 메 데 토 - 고 자 이 마 스

제 생일은 18일이에요.
私の 誕生日は 18日ですよ。
와타시 노 탄 죠- 비 와 쥬-하치 니치 데 스 요

배울 내용 미리 확인하GO!

미리 보GO 1 ▶ 어제 생일이었죠?

昨日（きのう）　お誕生日（たんじょうび）でしたよね。

키노-　　오 탄 죠- 비 데 시 타 요 네

미리 보GO 2 ▶ 15일이 아니었나요?

15日（じゅうごにち）じゃ　なかったですか。

쥬-고 니치 쟈　　나 캇 타 데 스 까

미리 보GO 3 ▶ 제 생일은 18일이에요.

私（わたし）の　誕生日（たんじょうび）は　18日（じゅうはちにち）ですよ。

와타시 노　　탄 죠- 비 와　쥬-하치니치 데 스 요

우리말에서 '~이었어요' 또는 '~이었나요?'와 같은 말을 붙이면 과거를 나타내는 표현이 되죠?

일본어에도 명사 뒤에 붙어 과거를 나타내는 표현이 있어요. 오늘은 '지난주는 회식이었어요', '출장이 아니었어요?' 등과

같은 명사 과거 문형과 '제 생일은 O월 O일이에요'와 같은 날짜를 묻고 답하는 다양한 표현을 익혀 볼게요.

 문형1

_____ 이었어요.

명사 でした。

Track 09-01

りょう り にん
料理人でした。
료- 리 닌 데 시 타

요리사였어요.

デートでした。
데 - 토 데 시 타

데이트였어요.

やす
休みでしたか。
야스 미 데 시 타 까

휴가였나요?

 문형 알아보GO!

1. 「~でした」 ~이었어요(명사의 과거 긍정 표현)

「~でした」는 「~です」의 정중한 과거 긍정 표현으로 「명사 + でした」의 형태로 쓰이며 '~이었어요'라는 의미를 나타냅니다.

パーティーでした。 파티였어요.
파-티-데시타

2. 「~でしたか」 ~이었어요?(명사의 과거 의문 표현)

「~でした」 다음에 「か」를 붙이면 「~でしたか ~이었어요?」라는 의문을 나타냅니다.

なん じ
何時でしたか。 몇 시였어요?
난지데시타까

(단어)
_____

りょう り にん
料理人 요리사 | ~でした ~이었습니다 | パーティー 파티

표현 연습하GO!

🎧 듣고 따라 말해보세요. ✔ 2 3 4 5

말하기 트레이닝 09-01 Track 09-02

1
出張は 水曜日でした。 출장은 수요일이었어요.
슛 쵸- 와   스이요- 비 데 시 타

2
面接は 昨日でした。 면접은 어제였어요.
멘 세츠 와   키노- 데 시 타

3
出発は 7時でした。 출발은 7시였어요.
슙 파츠 와   시치지 데 시 타

4
先週は 飲み会でした。 지난주는 회식이었어요.
센 슈- 와   노 미 카이 데 시 타

5
約束は いつでしたか。 약속은 언제였어요?
약 소쿠 와   이 츠 데 시 타 까

단어
出発 출발 │ 先週 지난주 │ 飲み会 회식 │ 約束 약속 │ いつ 언제

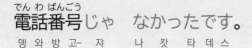

_____ 이/가 아니었어요.

명사 じゃ なかったです。

Track 09-03

でん わ ばんごう
電話番号じゃ なかったです。
뎅 와 방 고- 쟈   나 캇 타 데 스

전화번호가 아니었어요.

かい ぎ
会議じゃ なかったです。
카 이 기 쟈   나 캇 타 데 스

회의가 아니었어요.

しゅっちょう
出張じゃ なかったですか。
슛 쵸- 쟈   나 캇 타 데 스 까

출장이 아니었어요?

 문형 알아보GO!

1. 「~じゃ なかったです」 ~이(가) 아니었어요(명사의 과거 부정 표현)

「~じゃ なかったです」는 명사 뒤에 붙어 '~이(가) 아니었어요'라는 의미의 정중한 과거 부정 표현입니다. 좀 더 정중한 표현으로는 「~じゃ ありませんでした」가 있습니다.

	긍정	부정
현재	会社員です。 회사원이에요.	会社員じゃ ないです。 회사원이 아니에요.
과거	会社員でした。 회사원이었어요.	会社員じゃ なかったです。 회사원이 아니었어요.

2. 「~じゃ なかったですか」 ~이(가) 아니었어요?(명사의 과거 의문 표현)

「~じゃ なかったです」 다음에 「か」를 붙이면 「~じゃ なかったですか ~이(가) 아니었어요?」라는 정중한 과거 의문 표현을 나타냅니다.

チーズじゃ なかったですか。치즈가 아니었어요?
치-즈쟈   나캇타데스까

단어
でん わ ばんごう
電話番号 전화번호 | ~じゃ なかったです ~이(가) 아니었습니다 | チーズ 치즈

🎧 듣고 따라 말해보세요. ✔ 2 3 4 5

1

今日^{きょう}は 飲^のみ会^{かい}じゃ なかったです。 오늘은 회식이 아니었어요.
쿄- 와 노 미 카이 쟈　 나 캇 타 데 스

2

これは 水^{みず}じゃ なかったです。 이것은 물이 아니었어요.
코 레 와 미즈 쟈　 나 캇 타 데 스

3

あそこは 出口^{でぐち}じゃ なかったです。 저기는 출구가 아니었어요.
아 소 코 와　 데 구치 쟈　 나 캇 타 데 스

4

彼^{かれ}の 結婚式^{けっこんしき}は 土曜日^{どようび}じゃ なかったですか。
카레 노　 켁 콘 시키 와　 도 요- 비 쟈　 나 캇 타 데 스 까
그의 결혼식은 토요일이 아니었어요?

5

この 眼鏡^{めがね}は 彼女^{かのじょ}のじゃ なかったですか。
코 노　 메 가네 와　 카노죠 노 쟈　 나 캇 타 데 스 까
이 안경은 그녀의 것이 아니었어요?

단어

出口^{でぐち} 출구 | 結婚式^{けっこんしき} 결혼식 | 眼鏡^{めがね} 안경

_____ 월 _____ 일이에요.

숫자 月(がつ) 숫자 日(にち/か)です。

Track 09-05

질문
お誕生日(たんじょうび)は 何月(なんがつ) 何日(なんにち)ですか。
오 탄 죠- 비 와   낭 가츠   난 니치 데 스 까

생일은 몇 월 며칠이에요?

대답
私(わたし)の 誕生日(たんじょうび)は 7月(しちがつ) 14日(じゅうよっか)です。
와타시 노   탄 죠- 비 와   시치 가츠   쥬-욕 카 데 스

제 생일은 7월 14일이에요.

 문형 알아보GO!

1. 월(月)을 나타내는 표현

일본어로 '월'은 「月」라고 하며 숫자 뒤에 붙여 말합니다. 몇 월인지 물어볼 때는 「何月(なんがつ)ですか 몇 월이에요?」라고 합니다. 4월, 7월, 9월은 읽는 법에 주의합니다.

1월	2월	3월	4월	5월	6월
いちがつ	にがつ	さんがつ	しがつ	ごがつ	ろくがつ
7월	8월	9월	10월	11월	12월
しちがつ	はちがつ	くがつ	じゅうがつ	じゅういちがつ	じゅうにがつ

2. 일(日)을 나타내는 표현

일본어로 '일'은 「日(にち)」로 읽지만 예외로 1일은 「1日(ついたち)」라고 읽고, 2~10일과 14일, 20일, 24일은 「日(か)」라고 읽어야 합니다. 며칠인지 물어볼 때는 「何日(なんにち)ですか 며칠이에요?」라고 합니다.

1일	2일	3일	4일	5일	6일	7일
ついたち	ふつか	みっか	よっか	いつか	むいか	なのか
8일	9일	10일	11일	12일	13일	14일
ようか	ここのか	とおか	じゅういちにち	じゅうににち	じゅうさんにち	じゅうよっか
15일	20일	24일	25일	30일	31일	
じゅうごにち	はつか	にじゅうよっか	にじゅうごにち	さんじゅうにち	さんじゅういちにち	

단어 お誕生日(たんじょうび) (타인의) 생일 ┃ 月(がつ) 월, 달 ┃ 日(にち) 일

연습하GO!

🎧 듣고 따라 말해보세요. ✔ 2 3 4 5

말하기 트레이닝 09-03　Track 09-06

1

明日は 5月 10日です。 내일은 5월 10일이에요.
아시타 와　고 가츠　토- 카 데 스

2

卒業式は 2月 20日です。 졸업식은 2월 20일이에요.
소츠 교- 시키 와　니 가츠　하츠 카 데 스

3

日本の お正月は、 1月 1日です。 일본의 설날은 1월 1일이에요.
니 혼 노　오 쇼- 가츠 와　이치 가츠 츠이 타치 데 스

4

結婚記念日は 11月 5日でした。 결혼 기념일은 11월 5일이었어요.
켁 콩 키 넴 비 와　쥬-이치 가츠　이츠 카 데 시 타

5

12月 25日は 祝日じゃ ないです。 12월 25일은 공휴일이 아니에요.
쥬-니 가츠　니쥬-고 니치 와　슈쿠 지츠 쟈　나 이 데 스

단어

明日 내일 | 卒業式 졸업식 | お正月 설날 | 結婚記念日 결혼 기념일 | 祝日 공휴일

Day 09 제 생일은 18일이에요. | 101　본서

Track 09-07 Track 09-08
천천히 　보통

이민호

さくらさん、❶昨日（きのう）　❷お誕生日（たんじょうび）でしたよね。
사 쿠 라 상　　키노-　　오 탄 죠- 비 데 시 타 요 네

사쿠라

いいえ、まだ　誕生日（たんじょうび）じゃ　ないです。
이 - 에　마 다　탄 죠- 비　쟈　　나 이 데 스

이민호

え？　15日（じゅうごにち）じゃ　なかったですか。
에　　쥬-고 니 치　쟈　　나　캇 타 데 스 까

사쿠라

はい。私（わたし）の　誕生日（たんじょうび）は　18日（じゅうはちにち）ですよ。ミノさんは？
하 이　와타시 노　　탄 죠- 비 와　쥬-하치 니치 데 스 요　　미 노 상　와

이민호

私（わたし）の　誕生日（たんじょうび）は　12月（じゅうにがつ）　24日（にじゅうよっか）です。
와타시 노　　탄 죠- 비 와　쥬-니 가츠　니쥬-욕 카 데 스

사쿠라

うわぁ！　クリスマスイブですね。
우 와 -　　쿠 리 스 마 스 이 부 데 스 네

해석해 보GO!

Track 09-09
한국어>일본어

이민호　사쿠라 씨, 어제 생일이었죠?

사쿠라　아니요, 아직 생일이 아니에요.

이민호　어? 15일이 아니었나요?

사쿠라　네. 제 생일은 18일이에요. 민호 씨는요?

이민호　제 생일은 12월 24일이에요.

사쿠라　우와! 크리스마스이브네요.

➕ 더 알아보GO!

1 때를 나타내는 표현

그저께	어제	오늘	내일	모레
^{おととい} 一昨日	^{きのう} 昨日	^{きょう} 今日	^{あした} 明日	^{あさって} 明後日

2 「お誕生日」(타인의) 생일

다른 사람의 생일을 말할 때는 앞에 「お」를 붙여 「お誕生日」라고 합니다.

오래되고 맛있는 가게예요.

古くて おいしい
후루 쿠 테 오 이 시 -

お店です。
오 미세 데 스

맛있네요.
おいしいですね。
오 이 시 - 데 스 네

가격도 비싸지 않아요.
値段も 高く
네 단 모 타카 쿠
ないですよ。
나 이 데 스 요

배울 내용 미리 확인하GO!

미리 보GO 1 맛있네요.

おいしいですね。

오 이 시 - 데 스 네

미리 보GO 2 가격도 비싸지 않아요.

ねだん たか
値段も 高く ないですよ。

네 담 모 타 카 쿠 나 이 데 스 요

미리 보GO 3 '타코하치'는 새로운 가게예요?

はち あたら みせ
たこ八は、新しい お店ですか。

타 코 하치 와 아타라시 - 오 미세 데 스 까

미리 보GO 4 오래되고 맛있는 가게예요.

ふる みせ
古くて おいしい お店です。

후루 쿠 테 오 이 시 - 오 미세 데 스

'맛있다', '귀엽다'와 같은 단어를 형용사라고 하죠?

일본어에는 두 가지 종류의 형용사가 있는데, 이번 과에서는 먼저 い형용사에 대해서 배워볼 거예요.

이 표현들을 배우고 나면 '이 과일은 달아요', '일본어는 어렵지 않아요' 등과 같이

い형용사의 긍정 표현과 부정 표현을 말할 수 있게 됩니다.

또한 い형용사 뒤에 명사를 붙여 '맛있는 빵이에요'와 같은 수식 표현도 배울 수 있으니 함께 학습해 볼까요?

문형 1

_____ 해요.

い형용사 です。

Track 10-01

いいです。
이 - 데 스

좋아요.

かわいいです。
카 와 이 - 데 스

귀여워요.

おもしろいです。
오 모 시 로 이 데 스

재미있어요.

1. 「い 형용사 + です」 ~해요(い형용사의 현재 긍정 표현)

い형용사란 기본형의 어미가 い로 끝나는 형용사로 뒤에 「です」를 붙이면 い형용사의 정중한 현재 긍정 표현이 됩니다. 또한 문장 끝에 「か」를 붙이면 의문문을 나타냅니다.

楽しいです。 즐거워요.
타노시-데스

おいしいですか。 맛있어요?
오이시-데스까

단어

いい 좋다 ┃ かわいい 귀엽다 ┃ おもしろい 재미있다 ┃ 楽しい 즐겁다 ┃ おいしい 맛있다

🎧 듣고 따라 말해보세요. ✔ 2 3 4 5

1

かのじょ　やさ
彼女は　優しいです。 그녀는 상냥해요.

카노죠 와　야사 시 - 데 스

2

あま
この　フルーツは　甘いです。 이 과일은 달아요.

코 노　후루 - 츠 와　아마 이 데 스

3

かんこく　　　　　　　　　から
韓国の　ラーメンは　辛いです。 한국 라면은 매워요.

캉 코쿠 노　라 - 멩 와　카라 이 데 스

4

わたし　へや　　　　　　せま
私の　部屋は　とても　狭いです。 제 방은 매우 좁아요.

와타시 노　헤야 와　토 테 모　세마 이 데 스

5

たか
あの　かばんは　高いですか。 저 가방은 비싸나요?

아 노　카 방 와　타카 이 데 스 까

단어

やさ
優しい 상냥하다 | フルーツ 과일 | 甘い 달다 | ラーメン 라면 | 辛い 맵다 | 部屋 방 | とても 매우 | 狭い 좁다 |
たか
高い (값이) 비싸다

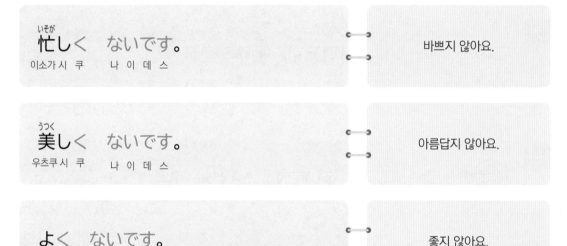

_____ 하지 않아요.

い형용사 ↦ く ないです。

Track 10-03

忙しく ないです。 이소가시 쿠 나이데스	바쁘지 않아요.
美しく ないです。 우츠쿠시 쿠 나이데스	아름답지 않아요.
よく ないです。 요 쿠 나이데스	좋지 않아요.

Tip い형용사 중 '좋다'라는 의미의「いい」와「よい」의 い형용사 부정형은「よく ない」이며「좋지 않다」라는 의미를 나타냅니다.

 문형 알아보GO!

1.「い형용사 い + く ないです」~하지 않아요(い형용사의 현재 부정 표현)

い형용사의 부정형은 어미「い」를「く」로 바꾼 뒤, 부정을 나타내는「ない」를 붙이면 됩니다. 또한 い형용사의 정중한 현재 부정 표현은「ない」뒤에「です」를 붙여서「~く ないです」라고 합니다. 문장 끝에「か」를 붙여 의문문을 나타냅니다.
悪く ないです。 나쁘지 않아요.
와루쿠 나이데스

2.「~く ありません」~하지 않아요

상대방이 윗사람인 경우「~く ないです」대신 좀 더 정중한 표현으로「~く ありません ~하지 않아요」를 쓸 수도 있습니다.
遠く ありません。 멀지 않아요.
토-쿠 아리마셍

단어

忙しい 바쁘다 ｜ ~く ないです ~하지 않습니다 ｜ 美しい 아름답다 ｜ よい 좋다 ｜ 悪い 나쁘다 ｜
~く ありません ~하지 않습니다 ｜ 遠い 멀다

🎧 듣고 따라 말해보세요. ✓ 2 3 4 5

말하기 트레이닝 10-02 Track 10-04

1

せんせい
先生は　怖く　ないです。 선생님은 무섭지 않아요.
센 세- 와　코와 쿠　　나 이 데 스

2

に ほん ご
日本語は　難しく　ないです。 일본어는 어렵지 않아요.
니 홍 고 와　무즈카시 쿠　　나 이 데 스

3

こ とし　　ふゆ　　さむ
今年の　冬は　寒く　ありません。 올해 겨울은 춥지 않아요.
코토시 노　후유 와　사무 쿠　　아 리 마 셍

4

えい が　　かな
あの　映画は　悲しく　ありません。 저 영화는 슬프지 않아요.
아 노　에- 가 와　카나시 쿠　　아 리 마 셍

5

みせ　　やす
この　お店は　安く　ないですか。 이 가게는 싸지 않나요?
코 노　오 미세 와　야스 쿠　　나 이 데 스 까

단어 ────────────────────────────────

こわ　　　　　 むずか　　　　　こ とし　　　　ふゆ　　　 さむ　　　　えい が　　　 かな　　　　　　みせ　　　　 やす
怖い 무섭다 ㅣ 難しい 어렵다 ㅣ 今年 올해 ㅣ 冬 겨울 ㅣ 寒い 춥다 ㅣ 映画 영화 ㅣ 悲しい 슬프다 ㅣ お店 가게 ㅣ 安い (값이)
싸다, 저렴하다

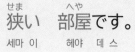 문형 3

한 _____ 이에요.

い형용사 명사 です。

Track 10-05

おいしい　パンです。
오 이 시 -　　판　데 스

맛있는 빵이에요.

つめ　　　　の　もの
冷たい　飲み物です。
츠메 타 이　　노 미 모 노 데 스

차가운 음료수예요.

せま　　　へや
狭い　部屋です。
세마 이　　헤야 데 스

좁은 방이에요.

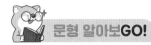 문형 알아보GO!

1. 「い형용사 + 명사」~한 명사

い형용사의 기본형 뒤에 명사를 붙이면 '~한 명사'라는 의미를 나타냅니다.

つよ　おとこ
強い　男です。 강한 남자예요.
츠요이　오토코데스

ちか
近い　ところです。 가까운 곳이에요.
치카이　토코로데스

단어

つめ　　　　　　の　もの　　　　　つよ　　　　　おとこ　　　ちか
冷たい 차갑다 ｜ 飲み物 음료수 ｜ 強い 강하다 ｜ 男 남자 ｜ 近い 가깝다 ｜ ところ 곳, 장소

🎧 듣고 따라 말해보세요. ✔ 2 3 4 5

말하기 트레이닝 10-03 Track 10-06

1
あつ　なつ
暑い　夏です。 더운 여름이에요.
아츠 이　나츠 데 스

2
かのじょ　やさ　ひと
彼女は　優しい　人です。 그녀는 상냥한 사람이에요.
카노 죠 와　야사 시 -　히토 데 스

3
あたら
これは　新しい　ノートパソコンです。 이것은 새 노트북이에요.
코 레 와　아타라시 -　노 - 토 파 소 콘　데 스

4
あたた　ちゃ
それは　温かい　お茶です。 그것은 따뜻한 차예요.
소 레 와　아타타 카 이　오 챠 데 스

5
わたし　くるま　あか　くるま
私の　車は、あの　赤い　車です。 제 자동차는 저 빨간 자동차예요.
와타시 노　쿠루마 와　아 노　아카 이　쿠루마 데 스

単어

あつ
暑い 덥다 | なつ
夏 여름 | ひと
人 사람 | あたら
新しい 새롭다 | ノートパソコン 노트북 | あたた
温かい 따뜻하다 | あか
赤い 빨갛다

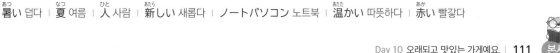

_____ 하고/해서 _____ 해요.

い형용사 ↩ くて い형용사 です。

Track 10-07

安くて おいしいです。
やす
야스 쿠 테   오 이 시 - 데 스

싸고 맛있어요.

薄くて 軽いです。
うす   かる
우스 쿠 테   카루 이 데 스

얇고 가벼워요.

暗くて 怖いです。
くら   こわ
쿠라 쿠 테   코와 이 데 스

어두워서 무서워요.

1. 「て」 ~하고, ~해서(い형용사의 연결형)

い형용사의 연결형 「て」는 기본형의 어미 「い」를 「く」로 바꾼 다음, 「て」를 붙이면 됩니다. '~하고, ~해서'라는 의미로 사람이나 사물의 상태나 성질의 열거, 원인이나 이유 등의 의미를 나타냅니다.

広くて 深いです。넓고 깊어요. (열거)
ひろ   ふか
히로쿠테 후카이데스

字が 大きくて いいです。글자가 커서 좋아요. (원인·이유)
じ   おお
지가   오-키쿠테   이-데스

<u>단어</u>

くて ~하고, ~해서 | 薄い 얇다 | 軽い 가볍다 | 暗い 어둡다 | 広い 넓다 | 深い 깊다 | 字 글자 | 大きい 크다
         うす   かる   くら   ひろ   ふか   じ   おお

🎧 듣고 따라 말해보세요. ✔ ② ③ ④ ⑤

 말하기 트레이닝 10-04 Track 10-08

1
彼は　頭が　よくて　優しいです。 그는 머리가 좋고 상냥해요.
카레 와　아타마 가　요 쿠 테　야사 시 - 데 스

Tip い형용사 중 '좋다'라는 의미의 「いい」와 「よい」의 い형용사 연결형(て)은 「よくて」이며 '좋고, 좋아서'라는 의미를 나타냅니다.

2
あの　ビルは　新しくて　高いです。 저 빌딩은 새롭고 높아요.
아 노　비 루 와　아타라시 쿠 테　타카 이 데 스

3
この　スープは　辛くて　しょっぱいです。 이 수프는 맵고 짜요.
코 노　스 - 푸 와　카라 쿠 테　숍　파 이 데 스

4
犬は　小さくて　かわいいです。 강아지는 작아서 귀여워요.
이누 와　치 - 사 쿠 테　카 와 이 - 데 스

5
彼女の　かばんは　大きくて　重いです。 그녀의 가방은 커서 무거워요.
카노죠 노　카 방 와　오 - 키 쿠 테　오모 이 데 스

단어

頭 머리 ｜ ビル 빌딩 ｜ 高い (건물이) 높다 ｜ スープ 수프 ｜ しょっぱい 짜다 ｜ 犬 강아지 ｜ 小さい 작다 ｜ 重い 무겁다

 로 말문트GO! JLPT N5

김한나

これ ❶何^{なん}ですか。 おいしいですね。
코 레   난 데 스 까   오 이 시 - 데 스 네

하루키

はい、たこ八^{はち}の たこ焼^やきです。値段^{ねだん}も 高^{たか}く ないですよ。
하 이   타 코 하치 노   타 코 야 키 데 스   네 담 모   타 카 쿠   나 이 데 스 요

김한나

たこ八^{はち}は、新^{あたら}しい お店^{みせ}ですか。
타 코 하치 와   아타라시 -   오 미세 데 스 까

하루키

いいえ。道頓堀^{どうとんぼり}の 古^{ふる}くて おいしい お店^{みせ}です。
이 - 에   도- 톰 보 리 노   후루 쿠 테   오 이 시 -   오 미세 데 스

김한나

やっぱり……人^{ひと}が とても 多^{おお}いですね。
얍 파 리   히토 가   토 테 모   오- 이 데 스 네

하루키

はい、平日^{へいじつ}も 人^{ひと}が 多^{おお}いですよ。
하 이   헤- 지츠 모   히토 가   오- 이 데 스 요

Track 10-11

한국어>일본어

김한나   이거 뭐예요? 맛있네요.

하루키   네, '타코하치'의 타코야키예요. 가격도 비싸지 않아요.

김한나   '타코하치'는 새로운 가게예요?

하루키   아니요. 도톤보리의 오래되고 맛있는 가게예요.

김한나   역시…… 사람이 아주 많네요.

하루키   네, 평일에도 사람이 많아요.

➕ 더 알아보GO!

❶ 「何^{なん}」 무슨, 몇

「何^{なん}」은 '무엇', '몇'이라는 뜻으로 불특정한 것에 대해 묻거나 시간·나이 등 숫자 관련 표현에도 쓰입니다.

 단어

たこ八^{はち} 타코하치[오사카의 유명한 타코야키 가게 이름] ┃ たこ焼^やき 타코야키[음식명] ┃ 値段^{ねだん} 가격 ┃ 道頓堀^{どうとんぼり} 도톤보리[오사카의 관광 명소] ┃ 古^{ふる}い 오래 되다, 낡다 ┃ 多^{おお}い 많다 ┃ 平日^{へいじつ} 평일

유명하고 세련된 카페예요.

有名で おしゃれな
유-메-데 오 샤 레 나

カフェですよ。
카 훼 데 스 요

커피를 좋아해요?
コーヒーが 好きですか。
코-히-가 스키데스까

커피보다 차를 좋아해요.
コーヒーより お茶が 好きです。
코-히-요리 오 챠가 스키데스

배울 내용 미리 확인하GO!

미리 보GO 1 여기 카페는 아주 세련됐네요.

ここの　カフェは、とても　おしゃれですね。

코 코 노　　카 훼 와　　토 테 모　　오 샤 레 데 스 네

미리 보GO 2 별로 좋아하지 않아요.

あまり　好きじゃ　ないです。
　　　　　　す

아 마 리　　스 키 쟈　　나 이 데 스

미리 보GO 3 유명하고 세련된 카페예요.

有名で　おしゃれな　カフェですよ。
ゆうめい

유 - 메 - 데　　오 샤 레 나　　카 훼 데 스 요

미리 보GO 4 간단한 요리예요.

簡単な　料理です。
かんたん　りょうり

칸 탄 나　　료 - 리 데 스

오늘은 일본어의 또 다른 형용사인 な형용사에 대해 배울 거예요. 이 표현들을 배우고 나면 '그는 매우 친절해요',

'그 가수는 유명하지 않아요' 등과 같은 な형용사의 긍정 표현과 부정 표현을 말할 수 있게 됩니다.

뿐만 아니라 '신선하고 깨끗해요'처럼 형용사를 나열하거나 '멋진 노래예요'와 같이 명사를 수식하는 표현을 배워

일본어로 좀 더 다양하게 말해볼 수 있을 거예요.

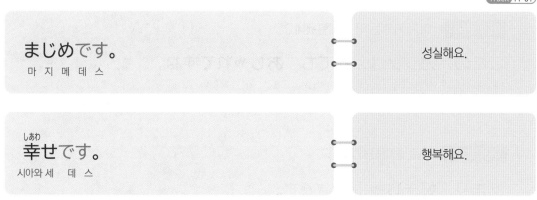

_____ 해요.

な형용사 だ です。

Track 11-01

まじめです。
마 지 메 데 스

성실해요.

幸せです。
시아와 세 데 스

행복해요.

1. 「な형용사 だ + です」 ~해요(な형용사의 현재 긍정 표현)

な형용사란 기본형의 어미가 「だ」로 끝나는 형용사로 어미 「だ」를 없애고 「です」를 붙이면 な형용사의 정중한 현재 긍정 표현이 됩니다. 문장 끝에 「か」를 붙이면 의문문을 나타냅니다.

> **Tip** な형용사와 い형용사의 차이

な형용사	기본형이 「だ」로 끝남	기본형에서 「だ」를 없애고 문형을 붙임
	まじめだ 성실하다	まじめです。성실해요.
い형용사	기본형이 「い」로 끝남	기본형에 문형을 그대로 붙임
	おいしい 맛있다	おいしいです。맛있어요.

2. 능력이나 기호를 나타내는 な형용사

능력이나 기호를 나타내는 な형용사가 목적어 뒤에 올 때 「を ~을(를)」를 쓰지 않고 「が ~이(가)」를 써야 합니다.

~が 好きです	~が 嫌いです	~が 上手です	~が 下手です
~을(를) 좋아해요	~을(를) 싫어해요	~을(를) 잘해요	~을(를) 못해요

> **단어**

まじめだ 성실하다 | 幸せだ 행복하다 | 好きだ 좋아하다 | 嫌いだ 싫어하다 | 上手だ 잘하다 | 下手だ 못하다, 서투르다

 표현 연습하GO!

🎧 듣고 따라 말해보세요. ✓ 2 3 4 5

1

かれ　　　　　　　しんせつ
彼は　とても　親切です。 그는 매우 친절해요.

카레 와　토 테 모　신 세츠 데스

2

かのじょ　　　すいえい　　　きら
彼女は　水泳が　嫌いです。 그녀는 수영을 싫어해요.

카노죠 와　스이 에- 가　키라 이 데 스

3

わたし　　　　　　　　　　だい す
私は　アニメが　大好きです。 저는 애니메이션을 아주 좋아해요.

와타시 와　아 니 메 가　다이스 키 데스

4

　　　まち　　　　　　　　にぎ
この　町は　とても　賑やかです。 이 동네는 아주 번화해요.

코 노　마치 와　토 테 모　니기 야 카 데 스

5

　　　みち　　　ふくざつ
ここは　道が　複雑ですね。 여기는 길이 복잡하네요.

코 코 와　미치가　후쿠 자츠 데 스 네

단어 ──

しんせつ　　　　　　　　すいえい　　　　　　　　　　　　　　　　　　だい す　　　　　　　　　　まち　　　　　　　にぎ
親切だ 친절하다 | 水泳 수영 | アニメ 애니메이션 | 大好きだ 아주 좋아하다 | 町 동네, 마을 | 賑やかだ 번화하다, 북적이다 |
みち　　ふくざつ
道 길 | 複雑だ 복잡하다

 **문형 다지GO!**

 문형 2

_____ 하지 않아요.

な형용사だ じゃ ないです。

Track 11-03

簡単^{かんたん}じゃ ないです。
칸 탄 쟈 나이데스

○━○　간단하지 않아요.

好^すきじゃ ないです。
스 키 쟈 나이데스

○━○　좋아하지 않아요.

変^{へん}じゃ ないですか。
헨 쟈 나이데스 까

○━○　이상하지 않나요?

 문형 알아보GO!

1. 「な형용사だ + じゃ ないです」 ~하지 않아요(な형용사의 현재 부정 표현)

な형용사의 부정형은 어미 「だ」를 「じゃ」로 바꾼 뒤, 부정을 나타내는 「ない」를 붙이면 됩니다. 또한 な형용사의 정중한 현재 부정 표현은 「ない」 뒤에 「です」를 붙여서 「~じゃ ないです」라고 합니다. 「じゃ」는 「では」의 축약형으로 바꿔 쓸 수도 있으며 문장 끝에 「か」를 붙여 의문문을 나타냅니다.

きれいじゃ ないです。 예쁘지 않아요.
키레-쟈 나이데스

2. 「~じゃ ありません」 ~하지 않아요

격식을 차리는 경우 「~じゃ ないです」 대신 좀 더 정중한 표현으로 「~じゃ ありません ~하지 않아요」를 쓸 수도 있습니다.

便利^{べんり}じゃ ありません。 편리하지 않아요.
벤리쟈 아리마셍

단어

簡単^{かんたん}だ 간단하다 ┃ ~じゃ ないです ~하지 않습니다 ┃ 変^{へん}だ 이상하다 ┃ きれいだ 예쁘다 ┃ 便利^{べんり}だ 편리하다 ┃

~じゃ ありません ~하지 않습니다

🎧 듣고 따라 말해보세요. ✔ 2 3 4 5

말하기 트레이닝 11-02 Track 11-04

1

その 歌手（か しゅ）は 有名（ゆうめい）じゃ ないです。 그 가수는 유명하지 않아요.
소 노 　카 슈 　와 　유-메- 쟈 　나 이 데 스

2

仕事（し ごと）は あまり 大変（たいへん）じゃ ないです。 일은 그다지 힘들지 않아요.
시 고 토 와 　아 마 리 　타 이 헨 　쟈 　나 이 데 스

3

この 街（まち）は 賑（にぎ）やかじゃ ありません。 이 거리는 북적거리지 않아요.
코 노 　마 치 와 　니 기 야 카 　쟈 　아 리 마 셍

4

日本語（に ほん ご）が あまり 上手（じょうず）じゃ ありません。
니 홍 고 가 　아 마 리 　죠-즈 　쟈 　아 리 마 셍
일본어를 그다지 잘하지 않아요.

5

この 服（ふく）、地味（じ み）じゃ ないですか。 이 옷, 밋밋하지 않나요?
코 노 　후 쿠 　지 미 　쟈 　나 이 데 스 까

단어

歌手（か しゅ） 가수 │ 有名（ゆうめい）だ 유명하다 │ 仕事（し ごと） 일, 업무 │ あまり 그다지, 별로 │ 大変（たいへん）だ 힘들다 │ 街（まち） 거리 │ 地味（じ み）だ 밋밋하다, 수수하다

 문형 3

_____ 하고/해서 _____ 해요.

な형용사だ で い형용사・な형용사 です。

Track 11-05

まじめで　やさしいです。
마 지메데　야사시 - 데스

성실하고 상냥해요.

しんせん
新鮮で　きれいです。
신 센데　키 레 - 데스

신선하고 깨끗해요.

しず　　　ふん い き
静かで　雰囲気が　いいです。
시즈 카 데　훙 이 키 가　이 - 데스

조용하고 분위기가 좋아요.

 문형 알아보GO!

1. な형용사의 연결형 「で」 ~하고, 해서

な형용사의 연결형은 기본형의 어미 「だ」를 「で」로 바꾸면 됩니다. 두 개 이상의 형용사를 열거할 때는 '~하고'의 뜻을 나타내고, 원인이나 이유를 나타낼 때는 '~해서'라는 뜻을 나타냅니다.

ひま　　　　たいくつ
暇で　退屈です。 한가하고 심심해요. (열거)
히마데 타이쿠츠데스

ゆうめい
ハンサムで　有名です。 잘생겨서 유명해요. (원인・이유)
한사무데　　　유 - 메 - 데스

단어

で ~하고, ~해서 ┃ しんせん 新鮮だ 신선하다 ┃ きれいだ 깨끗하다 ┃ しず 静かだ 조용하다 ┃ ふん い き 雰囲気 분위기 ┃ ひま 暇だ 한가하다 ┃
たいくつ 退屈だ 심심하다, 지루하다 ┃ ハンサムだ 잘생기다, 핸섬하다

🎧 듣고 따라 말해보세요. ✔ 2 3 4 5

말하기 트레이닝 11-03 ｜ Track 11-06

1

かれ 　 げんき 　 かっぱつ
彼は　元気で　活発です。 그는 건강하고 활발해요.

카레 와　겡 키 데　캅 파츠 데 스

2

かのじょ 　 しず
彼女は　静かで　おとなしいです。 그녀는 조용하고 얌전해요.

카노죠 와　시즈 카 데　오 토 나 시 - 데 스

3

ふく 　 は で
この　服は　派手で　きれいです。 이 옷은 화려하고 예뻐요.

코 노　후쿠 와　하 데 데　키 레 - 데 스

4

わたし 　 にがて 　 ふべん
私は　パソコンが　苦手で　不便です。

와타시 와　파 소 콩 가　니가테 데　후 벤 데 스

저는 컴퓨터를 잘 못해서 불편해요.

5

しごと 　 ふくざつ 　 たいへん
この　仕事は　複雑で　大変です。 이 업무는 복잡해서 힘들어요.

코 노　시 고토 와　후쿠 자츠 데　타이 헨 데 스

단어

げんき
元気だ 건강하다 ｜ 活発だ 활발하다 ｜ おとなしい 얌전하다, 온순하다 ｜ 派手だ 화려하다 ｜ パソコン 컴퓨터 ｜
にがて
苦手だ 잘하지 못하다, 서투르다 ｜ 不便だ 불편하다

문형 다지GO!

문형 4

_____ 한 _____ 예요.

な형용사だ な 명사 です。

Track 11-07

有名な 歌手です。 ゆうめい かしゅ 유- 메-나 카 슈 데 스	유명한 가수예요.
簡単な 料理です。 かんたん りょうり 칸 탄 나 료-리 데 스	간단한 요리예요.
不便な 場所です。 ふ べん ば しょ 후 벤 나 바 쇼 데 스	불편한 장소예요.

문형 알아보GO!

1. 「な형용사 + 명사」 ~한 명사

な형용사가 명사 앞에 위치하여 명사를 꾸며줄 때는 어미 「だ」를 「な」로 바꾸면 됩니다.

大切な 物です。 소중한 물건이에요.
たいせつ もの
타이세츠나 모노데스

まじめな 人です。 성실한 사람이에요.
ひと
마지메나 히토데스

> **Tip** な형용사와 い형용사의 차이

な형용사	명사를 수식할 때 「だ」가 「な」로 바뀜	まじめな 学生 성실한 학생 がくせい
い형용사	기본형 뒤에 명사를 그대로 붙임	おいしい パン 맛있는 빵

단어

な ~한 | 場所 장소 | 大切だ 소중하다 | 物 물건, 것
ば しょ   たいせつ   もの

 표현 연습하GO!

🎧 듣고 따라 말해보세요. ✔ 2 3 4 5

말하기 트레이닝 11-04 | Track 11-08

1
素敵な 歌です。 멋진 노래예요.
스 테키 나 　우타 데 스

2
とても 楽な ソファーです。 매우 편안한 소파예요.
토 테 모 　라쿠 나 　소 화 - 데 스

3
一番 好きな 靴です。 제일 좋아하는 신발이에요.
이치 방 　스 키 나 　쿠츠 데 스

4
けっこう 大変な 仕事です。 꽤 힘든 일이에요.
켁 코 - 　타이 헨 나 　시 고토 데 스

5
これは 必ず 必要な 資料です。 이것은 꼭 필요한 자료예요.
코 레 와 　카나라즈 　히츠 요- 나 　시 료- 데 스

단어

素敵だ 멋지다 ｜ 歌 노래 ｜ 楽だ 편안하다 ｜ ソファー 소파 ｜ 一番 제일, 가장 ｜ 靴 신발, 구두 ｜ けっこう 꽤 ｜
必ず 꼭, 반드시 ｜ 必要だ 필요하다 ｜ 資料 자료

 **회화** 로 말문트GO!

김한나

ここの　カフェは、とても　おしゃれですね。
코 코 노　카 훼 와　토 테 모　오 샤 레 데 스 네

하루키

はい。有名で　おしゃれな　カフェですよ。
하 이　유-메-데　오 샤 레 나　카 훼 데 스 요

김한나

そうですね。ところで、はるきさんは　コーヒーが
소-데 스 네　토 코 로 데　하 루 키 상 와　코-히-가

好きですか。
스 키 데 스 까

하루키

いいえ、あまり　好きじゃ　ないです。
이-에　아 마 리　스 키 쟈　나 이 데 스

김한나

じゃあ、❶どんな　飲み物が　好きですか。
쟈-　돈 나　노 미 모 노 가　스 키 데 스 까

하루키

コーヒー❷より　お茶が　好きです。
코-히-요 리　오 챠 가　스 키 데 스

Track 11-11
한국어>일본어

김한나	여기 카페는 아주 세련됐네요.
하루키	네, 유명하고 세련된 카페예요.
김한나	그렇네요. 그런데 하루키 씨는 커피를 좋아해요?
하루키	아니요, 별로 좋아하지 않아요.
김한나	그러면 어떤 음료를 좋아해요?
하루키	커피보다 차를 좋아해요.

+ 더 알아보GO!

❶ 「どんな」 어떤

「どんな」는 '어떤'이라는 뜻으로 뒤에 명사가 오며, 여러 가지 중에서 어떤 것을 선택하도록 유도할 때 사용하는 표현입니다.

❷ 「より」 ~보다

「より」는 '~보다'라는 뜻으로 두 가지를 비교하여 나타낼 때 쓰는 표현입니다.

彼は　私より　背が　高いです。그는 저보다 키가 커요.
카레와 와타시요리 세가 타카이데스

 단어

カフェ 카페 ㅣ おしゃれだ 세련되다, 멋있다 ㅣ そうです 그렇습니다 ㅣ ところで 그런데 ㅣ じゃあ 그러면 ㅣ どんな 어떤 ㅣ より ~보다

형제가 있나요?

きょうだい
兄弟が いますか。

쿄- 다이 가   이 마 스 까

형제가 있나요?

きょうだい
兄弟が いますか。

쿄- 다이가 이 마 스 까

누나랑 남동생이 있어요.

あね   おとうと
姉と 弟が います。

아네토 오토-토가   이 마 스

배울 내용 미리 확인하GO!

미리 보GO 1 민호 씨는 형제가 있나요?

ミノさんは、兄弟（きょうだい）が いますか。
미 노 상 와 쿄-다이가 이마스까

미리 보GO 2 위에 누나 한 명이랑 아래에 남동생이 있어요.

上（うえ）に 姉（あね） 1人（ひとり）と 下（した）に 弟（おとうと）が います。
우에 니 아네 히토리 토 시타 니 오토-토 가 이 마 스

미리 보GO 3 우리 집은 학교 앞에 있어요.

僕（ぼく）の 家（うち）は、学校（がっこう）の 前（まえ）に ありますよ。
보쿠 노 우치와 각 코 노 마에니 아 리 마 스 요

미리 보GO 4 은행 옆에 공원이 있어요.

銀行（ぎんこう）の 横（よこ）に 公園（こうえん）が あります。
깅 코 노 요코 니 코 엥 가 아 리 마 스

오늘은 존재 표현인 「います」, 「あります」와 가족 구성원의 호칭 그리고 위치를 나타내는 표현을 배우려고 해요. 이 표현들을 배우고 나면 '저는 남자 친구가 있어요', '시간이 없어요' 등과 같이 사람이나 사물의 존재 여부를 말할 수 있고, '가족은 몇 명이에요?', '저는 형과 누나가 있어요'와 같이 가족 구성원을 묻고 답할 수 있습니다. 이 밖에도 '화장실은 엘리베이터 왼쪽에 있어요'와 같은 위치 표현을 익혀서 사람이나 사물이 어디에 있는지도 말할 수 있게 됩니다.

_____ 가(이)/은(는) 있어요.

명사 **が/は います。**

_{いぬ}
犬が います。
이누가 이마스

강아지가 있어요.

_{かれし}
彼氏が いません。
카레시 가 이마셍

남자 친구가 없어요.

_{た なか}
田中さんは いますか。
타 나카 상 와 이마스 까

다나카 씨는 있나요?

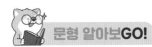 **문형 알아보GO!**

1. 「います」 (사람이나 동물이) 있어요

「います」는 '(사람이나 동물이) 있어요'라는 의미로 사람이나 동물처럼 생물의 존재, 즉 자신의 의지로 움직일 수 있는 것을 나타낼 때 쓰는 표현입니다. 문장 끝에 「か」를 붙이면 의문문이 됩니다.

_{ねこ}
猫が います。 고양이가 있어요. 　　　_{こども}子供たちが いますか。 아이들이 있나요?
네코가 이마스 　　　　　　　　　　　　코도모타치가 이마스까

2. 「いません」 (사람이나 동물이) 없어요

「います」의 부정 표현은 「いません」으로 '(사람이나 동물이) 없어요'라는 의미를 나타냅니다.

_{がくせい}
学生が いません。 학생이 없어요.
각세-가 이마셍

(단어)

います 있습니다[생물의 존재를 나타냄] | いません 없습니다 | _{た なか}田中 다나카[성씨] | _{ねこ}猫 고양이 | _{こ ども}子供たち 아이들

본서 **130** | GO! 독학 일본어 첫걸음

🎧 듣고 따라 말해보세요. ✔ 2 3 4 5

 Track 12-02

1
私は カフェに います。 저는 카페에 있어요.
와타시 와　카 훼 니　이 마 스

2
私の 友達は 日本に います。 제 친구는 일본에 있어요.
와타시 노　토모다치 와　니 혼 니　이 마 스

3
彼女は 恋人が いません。 그녀는 애인이 없어요.
카노 죠 와　코이 비토 가　이 마 셍

4
先生は 今 教室に いません。 선생님은 지금 교실에 안 계세요.
센 세- 와　이마　쿄- 시츠 니　이 마 셍

5
さくらさんは どこに いますか。 사쿠라 씨는 어디에 있나요?
사 쿠 라 상 와　도 코 니　이 마 스 까

単어

に ~에

제 _____ 예요.

<ruby>私<rt>わたし</rt></ruby>の [가족 관계 호칭] です。

Track 12-03

<ruby>私<rt>わたし</rt></ruby>の　<ruby>父<rt>ちち</rt></ruby>です。
와타시 노　치치 데 스

제 아빠예요.

<ruby>私<rt>わたし</rt></ruby>の　<ruby>弟<rt>おとうと</rt></ruby>です。
와타시 노　오토-토 데 스

제 남동생이에요.

1. 가족 관계 호칭을 나타내는 표현

일본어는 자신의 가족을 다른 사람에게 말할 때와 다른 사람의 가족을 말할 때의 호칭을 구분해서 사용합니다. 기본적으로 본인의 가족은 낮추어 말하고, 타인의 가족은 존중의 의미로 높여서 말합니다.

<ruby>私<rt>わたし</rt></ruby>の　<ruby>家族<rt>かぞく</rt></ruby>です。제 가족이에요.
와타시노 카조쿠데스

<ruby>田中<rt>たなか</rt></ruby>さんの　ご<ruby>家族<rt>かぞく</rt></ruby>です。다나카 씨의 가족이에요.
타나카산노　고카조쿠데스

	자신의 가족을 지칭할 때	다른 사람의 가족을 지칭할 때
가족	<ruby>家族<rt>かぞく</rt></ruby>	ご<ruby>家族<rt>かぞく</rt></ruby>
할아버지	<ruby>祖父<rt>そふ</rt></ruby>	お<ruby>祖父<rt>じい</rt></ruby>さん
할머니	<ruby>祖母<rt>そぼ</rt></ruby>	お<ruby>祖母<rt>ばあ</rt></ruby>さん
아버지	<ruby>父<rt>ちち</rt></ruby>	お<ruby>父<rt>とう</rt></ruby>さん
어머니	<ruby>母<rt>はは</rt></ruby>	お<ruby>母<rt>かあ</rt></ruby>さん
형/오빠	<ruby>兄<rt>あに</rt></ruby>	お<ruby>兄<rt>にい</rt></ruby>さん
누나/언니	<ruby>姉<rt>あね</rt></ruby>	お<ruby>姉<rt>ねえ</rt></ruby>さん
남동생	<ruby>弟<rt>おとうと</rt></ruby>	<ruby>弟<rt>おとうと</rt></ruby>さん
여동생	<ruby>妹<rt>いもうと</rt></ruby>	<ruby>妹<rt>いもうと</rt></ruby>さん

🎧 듣고 따라 말해보세요. ✓ 2 3 4 5

말하기 트레이닝 12-02　Track 12-04

1

わたし 　　あに　　　あね
私は　兄と　姉が　います。 저는 형(오빠)과 누나(언니)가 있어요.
와타시 와　아니 토　아네 가　이 마 스

2

　　　　　　わたし　　　　そ ふ
こちらは　私の　祖父です。 이쪽은 제 할아버지예요.
코 치 라 와　와타시 노　소 후 데 스

3

ちち　　　はは　　　わたし
父と　母と　私です。 아버지와 어머니와 저입니다.
치치 토　하하 토　와타시 데 스

4

そ ぼ　　ちち　　はは　　いもうと　　　わたし　　　ごにん
祖母、父、母、妹と　私で　5人です。
소 보　치치　하하　이모-토 토　와타시 데　고 닌 데 스

할머니, 아버지, 어머니, 여동생과 저 다섯 명입니다.

> **Tip** 자신의 남동생이나 여동생을 부를 때는 우리나라와 마찬가지로 이름을 부릅니다.

5

わたし　　　か ぞく　　　ちち　　　はは　　　おとうと　　　わたし　　　よにん　　　か ぞく
私の　家族は、父と　母と　弟と　私の　4人　家族です。
와타시 노　카 조쿠 와　치치 토　하하 토　오토-토 토　와타시 노　요 닝　카 조쿠 데 스

제 가족은 아버지와 어머니와 남동생과 저, 네 식구입니다.

단어

にん
人 ~인, ~명[인원수를 세는 말]

_____ 가(이)/은(는) 있어요.

명사 が/は あります。

Track 12-05

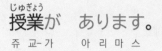

授業が あります。
쥬 교-가 아 리 마 스

수업이 있어요.

お金が ありません。
오 카네 가 아 리 마 셍

돈이 없어요.

車が ありますか。
쿠루마 가 아 리 마 스 까

차가 있나요?

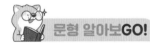 문형 알아보GO!

1. 「あります」 (식물이나 사물이) 있어요

「あります」는 '(식물이나 사물이) 있어요'라는 의미로 식물이나 사물처럼 무생물의 존재, 즉 자신의 의지로 움직일 수 없는 것을 나타낼 때 쓰는 표현입니다. 이 외에 시간과 같은 추상적인 개념을 나타낼 때도 쓰입니다. 문장 끝에 「か」를 붙이면 의 문문이 됩니다.

時間が あります。시간이 있어요.　　スーパーが ありますか。슈퍼마켓이 있나요?
지캉가 아리마스　　　　　　　　스-파-가 아리마스까

2. 「ありせん」 (식물이나 사물이) 없어요

「あります」의 부정 표현은 「あります」으로 '(식물이나 사물이) 없어요'라는 의미를 나타냅니다.

ベッドが ありません。침대가 없어요.
벳도가 아리마셍

단어

あります 있습니다[무생물의 존재를 나타냄] | あります 없습니다 | 時間 시간 | スーパー 슈퍼마켓 | ベッド 침대

🎧 듣고 따라 말해보세요. ✔ 2 3 4 5

 말하기 트레이닝 12-03 Track 12-06

1
れいぞうこ
冷蔵庫に ジュースが あります。 냉장고에 주스가 있어요.
레-조-코니 쥬-스가 아리마스

2
わたし
私の かばんは 部屋に あります。 제 가방은 방에 있어요.
へや
와타시노 카방와 헤야니 아리마스

3
スタバは あっちに あります。 스타벅스는 저쪽에 있어요.
스타바와 앗치니 아리마스

4
けいたい じゅうでん
携帯の 充電が ありません。 휴대 전화 배터리(충전)가 없어요.
케-타이노 쥬-뎅가 아리마 셍

Tip '휴대 전화'는 「携帯」또는 「携帯電話」라고 하며, 가타카나로 「ケータイ」라고도 합니다.
けいたい   けいたいでんわ

5
えき ほう
駅の 方に ホテルは ありませんか。 역 쪽에 호텔은 없나요?
에키노 호-니 호테루와 아리마 셍 까

단어

れいぞうこ
冷蔵庫 냉장고 | ジュース 주스 | スタバ 스타벅스 | 携帯 휴대 전화 | 充電 배터리, 충전 | 方 쪽, 편
けいたい   じゅうでん   ほう

 문형 4

```
_____ 의 _____ 에 있어요.

  명사  の  위치 명사  に あります。
```

Track 12-07

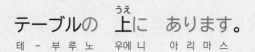

テーブルの 上^{うえ}に あります。
테 - 부 루 노　우에니　아 리 마 스

테이블 위에 있어요.

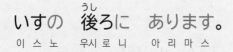

いすの 後^{うし}ろに あります。
이 스 노　우시 로 니　아 리 마 스

의자 뒤에 있어요.

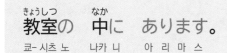

教室^{きょうしつ}の 中^{なか}に あります。
쿄 - 시츠 노　나카니　아 리 마 스

교실 안에 있어요.

 문형 알아보GO!

1. 위치를 나타내는 명사

'오른쪽', '왼쪽'과 같이 위치를 나타내는 표현을 위치 명사라고 합니다. 일반적으로 「명사 + の + 위치 명사」 형태로 제시하며, 조사 「に」를 붙여 '~에 (있다/없다)'라고 표현합니다.

車^{くるま}の 前^{まえ}に あります。 자동차 앞에 있어요.
쿠루마노 마에니 아리마스

위	아래, 밑	안, 속	밖	앞, 전	뒤
上^{うえ}	下^{した}	中^{なか}	外^{そと}	前^{まえ}	後^{うし}ろ
옆	**옆, 곁**	**오른쪽**	**왼쪽**	**근처**	
横^{よこ}	そば	右^{みぎ}	左^{ひだり}	近^{ちか}く	

단어

テーブル 테이블 ｜ いす 의자

🎧 듣고 따라 말해보세요. ✔ 2 3 4 5

1
銀行の 横に 公園が あります。 은행 옆에 공원이 있어요.
긴 코- 노   요코 니   코- 엥 가   아 리 마 스

Tip 「横」는 '옆'이라는 뜻으로 같은 가로 선상에 있는 사람이나 사물의 옆을 나타낼 때 사용합니다.

2
駅の 中に コンビニが あります。 역 안에 편의점이 있어요.
에키 노   나카 니   콤 비 니 가   아 리 마 스

3
コップは 花瓶の 右側に あります。 컵은 꽃병 오른쪽에 있어요.
콥 푸 와   카 빈 노   미기 가와 니   아 리 마 스

4
交差点の 近くに 薬局が あります。 교차로 근처에 약국이 있어요.
코- 사 텐 노   치카 쿠 니   약 쿄쿠 가   아 리 마 스

5
トイレは エレベーターの 左側に あります。
토 이 레 와   에 레 베 - 타 - 노   히다리 가와 니   아 리 마 스
화장실은 엘리베이터 왼쪽에 있어요.

단어

コンビニ 편의점 | コップ 컵 | 花瓶 꽃병 | 側 쪽, 측 | 交差点 교차로 | 近く 근처 | 薬局 약국 | エレベーター 엘리베이터

사쿠라

ミノさんは、❶兄弟が　いますか。
미 노　상　와　　코- 다이 가　　이 마 스 까

이민호

はい。上に　姉　❷1人と　下に　弟が　います。
하 이　우에 니　아네　히토리 토　시타 니 오토-토 가　　이 마 스

사쿠라

❸へぇ、うらやましいです。
헤 -　우 라 야 마 시 - 데 스

이민호

さくらさんは、一人っ子ですよね。
사 쿠 라　상　와　　히토릭　코 데 스 요 네

사쿠라

はい。ところで、ミノさんの　❹家は　どこに　ありますか。
하 이　토 코 로 데　미 노 산 노　　우치 와　도 코 니　아 리 마 스 까

이민호

僕の　家は、学校の　前に　ありますよ。
보쿠 노　우치 와　각 코- 노　마에 니　아 리 마 스 요

Track 12-11
한국어>일본어

사쿠라　민호 씨는 형제가 있나요?

이민호　네, 위에 누나 한 명이랑 아래에 남동생이 있어요.

사쿠라　와, 부럽네요.

이민호　사쿠라 씨는 외동이죠?

사쿠라　네, 그런데 민호 씨의 집은 어디에 있나요?

이민호　우리 집은 학교 앞에 있어요.

+ 더알아보GO!

① 가족 구성원을 묻는 표현

'가족은 몇 명이에요?'라고 물을 때는 「ご家族は 何人ですか」, '형제는 몇 명이에요?'라고 물을 때는 「兄弟は 何人ですか」라고 합니다.

② 사람을 세는 표현

일본어로 사람을 셀 때는 '~명'에 해당하는 조수사 「人」을 붙여서 말합니다. 단, '한 명', '두 명'의 경우 예외적으로 읽기 때문에 주의해야 하며, 또 '네 명'의 경우 숫자 '4'를 'よ'로 읽는 것도 주의해야 합니다.

한 명, 1명	두 명, 2명	세 명, 3명	네 명, 4명	다섯 명, 5명
ひとり	ふたり	さんにん	よにん	ごにん
여섯 명, 6명	일곱 명, 7명	여덟 명, 8명	아홉 명, 9명	열 명, 10명
ろくにん	ななにん・しちにん	はちにん	きゅうにん	じゅうにん

③ 「へぇ」 와, 우와

「へぇ」는 '와, 우와'라는 의미로 상대방의 말을 듣고 놀라거나 감탄할 때 쓰는 감탄사입니다.

④ 家의 두 가지 의미

「家」는 일반적으로 '집'이라는 건물 자체를 뜻하고, 「家」는 살고 있는 '집' 외에도 '우리 집, 우리 가족'과 같이 자신이 속해 있는 '가정, 가족' 등의 뉘앙스가 포함되어 있습니다.

단어

兄弟 형제 | へぇ 와, 우와[감탄이나 놀람을 나타냄] | うらやましい 부럽다 | 一人っ子 외동 | 家 집

호캉스는 좋았어요?

ホカンスは
호 칸 스 와

よかったですか。
요 캇 타 데 스 까

호캉스는 좋았어요?
ホカンスは よかったですか。
호 칸 스 와 요 캇 타 데 스 까

매우 즐거웠어요.
とても 楽しかったですよ。
토 테 모 타 노 시 캇 타 데 스 요

미리 보GO 1 ▶ 매우 즐거웠어요.

とても 楽しかったですよ。

토 테 모   타 노 시   캇 타 데 스 요

미리 보GO 2 ▶ 날씨가 좋지 않았어요.

天気が よく なかったです。

텡 키 가   요 쿠   나 캇 타 데 스

미리 보GO 3 ▶ 수영장은 깨끗했나요?

プールは きれいでしたか。

푸 - 루 와   키 레 - 데 시 타 카

미리 보GO 4 ▶ 그다지 깨끗하지 않았어요.

あまり きれいじゃ なかったです。

아 마 리   키 레 - 쟈   나 캇 타 데 스

'따뜻하다', '신선하다'의 과거 표현은 '따뜻했어요', '신선했어요'로 표현하죠?
이번 과에서는 형용사의 과거 긍정 표현과 과거 부정 표현을 배우려고 해요.
이 표현 역시 형용사에 간단한 문형을 붙여 표현할 수 있기 때문에 쉽게 익힐 수 있을 거예요.

_____ 했어요.

い형용사 い かったです。

Track 13-01

あたた
暖かかったです。
아타타 카 캇 타 데 스

따뜻했어요.

すばらしかったです。
스 바 라 시 캇 타 데 스

훌륭했어요.

よかったですか。
요 캇 타 데 스 까

좋았나요?

 문형 알아보GO!

1. 「い형용사 い + かったです」 ~했어요(い형용사의 과거 긍정 표현)

い형용사의 과거 표현은 어미 「い」를 없애고 「~かった」를 붙입니다. 정중하게 말할 때는 「~かったです」라고 표현하면 됩니다. 또한 문장 끝에 「か」를 붙이면 '~했어요?'라는 의문문이 됩니다.

こわ
怖かったです。 무서웠어요.
코와캇타데스

2. い형용사 「いい」의 과거 표현

い형용사 「いい 좋다」는 과거형으로 바뀔 때 「いい」가 아닌 「よい」만 활용합니다.

いい의 과거 긍정 표현	いい의 과거 부정 표현
よかったです。 좋았어요.	よく　なかったです。 좋지 않았어요.

(단어)

~かったです ~했습니다 ┃ すばらしい 훌륭하다

듣고 따라 말해보세요. ✔ 2 3 4 5

말하기 트레이닝 13-01   Track 13-02

1
テストは 難^{むずか}しかったです。 시험은 어려웠어요.
테 스 토 와 무즈카시 캇 타 데 스

2
今朝^{けさ} 頭^{あたま}が 痛^{いた}かったです。 오늘 아침에 머리가 아팠어요.
케사 아타마 가 이타 캇 타 데 스

3
昨日^{きのう}は とても 寒^{さむ}かったです。 어제는 너무 추웠어요.
키노- 와 토 테 모 사무 캇 타 데 스

4
コーヒーと ケーキも おいしかったです。
코 - 히 - 토 케 - 키 모 오 이 시 캇 타 데 스
커피와 케이크도 맛있었어요.

5
先週^{せんしゅう}は 忙^{いそが}しかったですか。 지난주는 바빴나요?
센 슈- 와 이소가시 캇 타 데 스 까

(단어)

今朝^{けさ} 오늘 아침 | 痛^{いた}い 아프다 | ケーキ 케이크

_____ 하지 않았어요.

い형용사 ↳ く　なかったです。

Track 13-03

おもしろく　なかったです。
오 모 시 로 쿠　　나 캇 타 데 스

재미있지 않았어요.

さむ
寒く　なかったです。
사무 쿠　　나 캇 타 데 스

춥지 않았어요.

いた
痛く　なかったですか。
이타 쿠　　나 캇 타 데 스 까

아프지 않았나요?

 문형 알아보GO!

1. 「い형용사 い + く　なかったです」 ~하지 않았어요(い형용사의 과거 부정 표현)

い형용사의 과거 부정 표현은 어미 「い」를 「く」로 바꾼 다음 뒤에 「なかった ~하지 않았다」를 붙이면 됩니다. '~하지 않았어요'라고 정중하게 말할 때는 뒤에 「~です」를 붙여 「~く　なかったです」라고 하면 됩니다. 또한 문장 끝에 「か」를 붙이면 '~하지 않았어요?'라는 의문문이 됩니다.

かわいく　なかったですか。 귀엽지 않았나요?
카와이쿠　　나캇타데스까

2. 「い형용사 い + く　ありませんでした」 ~하지 않나요

좀 더 정중하게 말할 때는 「~く　なかったです」 대신에 「~く　ありませんでした ~하지 않았어요」를 붙이면 됩니다.
うれ
嬉しく　ありませんでした。 기쁘지 않았어요.
우레시쿠　아리마센데시타

(단어)

～く　なかったです ~하지 않았습니다 ｜ うれ嬉しい 기쁘다 ｜ ～く　ありませんでした ~하지 않았습니다

🎧 듣고 따라 말해보세요. ✔ 2 3 4 5

말하기 트레이닝 13-02 · Track 13-04

1

<ruby>駅<rt>えき</rt></ruby>から <ruby>近<rt>ちか</rt></ruby>く なかったです。 역에서 가깝지 않았어요.

에키 카 라 　치카 쿠 　나 캇 타 데 스

2

プールの <ruby>水<rt>みず</rt></ruby>は <ruby>冷<rt>つめ</rt></ruby>たく なかったです。 수영장 물은 차갑지 않았어요.

푸 - 루 노 　미즈 와 　츠메타 쿠 　나 캇 타 데 스

3

<ruby>旅行<rt>りょこう</rt></ruby>は <ruby>楽<rt>たの</rt></ruby>しく ありませんでした。 여행은 즐겁지 않았어요.

료 코- 와 　타노시 쿠 　아 리 마 센 　데 시 타

4

<ruby>夏休<rt>なつやす</rt></ruby>みは <ruby>長<rt>なが</rt></ruby>く ありませんでした。 여름 방학은 길지 않았어요.

나츠 야스 미 와 　나가 쿠 　아 리 마 센 　데 시 타

5

<ruby>遊園地<rt>ゆうえん ち</rt></ruby>は <ruby>人<rt>ひと</rt></ruby>が <ruby>多<rt>おお</rt></ruby>く なかったですか。

유- 엔 치 와 　히토 가 　오- 쿠 　나 캇 타 데 스 까

놀이공원은 사람이 많지 않았나요?

단어

プール 수영장 | <ruby>旅行<rt>りょこう</rt></ruby> 여행 | <ruby>夏休<rt>なつやす</rt></ruby>み 여름 방학 | <ruby>長<rt>なが</rt></ruby>い 길다 | <ruby>遊園地<rt>ゆうえん ち</rt></ruby> 놀이공원

 문형 3

_____ 했어요.

な형용사 だ でした。

Track 13-05

しんせつ **親切**でした。 신 세츠 데 시 타	⟷	친절했어요.
べんり **便利**でした。 벤 리 데 시 타	⟷	편리했어요.
あんぜん **安全**でしたか。 안 젠 데 시 타 까	⟷	안전했나요?

 문형 알아보GO!

1. 「な형용사 だ + でした」~했어요(な형용사의 과거 긍정 표현)

な형용사의 정중한 과거 긍정 표현은 어미 「だ」를 없애고 「~でした」를 붙입니다. 문장 끝에 「か」를 붙이면 '~했어요?'라는 의
문문이 됩니다.

しあわ
幸せでした。행복했어요.
시아와세데시타

しんぱい
心配でしたか。걱정했나요?
심파이데시타까

단어

~でした ~했습니다 | あんぜん
安全だ 안전하다 | しんぱい
心配だ 걱정하다, 걱정이다

🎧 듣고 따라 말해보세요. ✔ 2 3 4 5

말하기 트레이닝 13-03　Track 13-06

1
わたし
私は　魚が　嫌いでした。 저는 생선을 싫어했어요.
와타시 와　사카나 가　키 라 이 데 시 타

2
おきなわ
沖縄の　夜景は　素敵でした。 오키나와의 야경은 멋졌어요.
오키나와 노　야 케- 와　스 테키 데 시 타

3
こんど
今度の　試験は　簡単でした。 이번 시험은 간단했어요(쉬웠어요).
콘 도 노　시 켕 와　칸 탄 데 시 타

4
かれ
彼の　行動は　本当に　危険でした。 그의 행동은 정말로 위험했어요.
카레 노　코- 도- 와　혼 토- 니　키 켄 데 시 타

5
じい
お祖父さんは　元気でしたか。 할아버지는 건강하셨나요?
오 지 - 상 와　겡 키 데 시 타 까

단어

さかな
魚 생선 ｜ 沖縄 오키나와[지명] ｜ 夜景 야경 ｜ 今度 이번 ｜ 行動 행동 ｜ 本当に 정말로 ｜ 危険だ 위험하다

 문형 4

_____ 하지 않았어요.

> な형용사 だ じゃ　なかったです。

Track 13-07

まじめじゃ　なかったです。
마 지 메 쟈 　 나 캇 타 데 스

○━━○ 성실하지 않았어요.

しんせん
新鮮じゃ　なかったです。
신 센 　 쟈 　 나 캇 타 데 스

○━━○ 신선하지 않았어요.

ふ べん
不便じゃ　なかったですか。
후 벤 　 쟈 　 나 캇 타 데 스 까

○━━○ 불편하지 않았나요?

 문형 알아보GO!

1. 「な형용사 だ + じゃ なかったです」 ~하지 않았어요(な형용사의 과거 부정 표현)

な형용사의 과거 정중 부정 표현은 어미 「だ」를 없애고 「~じゃ なかったです」를 붙이면 됩니다. 문장 끝에 「か」를 붙이면 '~하지 않았어요?'라는 의문문이 됩니다. 또한 「じゃ」는 「では」의 축약형으로 바꿔 쓸 수도 있습니다.

スリムじゃ　なかったですか。날씬하지 않았나요?
스리무쟈 　 나캇타데스까

2. 「な형용사 だ + ~じゃ ありませんでした」 ~하지 않았어요

좀 더 정중하게 말할 때는 「~じゃ なかったです」 대신에 「~じゃ ありませんでした」를 붙이면 됩니다.

たいへん
大変じゃ　ありませんでした。힘들지 않았어요.
타이헨쟈 　 아리마센데시타

단어

~じゃ なかったです ~하지 않았습니다 ｜ スリムだ 날씬하다, 슬림하다 ｜ ~じゃ ありませんでした ~하지 않았습니다

🎧 듣고 따라 말해보세요. ✔️ 2 3 4 5

1

かれ　へいぼん
彼は　平凡じゃ　なかったです。 그는 평범하지 않았어요.

카레 와　헤-본 쟈　나 캇 타 데 스

2

てんいん　しんせつ
店員は　親切じゃ　なかったです。 점원은 친절하지 않았어요.

텡 잉 와　신 세츠 쟈　나 캇 타 데 스

3

としょかん　しず
図書館は　静かじゃ　ありませんでした。 도서관은 조용하지 않았어요.

토 쇼 캉 와　시즈 카 쟈　아 리 마 센 데 시 타

4

せんせい　はなし　たいくつ
先生の　話は　退屈じゃ　ありませんでした。

센 세- 노　하나시 와　타이 쿠츠 쟈　아 리 마 센 데 시 타

선생님의 이야기는 지루하지 않았어요.

5

サイズが　同じじゃ　なかったですか。 사이즈가 같지 않았나요?
　　　　おな

사 이 즈 가　오나 지 쟈　나 캇 타 데 스 까

단어

としょかん　　　　　はなし　　　　　　　　　　　　　　おな
図書館 도서관 ┃ 話 이야기, 말 ┃ サイズ 사이즈 ┃ 同じだ 같다

Track 13-09 Track 13-10
천천히   보통

김한나
❶ホカンスは　よかったですか。
호 칸 스 와　요 캇 타 데 스 까

하루키
とても　楽^{たの}しかったですよ。
토 테 모　타 노 시 캇 타 데 스 요

でも、天気^{てんき}が　よく　なかったです。
데 모　텡 키 가　요 쿠　나 캇 타 데 스

김한나
プールは　きれいでしたか。
푸 - 루 와　키 레 - 데 시 타 까

하루키
いいえ、あまり　きれいじゃ　なかったです。
이 - 에　아 마 리　키 레 - 쟈　나 캇 타 데 스

김한나
それは、残念^{ざんねん}でしたね。
소 레 와　잔 넨 데 시 타 네

하루키
でも、それ以外^{いがい}は、部屋^{へや}も　静^{しず}かで　すごく　よかったです。
데 모　소 레 이 가 이 와　헤 야 모　시 즈 카 데　스 고 쿠　요 캇 타 데 스

해석해 보GO!

Track 13-11
한국어>일본어

김한나　호캉스는 좋았어요?

하루키　매우 즐거웠어요.
　　　　하지만 날씨가 좋지 않았어요.

김한나　수영장은 깨끗했나요?

하루키　아니요. 그다지 깨끗하지 않았어요.

김한나　그것은 아쉬웠겠네요.

하루키　하지만 그것 이외는 방도 조용하고 매우 좋았어요.

+더알아보GO!

❶ 「ホカンス」 호캉스
　「ホカンス」는 우리말의 '호캉스'의 의미와 동일하며 「ホテル 호텔」과 「バカンス 바캉스」의 뜻이 합쳐진 말입니다.

단어

ホカンス 호캉스 ｜ でも 하지만 ｜ 残念^{ざんねん}だ 아쉽다 ｜ それ以外^{いがい} 그 이외 ｜ すごく 매우, 굉장히

Day 14

이 아이폰을 갖고 싶어요.

この アイフォーンが
코 노 아 이 훠 - ㅇ 가

ほしいです。
호 시 - 데 스

10만엔이에요.
じゅうまんえん
10万円です。
쥬-망엔데스

이 아이폰을 갖고 싶어요.
この アイフォーンが ほしいです。
코 노 아 이 훠 - ㅇ 가 호 시 - 데 스

배울 내용 미리 확인하GO!

미리 보GO 1 ▶ 저 이 아이폰을 갖고 싶어요.

私、この アイフォーンが ほしいです。
와타시 코 노 아이 훠 - ㅇ 가 호시 - 데스

미리 보GO 2 ▶ 얼마예요?

いくらですか。
이 쿠 라 데 스 까

미리 보GO 3 ▶ 이쪽 것은 조금 오래됐지만, 싸요.

こっちの 方は 少し 古いですけど、安いですよ。
콧 치 노 호 - 와 스코시 후루 이 데 스 케 도 야스 이 데 스 요

오늘은 자신의 희망을 나타내는 표현과 역접 또는 화제 전환에 사용하는 접속사,
그리고 물건의 가격과 화폐 단위에 대해 배워보려고 합니다.
이 표현들을 배우고 나면 '노트북을 갖고 싶어요'와 같이 자신이 원하는 것을 자유롭게 말해 볼 수 있고,
'일본어는 어렵지만 재미있어요'와 같이 대립되거나 반대되는 상황을 말할 수 있습니다.
또한 '이거 얼마예요?', '500엔이에요'와 같이 물건의 가격을 유창하게 묻고 답할 수 있을 뿐만 아니라
일본의 화폐 단위도 익힐 수 있습니다.

 문형 다지GO!

 문형 1

_____ 을/를 갖고 싶어요.

명사 が ほしいです。

Track 14-01

ノートパソコンが　ほしいです。
노 - 토 파 소 콩 가　호 시 - 데 스

노트북을 갖고 싶어요.

ペットが　ほしく　ないです。
펫 토 가　호 시 쿠　나 이 데 스

반려동물을 갖고 싶지 않아요.

何が　ほしいですか。
なに
나니가　호 시 - 데 스 까

무엇을 갖고 싶나요?

 문형 알아보GO!

1. 「~が　ほしいです」 ~을(를) 갖고 싶어요

「~が　ほしいです」는 명사 뒤에 붙어 '~을(를) 갖고 싶어요, 원해요'라는 의미를 나타내며 말하는 사람의 욕구나 희망을 표현할 때 씁니다. 사물뿐만 아니라 사람이나 동물을 갖고 싶을 때도 쓸 수 있습니다. 주의할 점은 「ほしい」는 동사가 아닌 い형용사이므로 목적격 조사 '~을(를)'의 자리에는 「を」가 아닌 「が」를 사용해야 합니다.

プレゼントが　ほしいです。 선물을 갖고 싶어요.
푸레젠토가　호시-데스

2. 「~が　ほしく　ないです」 ~을(를) 갖고 싶지 않아요

「~が　ほしいです」의 부정형은 「~が　ほしく　ないです ~을(를) 갖고 싶지 않아요」이며 좀 더 정중하게 말할 때는 「~が　ほしくありません」이라고 하면 됩니다.

サングラスが　ほしく　ないです。 선글라스를 갖고 싶지 않아요.
상구라스가　호시쿠　나이데스

단어

~が　ほしいです ~을(를) 갖고 싶습니다 | ペット 반려동물 | プレゼント 선물 | サングラス 선글라스 |
~が　ほしく　ないです ~을(를) 갖고 싶지 않습니다

표현 연습하GO!

🎧 듣고 따라 말해보세요. ✔ 2 3 4 5

말하기 트레이닝 14-01 Track 14-02

1

私は タンブラーが ほしいです。 저는 텀블러를 갖고 싶어요.
わたし
와타시 와   탐 부 라 - 가   호 시 - 데 스

2

私は 素敵な 彼氏が ほしいです。 저는 멋진 남자 친구를 갖고 싶어요.
わたし すてき かれし
와타시 와   스 테키 나   카레시 가   호 시 - 데 스

3

今は、お金より 時間が ほしいです。 지금은 돈보다 시간을 갖고 싶어요.
いま   かね   じかん
이마 와   오 카네 요 리   지 캉 가   호 시 - 데 스

4

新しい 自転車が ほしく ないです。 새 자전거를 갖고 싶지 않아요.
あたら じてんしゃ
아타라 시 -   지 텐 샤 가   호 시 쿠   나 이 데 스

5

誕生日に 何が ほしいですか。 생일에 무엇을 갖고 싶나요?
たんじょう び なに
탄 죠- 비 니   나니 가   호 시 - 데 스 까

단어

タンブラー 텀블러

 문형 2

_____ 얼마예요?

지시 대명사·명사·수량사 いくらですか。

Track 14-03

これ いくらですか。
코 레   이 쿠 라 데 스 까

이거 얼마예요?

値段は いくらですか。
ね だん
네 당 와   이 쿠 라 데 스 까

가격은 얼마예요?

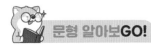 문형 알아보GO!

1. 가격 묻는 표현

「いくら」는 '얼마'라는 뜻이며 가격을 물을 때 사용합니다.

2つで いくらですか。두 개에 얼마예요?
ふた
후타츠데 이쿠라데스까

2. 화폐 단위 읽는 법

「円」은 일본의 화폐 단위로 가격 뒤에 붙여서 사용합니다.
えん

いち円 1엔	よ円 4엔	ご円 5엔	じゅう円 10엔	ごじゅう円 50엔
ひゃく円 100엔	さんびゃく円 300엔	ごひゃく円 500엔	ろっぴゃく円 600엔	はっぴゃく円 800엔
せん円 1,000엔	さんぜん円 3,000엔	ごせん円 5,000엔	はっせん円 8,000엔	いちまん円 10,000엔

Tip 표시된 숫자는 읽을 때 주의해서 발음합니다.

부록 P367 참고

단어

いくら 얼마 | 円 엔[일본의 화폐 단위]
えん

 표현 연습하GO!

🎧 듣고 따라 말해보세요. ✔ ② ③ ④ ⑤

1

A ランチは 1人当たり いくらですか。 런치는 한 명 당 얼마예요?
란 치 와 히토리 아 타 리 이 쿠 라 데 스 까

B 1人当たり 800円 くらいですよ。 한 명 당 800엔 정도예요.
히토리 아 타 리 합퍄쿠 엔 쿠 라 이 데 스 요

2

A この ズボンは 一着 いくらですか。 이 바지는 한 벌에 얼마예요?
코 노 즈 봉 와 잇 챠쿠 이 쿠 라 데 스 까

B 2,900円です。 2,900엔이에요.
니셍큐-햐쿠 엔 데 스

3

A 最新の アイパッドは いくらですか。 최신 아이패드는 얼마예요?
사 이 신 노 아 이 팟 도 와 이 쿠 라 데 스 까

B 6万円から 7万円 くらいですよ。 6만엔에서 7만엔 정도예요.
로쿠 망 엥 카 라 나나 망 엥 쿠 라 이 데 스 요

단어

ランチ 런치, 점심 | 当たり ~당 | ズボン 바지 | 一着 한 벌 | 最新 최신 | アイパッド 아이패드

문형 3

_____ 지만 _____ 해요.

명사·い형용사·な형용사 です けど/が い형용사·な형용사 です。

Track 14-05

休みですけど、忙しいです。
야스미데스케도 이소가시 - 데스

휴일이지만 바빠요.

難しいですけど、おもしろいです。
무즈카시 - 데스케도 오모시로이데스

어렵지만 재미있어요.

大きいですが、軽いです。
오- 키 - 데스가 카루이데스

크지만 가벼워요.

 문형 알아보GO!

1. 역접 또는 전환을 나타내는 접속사

「けど」와 「が」는 '~이지만', '~인데'라는 뜻으로 역접 또는 화제 전환에 사용하는 접속사이며 서로 바꾸어 사용할 수 있습니다. 한편 「けど」는 회화에서만 사용하는 구어체입니다. 일반적으로 앞에 제시된 내용과 다른 결과가 뒤 문장에 나타납니다.

ベテランですが、下手です。 베테랑이지만 서툴러요.
베테란데스가   헤타데스

高いですけど、よく ありません。 비싸지만 좋지 않아요.
타카이데스케도   요쿠   아리마셍

단어

けど ~이지만, ~인데 ｜ が ~이지만, ~인데 ｜ ベテラン 베테랑, 전문가

🎧 듣고 따라 말해보세요. ✔ 2 3 4 5

말하기 트레이닝 14-03 | Track 14-06

1

仕事は 忙しいですけど、楽しいです。 일은 바쁘지만 즐거워요.
しごと　　いそが　　　　　　　　　たの
시 고토 와　이소가시 - 데 스 케 도　타노시 - 데 스

2

アメリカ人ですけど、日本語が 上手です。
　　　　じん　　　　　　　にほんご　　じょうず
아 메 리 카 진 데 스 케 도　　니 홍 고 가　　죠-즈 데 스

미국인이지만 일본어를 잘해요.

3

高校生ですが、背が 高いです。 고등학생이지만 키가 커요.
こうこうせい　　せ　　たか
코- 코- 세- 데 스 가　　세 가　　타카이 데 스

4

この 食堂は 有名ですけど、おいしく ないです。
　　しょくどう　　ゆうめい
코 노　쇼쿠도- 와　유- 메- 데 스 케 도　오 이 시 쿠　나 이 데 스

이 식당은 유명하지만 맛이 없어요.

5

サラダは 新鮮ですが、あまり 好きじゃ ありません。
　　　　しんせん　　　　　　　す
사 라 다 와　신 센 데 스 가　아 마 리　스 키 쟈　아 리 마 셍

샐러드는 신선하지만 별로 좋아하지 않아요.

⸺ 단어 ⸺

サラダ 샐러드

김한나

これこれ。私、この ❶アイフォーンが ほしいです。
코 레 코 레 와타시 코 노   아 이 훠 - 。가   호 시 - 데 스

하루키

これは 新しい アイフォーンですね。❷いくらですか。
코 레 와 아타라시 -   아 이 훠 - 。데 스 네   이 쿠 라 데 스 까

점원

10万円です。
쥬- 망 엔 데 스

하루키

高いですね。
타 카 이 데 스 네

점원

あ、こっちの 方は 少し 古いですけど、安いですよ。
아   콧 치 노   호- 와 스코 시   후루 이 데 스 케 도   야스 이 데 스 요

하루키

本当だ。少し 古いですが、これも いいですね。
혼 토- 다 스코 시   후루 이 데 스 가   코 레 모   이 - 데 스 네

해석해 보GO!

Track 14-09

한국어>일본어

김한나 　이거 이거, 저 이 아이폰을 갖고 싶어요.

하루키 　이건 새 아이폰이네요. 얼마예요?

점원 　　10만엔이에요.

하루키 　비싸네요.

점원 　　아, 이쪽 것은 조금 오래됐지만, 싸요.

하루키 　진짜네요. 좀 오래됐지만, 이것도 좋네요.

➕ 더 알아보GO!

❶ 아이폰의 일본어 표기법

　아이폰의 일본어 표기는「アイフォーン」과「アイフォン」두 가지 표현이 있으며, 두 가지 모두 자주 사용합니다.

❷ 가격을 물어보는 표현

　가격을 물어보는 표현인「いくらですか」앞에「お」를 붙여「おいくらですか」라고 하면 좀 더 정중한 표현이 됩니다.

단어

アイフォーン 아이폰[정식 명칭]

친구와 놀이공원에 갈 거예요.

友達と 遊園地に
とも だち　　　ゆう えん ち
토모 다치 토　유-엔 치 니

行きます。
い
이 키 마 스

친구와 놀이공원에 갈 거예요.
友達と 遊園地に 行きます。
とも だち　　　ゆう えん ち　　い
토모 다치 토　유-엔 치 니　이 키 마 스

꺅!
キャー。
캬 ー

배울 내용 미리 확인하GO!

미리 보GO 1 〉 1그룹   저는 집에서 쉴 거예요.

私は 家で 休みます。
와타시 와   이에 데   야스 미 마 스

미리 보GO 2 〉 예외 1그룹   그녀는 머리를 잘라요.

彼女は 髪を 切ります。
카노죠 와   카미 오   키 리 마 스

미리 보GO 3 〉 2그룹   저는 디저트를 먹지 않아요.

私は デザートを 食べません。
와타시 와   데 자 ー 토 오   타 베 마 셍

미리 보GO 4 〉 3그룹   아무것도 안 해요.

何も しません。
나니 모   시 마 셍

'가다', '보다', '오다'와 같은 단어를 동사라고 하죠?
일본어 동사는 형태에 따라 1그룹, 2그룹, 3그룹으로 나뉘며, 동사의 기본형 끝을 바꾼 다음
문형을 붙이는 것을 동사 활용이라고 해요. 이번 과에서는 동사 활용과 함께 가장 기본이 되는 동사 정중형에 대해
학습할 예정이에요. 이러한 문형을 학습하고 나면, '친구를 기다려요', '7시에 일어나요', '운동을 해요'와 같은
다양한 일상 표현을 익힐 수 있을 거예요.

1 동사의 특징

일본어의 모든 동사는 어미가 「う・く・ぐ・す・つ・ぬ・ぶ・む・る」총 9가지로 う단 음으로 끝납니다.
동사의 형태에 따라 1그룹 동사, 2그룹 동사, 3그룹 동사 세 가지로 분류합니다.

2 동사의 종류

1) 1그룹 동사

① 어미가 う단 음 중 「る」를 제외한 「う・く・ぐ・す・つ・ぬ・ぶ・む」로 끝나는 동사를 말합니다.

~う	~く	~ぐ	~す
買う 사다	行く 가다	泳ぐ 수영하다	話す 이야기하다
~つ	~ぬ	~ぶ	~む
待つ 기다리다	死ぬ 죽다	呼ぶ 부르다	飲む 마시다

② 어미가 「る」로 끝나며 어미 「る」 바로 앞 글자가 あ단·う단·お단인 동사를 말합니다.

あ단 + る	う단 + る	お단 + る
ある 있다	作る 만들다	乗る 타다
終わる 끝나다	売る 팔다	上る 오르다

·예외 1그룹 동사: 어미가 「る」로 끝나며 어미 「る」 바로 앞 글자가 い단 또는 え단인 동사로 형태가 2그룹
동사와 동일하나 1그룹에 속하는 동사를 예외 1그룹 동사라고 합니다.

い단 + る	え단 + る
入る 들어가다	帰る 돌아가다, 돌아오다
走る 달리다	しゃべる 수다떨다

2) 2그룹 동사

어미가 「る」로 끝나며 어미 「る」 바로 앞 글자가 い단 또는 え단인 동사를 말합니다.

い단 + る		え단 + る	
見る 보다	起きる 일어나다	食べる 먹다	寝る 자다

3) 3그룹 동사

3그룹 동사는 「来る 오다」, 「する 하다」 단 두 개뿐입니다. 1그룹 동사와 2그룹 동사와 다르게 어미의 활용 규칙이 없어 불규칙 동사라고 합니다.

来る 오다	日本へ 来る 일본에 오다	友達が 来る 친구가 오다
する 하다	勉強を する 공부를 하다	運動を する 운동을 하다

3 ~ます ~합니다[동사의 현재 긍정 표현]

동사의 정중한 현재 긍정 표현은 동사에 「~ます」를 붙여 '~합니다, ~습니다, ~할 겁니다'라고 표현합니다. 현재 또는 가까운 미래를 나타냅니다.

1) 1그룹 동사

어미 う단을 い단으로 바꾸고 「~ます」를 붙입니다.

待つ 기다리다 → 待ちます 기다립니다

彼は 友達を 待ちます。 그는 친구를 기다립니다.

카레와   토모다치오   마치마스

·예외 1그룹 동사

어미 「る」를 い단으로 바꾸고 「~ます」를 붙입니다.

帰る 돌아가다 → 帰ります 돌아갑니다

授業の後、家に 帰ります。 수업 후에 집에 돌아갑니다.

쥬교-노아토   우치니   카에리마스

2) 2그룹 동사

어미 「る」를 없애고 「~ます」를 붙입니다.

> 起きる 일어나다 → 起きます 일어납니다

私は 7時に 起きます。 저는 7시에 일어납니다.

와타시와 시치지니 오키마스

3) 3그룹 동사

3그룹 동사는 불규칙하므로 「来る」는 「来ます」, 「する」는 「します」라고 외우면 됩니다.

> 来る 오다 → 来ます 옵니다

> する 하다 → します 합니다

家に お客さんが 来ます。 집에 손님이 옵니다.

우치니 오캬상가 키마스

毎日 運動を します。 매일 운동을 합니다.

마이니치 운도-오 시마스

4 ~ません ~하지 않습니다[동사의 현재 부정 표현]

동사의 정중한 현재 부정 표현은 「~ます」를 없애고 「~ません」을 붙이면 됩니다. '~하지 않습니다, ~하지 않을 겁니다'라는 의미로 현재 또는 가까운 미래를 나타냅니다.

1) 1그룹 동사

어미 う단을 い단으로 바꾸고 「~ません」을 붙입니다.

> 行く 가다 → 行きます 갑니다 → 行きません 가지 않습니다

兄は 今日 会社に 行きません。 형(오빠)은 오늘 회사에 가지 않습니다.

아니와 쿄- 카이샤니 이키마셍

· 예외 1그룹 동사

어미 「る」를 い단으로 바꾸고 「~ません」을 붙입니다.

入る 들어가다 → 入ります 들어갑니다 → 入りません 들어가지 않습니다

私は　部屋の　中に　入りません。 저는 방 안에 들어가지 않습니다.
와타시와 헤야노　　나카니　하이리마셍

2) 2그룹 동사

어미 「る」를 없애고 「~ません」을 붙입니다.

食べる 먹다 → 食べます 먹습니다 → 食べません 먹지 않습니다

私は　朝ご飯を　食べません。 저는 아침밥을 먹지 않습니다.
와타시와 아사고항오　　타베마셍

3) 3그룹 동사

3그룹 동사는 불규칙하므로 「来る」는 「来ません」, 「する」는 「しません」이라고 외우면 됩니다.

来る 오다 → 来ます 옵니다 → 来ません 오지 않습니다

彼は　約束の　場所に　来ません。 그는 약속 장소에 오지 않습니다.
카레와　약소쿠노　바쇼니　키마셍

勉強する 공부하다 → 勉強します 공부합니다 → 勉強しません 공부하지 않습니다

もうすぐ　試験なのに　彼は　勉強しません。 곧 시험인데 그는 공부하지 않습니다.
모-스구　시켄나노니　카레와　벵쿄-시마셍

*동사 활용표

그룹	기본형	ます	ません
	会^あう 만나다	会^あいます 만납니다	会^あいません 만나지 않습니다
	買^かう 사다	買^かいます 삽니다	買^かいません 사지 않습니다
	歌^{うた}う 노래하다	歌^{うた}います 노래합니다	歌^{うた}いません 노래하지 않습니다
	行^いく 가다	行^いきます 갑니다	行^いきません 가지 않습니다
	書^かく (글씨를) 쓰다	書^かきます (글씨를) 씁니다	書^かきません (글씨를) 쓰지 않습니다
	聞^きく 듣다, 묻다	聞^ききます 듣습니다, 묻습니다	聞^ききません 듣지 않습니다, 묻지 않습니다
	歩^{ある}く 걷다	歩^{ある}きます 걷습니다	歩^{ある}きません 걷지 않습니다
	泳^{およ}ぐ 수영하다, 헤엄치다	泳^{およ}ぎます 수영합니다	泳^{およ}ぎません 수영하지 않습니다
	急^{いそ}ぐ 서두르다	急^{いそ}ぎます 서두릅니다	急^{いそ}ぎません 서두르지 않습니다
1그룹	話^{はな}す 이야기하다	話^{はな}します 이야기합니다	話^{はな}しません 이야기하지 않습니다
	貸^かす 빌려주다	貸^かします 빌려줍니다	貸^かしません 빌려주지 않습니다
	待^まつ 기다리다	待^まちます 기다립니다	待^まちません 기다리지 않습니다
	持^もつ 들다, 가지다	持^もちます 듭니다	持^もちません 들지 않습니다
	死^しぬ 죽다	死^しにます 죽습니다	死^しにません 죽지 않습니다
	呼^よぶ 부르다	呼^よびます 부릅니다	呼^よびません 부르지 않습니다
	遊^{あそ}ぶ 놀다	遊^{あそ}びます 놉니다	遊^{あそ}びません 놀지 않습니다
	運^{はこ}ぶ 옮기다	運^{はこ}びます 옮깁니다	運^{はこ}びません 옮기지 않습니다
	飲^のむ 마시다	飲^のみます 마십니다	飲^のみません 마시지 않습니다
	読^よむ 읽다	読^よみます 읽습니다	読^よみません 읽지 않습니다

그룹	기본형	ます	ません
1그룹	ある 있다	あります 있습니다	ありません 없습니다
	^の乗る 타다	^の乗ります 탑니다	^の乗りません 타지 않습니다
	^{おく}送る 보내다	^{おく}送ります 보냅니다	^{おく}送りません 보내지 않습니다
	^わ分かる 알다	^わ分かります 압니다	^わ分かりません 알지 못합니다, 모릅니다
예외 1그룹	^{はし}走る 달리다	^{はし}走ります 달립니다	^{はし}走りません 달리지 않습니다
	^{はい}入る 들어가다, 들어오다	^{はい}入ります 들어갑니다, 들어옵니다	^{はい}入りません 들어가지 않습니다, 들어오지 않습니다
	^き切る 자르다	^き切ります 자릅니다	^き切りません 자르지 않습니다
	^{かえ}帰る 돌아가다, 돌아오다	^{かえ}帰ります 돌아갑니다, 돌아옵니다	^{かえ}帰りません 돌아가지 않습니다, 돌아오지 않습니다
2그룹	^み見る 보다	^み見ます 봅니다	^み見ません 보지 않습니다
	^お起きる 일어나다	^お起きます 일어납니다	^お起きません 일어나지 않습니다
	^き着る 입다	^き着ます 입습니다	^き着ません 입지 않습니다
	^た食べる 먹다	^た食べます 먹습니다	^た食べません 먹지 않습니다
	^ね寝る 자다	^ね寝ます 잡니다	^ね寝ません 자지 않습니다
	^{かんが}考える 생각하다	^{かんが}考えます 생각합니다	^{かんが}考えません 생각하지 않습니다
	^{おし}教える 가르치다	^{おし}教えます 가르칩니다	^{おし}教えません 가르치지 않습니다
3그룹	^く来る 오다	^き来ます 옵니다	^き来ません 오지 않습니다
	する 하다	します 합니다	しません 하지 않습니다

_____ 해요.

동사 ます형 ます。

Track 15-01

1그룹
買います。
카 이 마 스
⟷ 사요.

2그룹
食べます。
타 베 마 스
⟷ 먹어요.

3그룹
します。
시 마 스
⟷ 해요.

1. 「~ます」~해요(동사의 현재 긍정 표현)

명사와 형용사의 정중한 현재 긍정 표현은 「~です(~이에요)」를 붙이지만, 동사의 정중한 현재 긍정 표현은 동사에 「~ます」를
붙여 말합니다. 동사 뒤에 「~ます」를 붙이려면 동사의 기본형에서 끝을 규칙에 맞게 바꿔야 합니다. **본서 P168 다시보기**

起きます。 일어나요.
오키마스

散歩します。 산책해요.
삼포시마스

단어

買う 사다 | ~ます ~합니다 | 食べる 먹다 | する 하다 | 起きる 일어나다 | 散歩する 산책하다

 표현 연습하GO! 🔍

🎧 듣고 따라 말해보세요. ✔ 2 3 4 5

말하기 트레이닝 15-01 | Track 15-02

1

1그룹

彼は 友達を 待ちます。 그는 친구를 기다려요.
かれ　ともだち　　ま

카레 와　토모 다치 오　마 치 마 스

2

예외1그룹

彼女は 髪を 切ります。 그녀는 머리를 잘라요.
かのじょ　かみ　　き

카노 죠 와　카미 오　키 리 마 스

3

2그룹

私は 夜 11時に 寝ます。 저는 밤 11시에 자요.
わたし　よる　じゅういち じ　　ね

와타시 와　요루　쥬-이치 지 니　네 마 스

4

3그룹

韓国から 友達が 来ます。 한국에서 친구가 와요.
かんこく　　ともだち　き

캉 코쿠 카 라　토모다치 가　키 마 스

5

3그룹

彼は 一生懸命 勉強を します。 그는 열심히 공부를 해요.
かれ　いっしょうけんめい　べんきょう

카레 와　잇 쇼- 켐 메-　벵 쿄- 오　시 마 스

단어

待つ 기다리다 ┃ 髪 머리카락 ┃ 切る 자르다, 깎다 ┃ 夜 밤 ┃ 寝る 자다 ┃ 来る 오다 ┃ 一生懸命 열심히 ┃ 勉強する 공부하다
ま　　　　　　　かみ　　　　　　き　　　　　　　　　よる　　　ね　　　　　　く　　　　　いっしょうけんめい　　　　　べんきょう

본서

_____ 하지 않아요.

동사 ます형 ません。

Track 15-03

1그룹
い
行きません。
이 키 마 셍

가지 않아요.

2그룹
み
見ません。
미 마 셍

보지 않아요.

3그룹
き
来ません。
키 마 셍

오지 않아요.

 문형 알아보GO!

1. 「~ません」 ~하지 않아요(동사의 현재 부정 표현)

동사의 정중한 현재 부정 표현은 동사에 「~ません」을 붙여 말합니다.

본서 P168 다시보기

の
乗りません。 타지 않아요.
노리마셍

おく
遅れません。 늦지 않아요.
오쿠레마셍

단어

い   み   の   おく
行く 가다 ┃ ~ません ~하지 않습니다 ┃ 見る 보다 ┃ 乗る 타다 ┃ 遅れる 늦다

표현 연습하GO!

🎧 듣고 따라 말해보세요. ✓ 2 3 4 5

말하기 트레이닝 15-02   Track 15-04

1

1그룹

私は　コーヒーを　飲みません。 저는 커피를 마시지 않아요.
와타시 와　코-히-오　노미마 셍

2

2그룹

私は　デザートを　食べません。 저는 디저트를 먹지 않아요.
와타시 와　데자-토오　타베마 셍

3

2그룹

週末は　夜遅くまで　寝ません。 주말은 밤 늦게까지 자지 않아요.
슈-마츠 와　요루 오소쿠 마 데　네마 셍

4

3그룹

彼女から　まだ　メールが　来ません。
카노죠카 라　마다　메-루가　키마 셍
그녀한테 아직 메일이 오지 않아요.

5

3그룹

今日は　天気が　悪いので　運動を　しません。
쿄-와　텡키가　와루이노데　운도-오　시마 셍
오늘은 날씨가 안 좋으니까 운동을 하지 않아요.

단어

飲む 마시다 | デザート 디저트 | 週末 주말 | 夜遅く 밤 늦게 | メール (이)메일 | ので ~니까, ~해서, ~(으)므로 | 運動 운동

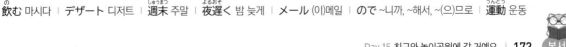

회화 로 말문트GO! JLPT N5

사쿠라

ミノさん、今週末は ❶何を しますか。
미 노 상　콘 슈-마츠 와　나니 오　시 마 스 까

이민호

私は 家で 休みます。何も しません。さくらさんは？
와타시와　이에 데　야스미 마 스　나니 모　시 마 셍　사 쿠 라 상　와

사쿠라

私は 友達と 遊園地に 行きます。
와타시와　토모다치 토　유-엔 치 니　이 키 마 스

이민호

へぇ、❷楽しみですね。
헤 -　타노시미 데 스 네

どんな 乗り物が 一番 好きですか。
돈 나　노 리 모노가　이치 반　스 키 데 스 까

사쿠라

私は ジェットコースターが 大好きです。
와타시와　젯 토 코 - 스 타 - 가　다이스 키 데 스

해석해 보GO!

Track 15-07
한국어>일본어

사쿠라 　민호 씨, 이번 주말은 무엇을 할 거예요?

이민호 　저는 집에서 쉴 거예요. 아무것도 안 해요. 사쿠라 씨는요?

사쿠라 　저는 친구와 놀이공원에 갈 거예요.

이민호 　우와, 기대되겠네요.
　　　　어떤 놀이기구를 제일 좋아해요?

사쿠라 　저는 롤러코스터를 제일 좋아해요.

+ 더 알아보GO!

❶ 「何(なに)」와 「何(なん)」의 구별법

何(なに)	何(なん)
어떤 종류에 대해 물을 경우 何(なに)が おいしいですか。무엇이 맛있어요? 何(なに)が ほしいですか。무엇을 갖고 싶어요?	何 뒤에 「d」, 「t」, 「n」로 시작하는 단어가 올 경우 何(なん)ですか。무엇입니까? 何 뒤에 조수사가 오는 경우 何(なん)時(じ) 몇 시 ｜ 何(なん)人(にん) 몇 명

❷ 「楽(たの)しみ」 기대
「楽(たの)しみ」는 '즐거움, 낙'이라는 뜻 외에도 회화에서는 '기대'라는 의미로도 자주 쓰입니다.

[단어]

今週末(こんしゅうまつ) 이번 주말 ｜ で ~에서 ｜ 休(やす)む 쉬다 ｜ 何(なに)も 아무것도 ｜ 楽(たの)しみ 기대 ｜ 乗(の)り物(もの) 놀이기구, 탈 것 ｜

ジェットコースター 롤러코스터

Day 16

유튜브를 보면서 홈트해요.

ユーチューブを
見ながら、
家トレしますよ。

저는 유튜브를 보면서 홈트해요.
私は ユーチューブを
見ながら、家トレしますよ。

같이 운동합시다.
一緒に 運動しましょう。

배울 내용 미리 확인하GO!

> **미리 보GO 1** 저는 항상 유튜브를 보면서 홈트해요.

私は いつも ユーチューブを 見ながら、家トレしますよ。

> **미리 보GO 2** 저도 뭔가 운동을 하고 싶은데요.

私も 何か 運動したいんですけど。

> **미리 보GO 3** 한번 같이 동영상을 보지 않을래요?

一度 一緒に 動画を 見ませんか。

> **미리 보GO 4** 유튜브를 함께 봅시다.

ユーチューブを 一緒に 見ましょう。

▶ ▶ ◀))   ⚙ ▭ ⛶

오늘은 두 가지 동작을 동시에 할 때 사용하는 표현과 자신의 희망을 나타내는 표현,

그리고 상대방의 의향을 묻거나 권유할 때 쓰는 표현을 배워 보려고 합니다.

이 표현들을 배우고 나면 '커피를 마시면서 친구와 이야기해요'와 같이 동시에 두 가지 동작을 하는 표현과

'자동차 면허를 따고 싶어요'와 같이 자신의 바람을 나타내는 표현을 말할 수 있습니다.

또한 '오늘 같이 점심을 먹지 않을래?', '에어컨을 켭시다'와 같이 상대방에게 권유나 제안을 하는

다양한 표현도 마스터할 수 있게 됩니다.

👍 ☰+ ↗ ···

 문형 다지GO!

 문형 1

_____ 하면서 _____ 해요.

동사 ます형 1 ながら 동사 ます형 2 ます。

Track 16-01

見^みながら 食^たべます。 ○○ 보면서 먹어요.

書^かきながら 聞^ききます。 ○○ 쓰면서 들어요.

話^{はな}しながら 歩^{ある}きます。 ○○ 이야기하면서 걸어요.

 문형 알아보GO!

1. 「~ながら」 ~하면서

동사의 ます형에 「~ながら」를 붙이면 '~하면서'라는 뜻으로 두 가지 동작을 동시에 할 때 사용하는 표현입니다. 앞에 동작 보다 뒤에 동작이 좀 더 강조되는 뉘앙스가 있습니다.

待^まちながら 通話^{つう わ}します。 기다리면서 통화해요.

走^{はし}りながら 考^{かんが}えます。 달리면서 생각해요.

단어

~ながら ~하면서 | 書^かく (글씨를) 쓰다 | 聞^きく 듣다 | 話^{はな}す 이야기하다, 말하다 | 歩^{ある}く 걷다 | 通話^{つう わ}する 통화하다 |
走^{はし}る 달리다 | 考^{かんが}える 생각하다

표현 연습하GO!

🎧 듣고 따라 말해보세요. ✔ 2 3 4 5

말하기트레이닝16-01 Track 16-02

1

歌を 歌いながら、踊ります。

노래를 부르면서 춤을 춰요.

2

コーヒーを 飲みながら、友達と 話します。

커피를 마시면서 친구와 이야기해요.

3

学生たちは スマホを しながら、歩きます。

학생들은 스마트폰을 하면서 걸어요.

4

ポップコーンを 食べながら、映画を 見ます。

팝콘을 먹으면서 영화를 봐요.

5

動画を 見ながら、料理を しますか。

동영상을 보면서 요리를 하나요?

──────────────────

단어

歌う (노래를) 부르다 | 踊る 춤을 추다 | 学生たち 학생들 | ポップコーン 팝콘 | 動画 동영상

_____ 하고 싶어요.

동사 ます형 **たいです。**

Track 16-03

買_かいたいです。 사고 싶어요.

遊_{あそ}びたいです。 놀고 싶어요.

食_たべたく　ないです。 먹고 싶지 않아요.

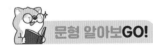

문형 알아보GO!

1. 「~たい」 ~하고 싶다

동사의 ます형에 「~たい」를 붙이면 '~하고 싶다'라는 뜻으로 말하는 사람의 욕구나 희망을 나타냅니다. 「~たい」의 정중한 긍정 표현은 「~たいです ~하고 싶어요」이고, 정중한 부정 표현은 「~たく ないです」 또는 「~たく ありません」이라고 하며 '~하고 싶지 않아요'라는 의미를 나타냅니다.

会_あいたいです。 만나고 싶어요.　　　 待_まちたく　ないです。 기다리고 싶지 않아요.

2. 「~たいです」의 강조 표현

「~たいです」에 강조를 나타내는 「ん」을 더해 「~たいんです」라고 말하기도 하는데, 이는 회화에서만 사용하는 구어체 표현입니다.

絶対_{ぜったい}　行_いきたいんです。 꼭 가고 싶거든요.

단어

~たい ~하고 싶다 | 遊_{あそ}ぶ 놀다 | 会_あう 만나다 | 絶対_{ぜったい} 꼭, 절대, 반드시

🎧 듣고 따라 말해보세요. ✔ ②③④⑤

 말하기트레이닝16-02 Track 16-04

1
くるま　めんきょ　と
車の　免許を　取りたいです。

자동차 면허를 따고 싶어요.

2
に ほんじん　ともだち　に ほん ご　はな
日本人の　友達と　日本語で　話したいです。

일본인 친구와 일본어로 이야기하고 싶어요.

3
あめ ひ　い
雨の日は　どこへも　行きたく　ないです。

비 오는 날은 어디에도 가고 싶지 않아요.

4
きょう　で
今日は　出かけたく　ないんですけど。

오늘은 외출하고 싶지 않은데요.

5
えい が　み
どんな　映画が　見たいですか。

어떤 영화가 보고 싶나요?

[단어]

めんきょ　と
免許 면허 | 取る 따다, 취득하다 | で ~으로[수단이나 방법을 나타냄] | 雨の日 비 오는 날 | どこへも 어디에도 |
で
出かける 외출하다, 나가다

 문형 3

_____ 하지 않을래요?

동사 ます형 ませんか。

Track 16-05

行きませんか。 　　　　　　　　　　　　가지 않을래요?
い

休みませんか。 　　　　　　　　　　　　쉬지 않을래요?
やす

山登りしませんか。 　　　　　　　　　　등산하지 않을래요?
やまのぼ

 문형 알아보GO!

1. 「~ませんか」 ~하지 않을래요?

동사의 부정형 「~ません」 뒤에 의문문을 만드는 「か」를 붙여 「~ませんか」라고 하면 '~하지 않을래요?'라는 뜻을 나타냅니다. 상대방에게 의향을 묻거나 권유할 때 사용합니다.

遊びませんか。 놀지 않을래요? 　　　　　帰りませんか。 돌아가지 않을래요?
あそ　　　　　　　　　　　　　　　　　　かえ

2. 「一緒に ~ませんか」 같이 ~하지 않을래요?
　　いっしょ

「~ませんか」는 일반적으로 '같이, 함께'라는 뜻의 「一緒に」와 함께 쓰이며, 「一緒に ~ませんか 같이 ~하지 않을래요?」의 형
　　　　　　　　　　　　　　　　　　　　　いっしょ　　　　　　　　　　いっしょ
태로 자주 사용됩니다.

一緒に 乗りませんか。 같이 타지 않을래요?
いっしょ　の

단어

~ませんか ~하지 않을래요? | 山登りする 등산하다 | 帰る 돌아가다 | 一緒に 같이, 함께
　　　　　　　　　　　　　　やまのぼ　　　　　　　　かえ　　　　　　　いっしょ

🎧 듣고 따라 말해보세요. ✔ 2 3 4 5

1

一緒に　図書館で　勉強しませんか。

같이 도서관에서 공부하지 않을래요?

2

一緒に　ヨガを　習いませんか。

같이 요가를 배우지 않을래요?

3

夏休みに　一緒に　旅行に　行きませんか。

여름 방학에 같이 여행 가지 않을래요?

4

今日、一緒に　ランチを　食べませんか。

오늘 같이 점심을 먹지 않을래요?

5

来週、一緒に　公演を　見ませんか。

다음 주에 같이 공연을 보지 않을래요?

단어

ヨガ 요가 ｜ 習う 배우다 ｜ 公演 공연

 문형 다지GO!

 문형 4

_____ 합시다.

동사 ます형 ましょう。

Track 16-07

の
乗りましょう。 ●—● 탑시다.

かえ
帰りましょう。 ●—● 돌아갑시다.

よやく
予約しましょう。 ●—● 예약합시다.

Tip 「~ましょうか」와 「~ませんか」는 모두 상대방에게 권유할 때 쓰는 표현이지만, 「~ませんか」가 좀 더 정중한 느낌을 줍니다.

 문형 알아보GO!

1. 「~ましょう」~합시다

동사의 ます형에 「~ましょう」를 붙이면 '~합시다, ~하시죠'라는 뜻으로 함께 무언가를 하자고 상대방에게 권유할 때 사용하는 표현입니다.

やす
休みましょう。 쉽시다.

はじ
始めましょう。 시작합시다.

단어

~ましょう ~합시다 ｜ よやく
予約する 예약하다 ｜ はじ
始める 시작하다

🎧 듣고 따라 말해보세요. ✔ 2 3 4 5

말하기트레이닝16-04 | Track 16-08

1

エアコンを つけましょう。

에어컨을 켭시다.

2

記念写真を 撮りましょう。

기념사진을 찍읍시다.

3

公園で 一緒に 散歩しましょう。

공원에서 같이 산책합시다.

4

食事の 前に 手を 洗いましょう。

식사 전에 손을 씻읍시다.

5

スピーカーの 音量を 下げましょう。

스피커 음량을 줄입시다.

단어

エアコン 에어컨 | つける (전원을) 켜다 | 記念写真 기념사진 | 撮る (사진을) 찍다 | 食事 식사 | 手 손 | 洗う 씻다 |
スピーカー 스피커 | 音量 음량 | 下げる (볼륨을) 줄이다, 내리다

하루키

ハンナさんは 普段(ふだん) 運動(うんどう)しますか。

김한나

私(わたし)は いつも ユーチューブを 見(み)ながら、❶家(いえ)トレしますよ。

하루키

へぇ、私(わたし)も 何(なに)か 運動(うんどう)したいんですけど。

김한나

それじゃあ、一度(いちど) 一緒(いっしょ)に 動画(どうが)を 見(み)ませんか。

하루키

いいですね。お願(ねが)いします。

김한나

はい、ユーチューブを 一緒(いっしょ)に 見(み)ましょう。

하루키

うわぁ、これ ❷つらいけど……頑張(がんば)ります。

해석해 보GO!

Track 16-11
한국어>일본어

하루키	한나 씨는 평상시 운동하나요?
김한나	저는 항상 유튜브를 보면서 홈트해요.
하루키	우와, 저도 뭔가 운동을 하고 싶은데요.
김한나	그러면, 한번 같이 동영상을 보지 않을래요?
하루키	좋아요. 부탁해요.
김한나	네, 유튜브를 함께 봅시다.
하루키	우와, 이거 힘들겠지만…… 열심히 할게요!

＋더 알아보GO!

❶ 「家トレ」 홈트
「家トレ」는 「家で トレーニングを すること 집에서 트레이닝을 하는 것」이라는 뜻으로 '홈트레이닝'의 준말입니다.

❷ 「つらい」 힘들다, 고통스럽다
「つらい」는 '힘들다, 고통스럽다' 등의 다양한 의미로 쓰이며 육체적 또는 정신적으로 힘든 상태를 나타낼 때 사용합니다.

단어

普段(ふだん) 평상시, 평소 | いつも 항상 | ユーチューブ 유튜브 | 家(いえ)トレ 홈트 | 何(なに)か 무언가, 뭔가 | それじゃあ 그러면 |
一度(いちど) 한번 | つらい 힘들다, 고통스럽다 | 頑張(がんば)る 열심히 하다, 분발하다

인터넷으로 샀어요.

ネットで 買^かいました。

그 옷 근사하네요.
その 服^{ふく}、素敵^{すてき}ですね。

인터넷으로 샀어요.
ネットで 買^かいました。

인터넷으로 샀어요.

ネットで 買いました。（か）

그 옷 근사하네요.
その 服（ふく）、素敵（すてき）ですね。

인터넷으로 샀어요.
ネットで 買いました。（か）

배울 내용 미리 확인하GO!

미리 보GO 1 인터넷으로 샀어요.

ネットで　買_かいました。

미리 보GO 2 저도 요즘은 별로 쇼핑하러 가지 않았어요.

私_{わたし}も　最近_{さいきん}は　あまり　買_かい物_{もの}に　行_いきませんでした。

미리 보GO 3 지금은 인터넷에 뭐든지 있으니까요.

今_{いま}は　ネットに　何_{なん}でも　ありますから。

미리 보GO 4 가게에 사러 가지 않아요.

お店_{みせ}に　買_かいに　行_いきません。

오늘은 '~했어요', '~하지 않았어요'와 같은 동사의 과거 시제와 이유나 원인을 강조하는 문형,
목적을 나타내는 문형에 대해 배우려고 합니다. 이 문형들을 배우고 나면 '아침밥을 먹었어요', '어제는 비가 내리지 않았어요',
'더워서 아이스크림을 먹어요', '공원에 산책하러 와요'와 같은 일상에서 자주 사용하는 표현을 말할 수 있습니다.

 문형 1

_____ 했어요.

동사 ます형 ました。

Track 17-01

行きました。 ⇄ 갔어요.

会いました。 ⇄ 만났어요.

掃除しました。 ⇄ 청소했어요.

 문형 알아보GO!

1. 「~ました」 ~했어요(동사의 과거 긍정 표현)

동사의 ます형에 「~ました」를 붙이면 '~했어요'의 의미로 동사의 과거나 완료를 나타냅니다. 또한 「~ました」 뒤에 「か」를 붙이면 '~했어요?'라는 의미로 의문을 나타냅니다.

入りました。 들어갔어요.

泳ぎましたか。 수영했나요?

단어

~ました ~했습니다 | 掃除 청소 | 入る 들어가다 | 泳ぐ 수영하다

표현 연습하GO!

🎧 듣고 따라 말해보세요. ✔ ② ③ ④ ⑤

말하기트레이닝17-01 　Track 17-02

1
あさ　はん　　　　た
朝ご飯を　食べました。

아침밥을 먹었어요.

2
せんげつ　　　　　　　　　か
先月、スマホを　買いました。

지난달에 스마트폰을 샀어요.

3
いえ　　　　　　　　　　　あ
家で　シャワーを　浴びました。

집에서 샤워를 했어요.

4
えき　　　　　　　　　　　の
駅から　タクシーに　乗りました。

역에서 택시를 탔어요.

5
けいたい　　じゅうでん
携帯の　充電を　しましたか。

휴대 전화를 충전했나요?

단어

あさ　はん　　　　　　　　せんげつ　　　　　　　　　　　　　　　　　　　　　　あ
朝ご飯 아침밥 | 先月 지난달 | シャワー 샤워 | 浴びる (물을) 뒤집어쓰다

 문형 2

_____ 하지 않았어요.

동사 ます형 **ませんでした。**

Track 17-03

来ませんでした。 ⟷ 오지 않았어요.

買いませんでした。 ⟷ 사지 않았어요.

食べませんでした。 ⟷ 먹지 않았어요.

 문형 알아보GO!

1. 「~ませんでした」 ~하지 않았어요(동사의 과거 부정 표현)

동사의 ます형에 「~ませんでした」를 붙이면 '~하지 않았어요'의 의미로 과거 부정을 나타냅니다.

出ませんでした。 나가지 않았어요.

走りませんでした。 뛰지 않았어요.

(단어)

~ませんでした ~하지 않았습니다 │ 出る 나가다

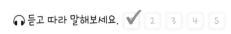
🎧 듣고 따라 말해보세요. ✓ 2 3 4 5

말하기트레이닝17-02 Track 17-04

1
その 映画^{えいが}は 見^みませんでした。

그 영화는 보지 않았어요.

2
教室^{きょうしつ}に 誰^{だれ}も いませんでした。

교실에 아무도 없었어요.

3
昨日^{きのう}は 雨^{あめ}が 降^ふりませんでした。

어제는 비가 내리지 않았어요.

4
週末^{しゅうまつ}は どこにも 行^いきませんでした。

주말에는 어디에도 가지 않았어요.

5
子供^{こども}の頃^{ころ}は 野菜^{やさい}を 食^たべませんでした。

어렸을 때는 채소를 먹지 않았어요.

단어

誰^{だれ}も 아무도, 누구도 | 雨^{あめ} 비 | 降^ふる 내리다 | どこにも 어디에도 | 子供^{こども}の頃^{ころ} 어렸을 때 | 野菜^{やさい} 채소

 문형 다지**GO!**

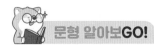 문형 3

_____ 해서 _____ 해요.

┌─────────┐   ┌─────────────┐
│ 문장   │ から │ 동사 ます형 │ ます。
└─────────┘   └─────────────┘

Track 17-05

동사 | 約束(やくそく)が ありますから 出(で)かけます。 ○──○ 약속이 있어서 나가요.

い형용사 | 安(やす)いですから 買(か)います。 ○──○ 저렴해서 사요.

な형용사 | きれいだから 見(み)つめます。 ○──○ 예뻐서 쳐다봐요.

명사 | 週末(しゅうまつ)ですから 休(やす)みます。 ○──○ 주말이니까 쉬어요.

🐱 문형 알아보**GO!**

1. 「から」 ~해서, ~(이)니까, ~때문에

「から」는 '~해서, ~(이)니까, ~때문에'라는 뜻으로 주관적인 이유나 원인, 근거를 강조하고 싶을 때 쓰는 표현입니다. 「から」는 동사·い형용사·な형용사·명사의 정중체(존댓말)뿐만 아니라 보통체(반말체)에도 접속이 가능합니다.

暗(くら)いですから 電気(でんき)を つけます。 어두우니까 불을 켜요.

静(しず)かだから 集中(しゅうちゅう)できます。 조용하니까 집중할 수 있어요.

┌─────┐
│ 단어 │
└─────┘
───

~から ~해서, ~(이)니까, ~때문에 | 見(み)つめる 쳐다보다, 주시하다 | 電気(でんき) 불, 전기, 전등 | 集中(しゅうちゅう) 집중 | ~できる ~할 수 있다

🎧 듣고 따라 말해보세요. ✔ 2 3 4 5

1

동사 明日、テストが　ありますから、勉強します。
あした　　　　　　　　　　　　べんきょう

내일 시험이 있어서 공부해요.

2

い형용사 暑いから、アイスクリームを　食べます。
あつ　　　　　　　　　　　　　た

더워서 아이스크림을 먹어요.

3

い형용사 家が　近いから、歩きます。
いえ　ちか　　　　ある

집이 가까우니까 걸어요.

4

な형용사 最近、暇ですから　よく　旅行に　行きます。
さいきん　ひま　　　　　　　りょこう　い

요즘 한가하니까 자주 여행을 가요.

5

명사 記念日ですから、レストランで　食事を　します。
き ねん び　　　　　　　　　　　しょく じ

기념일이니까 레스토랑에서 식사를 해요.

단어

アイスクリーム 아이스크림 | 最近 요즘, 최근 | よく 자주, 잘 | 記念日 기념일 | レストラン 레스토랑
　　　　　　　　　　　　　 さいきん　　　　　　　　　　　　　　　　　　　き ねん び

_____ 하러 _____ 가요 / 와요.

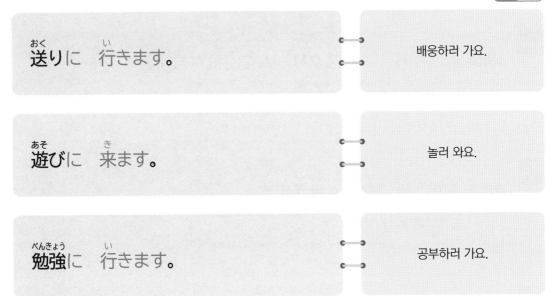

동사 ます형 · 동작성 명사 に 行きます/来ます。

Track 17-07

送りに 行きます。	배웅하러 가요.
遊びに 来ます。	놀러 와요.
勉強に 行きます。	공부하러 가요.

1.「동사 ます형 + に」~하러(목적)

동사의 ます형에 「に」를 붙이면 '~하러'의 의미를 나타내며 주로 「行く/来る」와 함께 자주 쓰입니다.

食べに 行きます。 먹으러 가요.

2.「동작성 명사 + に」~하러(목적)

「勉強 공부」,「散歩 산책」,「買い物 쇼핑」,「食事 식사」처럼 뒤에 '~하다'를 붙여 사용할 수 있는 동작성 명사에 「に」를 붙이면 '~하러'의 의미를 나타내며 주로 「行く/来る」와 함께 자주 쓰입니다.

旅行に 行きます。 여행하러 가요.

단어

送る 배웅하다, 바래다주다 ㅣ に ~하러

표현 연습하GO! 🔨

🎧 듣고 따라 말해보세요. ✓ ② ③ ④ ⑤

말하기트레이닝17-04　Track 17-08

1

デパートに　靴を　買いに　行きます。

백화점에 구두를 사러 가요.

2

夏休みに　キャンプに　行きました。

여름 방학에 캠프하러 갔어요.

3

公園に　散歩に　来ます。

공원에 산책하러 와요.

4

友達が　結婚式を　祝いに　来ました。

친구가 결혼식을 축하해 주러 왔어요.

5

郵便局に　荷物を　送りに　行きましたか。

우체국에 짐을 부치러 갔나요?

단어

キャンプ 캠프 ｜ 祝う 축하하다 ｜ 郵便局 우체국 ｜ 荷物 짐 ｜ 送る (짐을) 부치다, 보내다

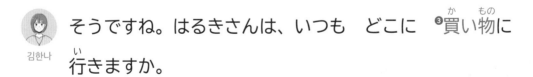
Track 17-09　Track 17-10
　천천히　　　보통

하루키

その　服、素敵ですね。

김한나

あ、これですか。❶ネットで　買いました。

하루키

へぇ、ネットで。

김한나

はい。今は　ネットに　何でも　ありますから、
お店に　買いに　行きません。

하루키

ネット❷って　本当に　便利ですよね。

김한나

そうですね。はるきさんは、いつも　どこに　❸買い物に
行きますか。

하루키

私も　最近は　あまり　買い物に　行きませんでした。

해석해 보GO!

Track 17-11
한국어>일본어

하루키   그 옷, 근사하네요.

김한나   아, 이거요? 인터넷으로 샀어요.

하루키   우와, 인터넷으로요.

김한나   네. 지금은 인터넷에 뭐든지 있으니까
               가게에 사러 가지 않아요.

하루키   인터넷이라는 것은 정말로 편리하죠.

김한나   그러네요. 하루키 씨는 항상 어디로 쇼핑하러 가요?

하루키   저도 요즘은 별로 쇼핑하러 가지 않았어요.

╋ 더 알아보GO!

❶ 「ネット」인터넷

   「ネット」는 '인터넷'이라는 뜻으로 「インターネット」의 줄임말이며 회화에서 주로 사용합니다.

❷ 「명사 + って」~라는 것은, ~란

   「명사 + って」는 '~라는 것은, ~란'이라는 의미로 회화에서만 사용하는 구어체입니다.

❸ 「買い物」쇼핑

   「買い物」는 '쇼핑'이라는 뜻으로 가타카나로 「ショッピング」라고도 합니다.

단어

ネット 인터넷 ｜ 何でも 무엇이든지 ｜ って ~라는 것은, ~란 ｜ 買い物 쇼핑

맛있어서 과식했어요.

おいしくて
食べすぎました。

기뻐요.
嬉しいです。

우와, 맛있어서 과식했어요.
うわぁ、おいしくて
食べすぎました。

배울 내용 미리 확인하GO!

미리 보GO 1 〉 한입 사이즈이기 때문에, 먹기 편하네요.

一口^{ひとくち}サイズですから、食べ^たやすいですね。

미리 보GO 2 〉 맛있어서 과식했어요(지나치게 먹었어요).

おいしくて　食べ^たすぎました。

미리 보GO 3 〉 만드는 방법

作り方^{つ　　かた}

미리 보GO 4 〉 알려줄까요?

教え^{おし}ましょうか。

오늘은 동작의 용이함이나 정도가 과함을 나타내는 표현, 그리고 어떠한 동작을 하는 방법을 나타내는 표현에 대해 배우려고 합니다. 이 표현들을 배우고 나면 '쓰기 쉬워요', '입기 힘들어요'와 같이 동작의 쉽고 어려운 정도를 표현할 수 있고, '지나치게 매워요', '지나치게 비싸요' 등과 같은 정도의 과함을 나타내는 표현도 말할 수 있습니다. 또한 '만드는 방법'이나 '사용 방법' 등과 같은 동작의 방법이나 방식에 대한 '도와드릴까요'와 같이 상대방의 의향을 묻는 표현도 익힐 수 있습니다.

_____ 하기 쉬워요(편해요) / 어려워요(힘들어요).

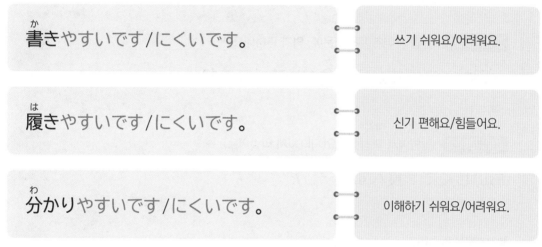

동사 ます형 やすい / にくいです。

Track 18-01

書きやすいです/にくいです。 ⟷ 쓰기 쉬워요/어려워요.

履きやすいです/にくいです。 ⟷ 신기 편해요/힘들어요.

分かりやすいです/にくいです。 ⟷ 이해하기 쉬워요/어려워요.

1. 「やすい」 ~하기 쉽다, 편하다

동사의 ます형에 「やすい」를 붙이면 '~하기 쉽다, 편하다'의 의미가 됩니다. 보통 뒤에 「~です」를 붙여서 '~하기 쉬워요, 편해요'라는 의미로 자주 사용합니다. 또한 「やすい」는 い형용사와 비슷하게 생겨 い형용사처럼 활용합니다.

歩きやすいです。 걷기 편해요.

割れやすいです。 깨지기 쉬워요. 「やすい」는 긍정적인 의미로도 쓰이지만 부정적인 의미로도 쓰일 수 있습니다.

2. 「にくい」 ~하기 어렵다, 힘들다

동사의 ます형에 「にくい」를 붙이면 '~하기 어렵다, 힘들다'의 의미를 나타냅니다. 보통 뒤에 「~です」를 붙여서 '~하기 어려워요, 힘들어요'라는 의미로 자주 사용합니다.

脱ぎにくいです。 벗기 힘들어요.

割れにくいです。 깨지기 힘들어요(잘 깨지지 않아요). 「にくい」는 부정적인 의미로도 쓰이지만 긍정적인 의미로도 쓰일 수 있습니다.

(단어)

やすい ~하기 쉽다, 편하다 | 履く (신발을) 신다 | 分かる 이해하다, 알다 | にくい ~하기 어렵다, 힘들다 | 割れる 깨지다 |
脱ぐ 벗다

표현 연습하GO!

🎧 듣고 따라 말해보세요. ✔ 2 3 4 5

말하기트레이닝18-01 Track 18-02

1

字が 大きくて 読みやすいです。

글자가 커서 읽기 쉬워요.

2

新しい スマホは とても 使いやすいです。

새 스마트폰은 아주 사용하기 편해요.

3

この 服は 着にくいです。

이 옷은 입기 힘들어요.

4

さっきの 話は、彼女に 言いにくいです。

조금 전의 이야기는 그녀에게 말하기 어려워요.

5

その いすは 座りやすいですか。

그 의자는 앉기 편해요?

(단어)

読む 읽다 | 使う 사용하다 | 着る 입다 | さっき 조금 전, 아까 | 言う 말하다 | 座る 앉다

본서

 문형 2

지나치게 _____ 해요.

동사 ます형 · い형용사 い · な형용사 だ   すぎます。

Track 18-03

| 동사 | 飲^のみすぎます。 | 지나치게 마셔요. |

동사 飲みすぎます。 ⟺ 지나치게 마셔요.

い형용사 辛^{から}すぎます。 ⟺ 지나치게 매워요.

な형용사 複雑^{ふくざつ}すぎます。 ⟺ 지나치게 복잡해요.

문형 알아보GO!

1. 「동사 ます형 + すぎる」의 접속 형태

동사의 ます형에 「すぎる」를 붙이면 '지나치게 ~하다'의 의미로 정도가 지나친 것을 나타낼 때 사용합니다. 「すぎる」는 2그룹 동사로 뒤에 「~ます」, 「~ました」를 붙여서 현재, 과거 표현으로 자주 사용하며 '지나치게 ~해요', '지나치게 ~했어요'라는 의미를 나타냅니다.

기본형	현재형	과거형
食^たべすぎる。 지나치게 먹다.	食^たべすぎます。 지나치게 먹어요.	食^たべすぎました。 지나치게 먹었어요(과식했어요).

2. 「い형용사 い / な형용사 だ + すぎる」의 접속 형태

「すぎる」는 형용사와도 접속하여 쓰이는데, 「い형용사 い + すぎる」, 「な형용사 だ + すぎる」처럼 사용할 수 있습니다.

狭^{せま}すぎます。 지나치게 좁아요. (い형용사)   暇^{ひま}すぎます。 지나치게 한가해요. (な형용사)

(단어)

すぎる 지나치게 ~하다

🎧 듣고 따라 말해보세요. ✓ 2 3 4 5

말하기트레이닝18-02 Track 18-04

1

동사 ネットで 買い物しすぎます。

인터넷으로 지나치게 쇼핑해요.

2

동사 夜中まで テレビを 見すぎました。

새벽까지 TV를 지나치게 봤어요.

3

동사 週末 友達と 遊びすぎました。

주말에 친구와 지나치게 놀았어요.

4

い형용사 家賃が 高すぎます。

집세가 지나치게 비싸요.

5

な형용사 この 洋服は 派手すぎます。

이 양복은 지나치게 화려해요.

단어

夜中 새벽, 한밤중 | テレビ TV, 텔레비전[テレビジョン의 준말] | 家賃 집세 | 洋服 양복 | 派手だ 화려하다

 문형 3

_____ 하는 방법

동사 ます형 方(かた)

Track 18-05

行(い)き方(かた) ⬡⬡ 가는 방법

読(よ)み方(かた) ⬡⬡ 읽는 방법

買(か)い方(かた) ⬡⬡ 사는 방법

 문형 알아보GO!

1. 「동사 ます형 + 方(かた)」 ~하는 방법

동사 ます형에 「方(かた)」를 붙이면 '~하는 방법, ~하는 방식'이라는 의미를 나타냅니다.

食(た)べ方(かた) 먹는 방법

泳(およ)ぎ方(かた) 수영하는 방법

단어

方(かた) ~하는 방법

🎧 듣고 따라 말해보세요. ✔ 2 3 4 5

말하기트레이닝18-03 (Track 18-06)

1

おにぎりの 作^{つく}り方^{かた}は 簡単^{かんたん}です。

주먹밥 만드는 방법은 간단해요.

2

先生^{せんせい}の 教^{おし}え方^{かた}は おもしろいです。

선생님의 교수법은 재미있어요.

3

この 漢字^{かんじ}は 書^かき方^{かた}が 難^{むずか}しいです。

이 한자는 쓰는 방법이 어려워요.

4

カメラの 使^{つか}い方^{かた}は 難^{むずか}しく ありませんよ。

카메라의 사용 방법은 어렵지 않아요.

5

チケットの 買^かい方^{かた}が 分^わかりますか。

티켓 사는 방법을 알아요?

단어

おにぎり 주먹밥 ┃ 作^{つく}る 만들다 ┃ 漢字^{かんじ} 한자 ┃ チケット 티켓

 **문형** 다지**GO!**

 문형 4

_____ 할까요?

동사 ます형 ましょうか。

Track 18-07

あ
会いましょうか。 ○──○ 만날까요?

れんらく
連絡しましょうか。 ○──○ 연락할까요?

てつだ
手伝いましょうか。 ○──○ 도와드릴까요?

 문형 알아보GO!

1. 「~ましょうか」 ~할까요?

동사 ます형 뒤에 「~ましょうか」를 붙이면 '~할까요?' 또는 '~해 드릴까요?'의 의미를 나타내며 상대방을 위해서 무언가를
권유하거나 제안할 때 쓰는 표현입니다.

ま
待ちましょうか。 기다릴까요?

すわ
座りましょうか。 앉을까요?

단어

~ましょうか ~할까요? | 連絡する 연락하다 | 手伝う 돕다
れんらく   てつだ

본서

208 | GO! 독학 일본어 첫걸음

표현 연습하GO! 🎤

1

窓を　開けましょうか。

창문을 열까요?

2

タクシーを　呼びましょうか。

택시를 부를까요?

3

一緒に　荷物を　運びましょうか。

같이 짐을 옮길까요?

4

一緒に　花見に　行きましょうか。

같이 꽃구경하러 갈까요?

5

ここで　写真を　撮りましょうか。

여기서 사진을 찍을까요?

단어

窓 창문 ┃ 開ける 열다 ┃ 呼ぶ 부르다 ┃ 運ぶ 옮기다, 운반하다 ┃ 花見 꽃구경 ┃ 写真 사진

Track 18-09 천천히　Track 18-10 보통

김한나

韓国の　のり巻き、キンパですよ。

하루키

えぇ、ハンナさんが　作りましたか。

김한나

はい、❶どうぞ。

하루키

一口サイズですから、食べやすいですね。

-김밥을 먹고 나서-

하루키

うわぁ、おいしくて　食べすぎました。

김한나

嬉しいです。作り方、教えましょうか。

하루키

はい、❷ぜひ　お願いします。

김한나

じゃあ、作り方、ラインで　送りますね。

한국어>일본어

김한나   한국의 노리마끼, 김밥이에요.

하루키   네? 한나 씨가 만들었어요?

김한나   네, 드셔 보세요.

하루키   한입 사이즈이기 때문에 먹기 편하네요.

             –김밥을 먹고 나서–

하루키   우와, 맛있어서 과식했어요.

김한나   기뻐요. 만드는 방법, 알려줄까요?

하루키   네, 꼭 부탁드려요.

김한나   그럼 만드는 방법 라인으로 보낼게요.

➕ 더 알아보GO!

❶ 「どうぞ」 여기요

「どうぞ」는 '여기요'라는 뜻으로 상대방에게 무엇을 권하거나 부탁할 때 쓰는 공손한 표현입니다. 상황에 따라 '드세요, 앉으세요, 들어오세요' 등 여러가지 의미로 쓰입니다.

❷ 「ぜひ」 꼭, 부디

「ぜひ」는 '꼭, 부디'라는 뜻으로 상대방에게 무언가를 강하게 권하거나 자신의 의지를 강하게 표현할 때 사용하며 주로 긍정적인 뉘앙스로 쓰입니다.

단어

のり巻き 노리마끼, 일본식 김밥 ┃ キンパ 김밥 ┃ ええ 네?, 뭐?[놀람을 나타냄] ┃ どうぞ 여기요(드세요) ┃ 一口サイズ 한입
사이즈 ┃ ぜひ 꼭, 부디 ┃ ライン 라인, LINE[일본에서 주로 사용하는 채팅 앱]

Day 19

나중에 확인하고 연락하겠습니다.

後で 確認して 連絡します。

자료를 보낼 테니 확인하고 연락주세요.
資料を 送りますので、確認して 連絡ください。

아, 알겠습니다.
あ、分かりました。

배울 내용 미리 확인하GO!

미리 보GO 1 나중에 확인하고 연락하겠습니다.

後で　確認して　連絡します。
あと　かくにん　　れんらく

미리 보GO 2 새 옷을 입고 첫 출근해요.

新しい　服を　着て　初出勤します。
あたら　ふく　き　はつしゅっきん

미리 보GO 3 메일로 프레젠테이션 자료를 보냈으니, 확인해 주세요.

メールで　プレゼンの　資料を　送りますので、
しりょう　おく

確認して　ください。
かくにん

미리 보GO 4 연락 기다리고 있겠습니다.

連絡　待って　います。
れんらく　ま

'타고 가요' 이 문장을 보면 '타다', '가다' 두 개의 동사가 연결된 것을 알 수 있는데요,

오늘은 이처럼 두 개의 동사를 연결할 때 쓰는 일본어 동사 て형에 대해 배우려고 합니다.

뿐만 아니라 て형에 문형을 붙여 '~해 주세요' 또는 '~하세요'처럼 상대방에게 부탁, 요청을 하거나

'~하고 있어요'와 같이 동작의 진행을 나타내는 표현까지 함께 배워 봅시다.

1 동사 て형 ~하고, ~해서

동사의 て형은 '~하고, ~해서'라는 뜻으로 동사의 행동이나 동작을 연결할 때 쓰는 표현입니다. 동사의 て형은 동사별로 활용 형태가 다릅니다. 1그룹 동사는 특히 어미에 따라 모양이 달라지므로 주의해야 합니다.

1) 1그룹 동사의 て형

1그룹 동사에 「て」를 연결할 때는 어미에 따라 「て」의 모양이 달라지며 크게 4가지 규칙에 따라 활용됩니다.

	기본형	て형
1그룹	① 어미가 「う・つ・る」인 동사는 어미를 떼고 「って」를 붙입니다.	
	会^あう 만나다	会^あって 만나고, 만나서
	待^まつ 기다리다	待^まって 기다리고, 기다려서
	終^おわる 끝나다	終^おわって 끝나고, 끝나서
	帰^{かえ}る 돌아가다, 돌아오다	帰^{かえ}って 돌아가고, 돌아가서 / 돌아오고, 돌아와서
	しゃべる 수다 떨다	しゃべって 수다 떨고, 수다 떨어서
	② 어미가 「ぬ・ぶ・む」인 동사는 어미를 떼고 「んで」를 붙입니다.	
	死^しぬ 죽다	死^しんで 죽고, 죽어서
	呼^よぶ 부르다	呼^よんで 부르고, 불러서
	飲^のむ 마시다	飲^のんで 마시고, 마셔서
	③ 어미가 「く・ぐ」인 동사는 어미를 떼고 「いて・いで」를 붙입니다.	
	聞^きく 듣다, 묻다	聞^きいて 듣고, 들어서 / 묻고, 물어서
	泳^{およ}ぐ 수영하다, 헤엄치다	泳^{およ}いで 수영하고, 수영해서 / 헤엄치고, 헤엄쳐서
	④ 어미가 「す」인 동사는 어미를 떼고 「して」를 붙입니다.	
	話^{はな}す 이야기하다	話^{はな}して 이야기하고, 이야기해서
	返^{かえ}す 돌려주다, 반납하다	返^{かえ}して 돌려주고, 돌려줘서 / 반납하고, 반납해서
예외	예외적으로 '가다'라는 뜻의 동사 「行^いく」는 「行^いいて」가 아닌 「行^いって」로 활용됩니다.	
	行^いく 가다	行^いって 가고, 가서

2) 2그룹 동사의 て형

2그룹 동사에 「て」를 연결할 때는 어미 「る」를 떼고 「て」를 붙입니다.

	기본형	て형
2그룹	<ruby>見<rt>み</rt></ruby>る 보다	<ruby>見<rt>み</rt></ruby>て 보고, 봐서
	<ruby>起<rt>お</rt></ruby>きる 일어나다	<ruby>起<rt>お</rt></ruby>きて 일어나고, 일어나서
	<ruby>着<rt>き</rt></ruby>る 입다	<ruby>着<rt>き</rt></ruby>て 입고, 입어서
	<ruby>借<rt>か</rt></ruby>りる 빌리다	<ruby>借<rt>か</rt></ruby>りて 빌리고, 빌려서
	<ruby>出<rt>で</rt></ruby>る 나가다	<ruby>出<rt>で</rt></ruby>て 나가고, 나가서
	<ruby>寝<rt>ね</rt></ruby>る 자다	<ruby>寝<rt>ね</rt></ruby>て 자고, 자서
	<ruby>食<rt>た</rt></ruby>べる 먹다	<ruby>食<rt>た</rt></ruby>べて 먹고, 먹어서
	<ruby>開<rt>あ</rt></ruby>ける 열다	<ruby>開<rt>あ</rt></ruby>けて 열고, 열어서
	<ruby>教<rt>おし</rt></ruby>える 가르치다	<ruby>教<rt>おし</rt></ruby>えて 가르치고, 가르쳐서
	<ruby>考<rt>かんが</rt></ruby>える 생각하다	<ruby>考<rt>かんが</rt></ruby>えて 생각하고, 생각해서
	<ruby>忘<rt>わす</rt></ruby>れる 잊다	<ruby>忘<rt>わす</rt></ruby>れて 잊고, 잊어서
	<ruby>遅<rt>おく</rt></ruby>れる 늦다	<ruby>遅<rt>おく</rt></ruby>れて 늦고, 늦어서

3) 3그룹 동사의 て형

3그룹 동사인 「<ruby>来<rt>く</rt></ruby>る 오다」, 「する 하다」는 불규칙 동사이므로 있는 그대로 외우면 됩니다. 「<ruby>来<rt>く</rt></ruby>る」의 て형은 「<ruby>来<rt>き</rt></ruby>て」, 「する」의 て형은 「して」로 바뀌니 주의하세요.

	기본형	て형
3그룹	<ruby>来<rt>く</rt></ruby>る 오다	<ruby>来<rt>き</rt></ruby>て 오고, 와서
	する 하다	して 하고, 해서

문형 다지GO!

문형1

_____ 하고/해서 _____ 해요.

| 1그룹 동사 て형 | 동사 ます형 | ます。 |

Track 19-01

| 1그룹 | 書いて 読みます。 | 쓰고 읽어요. |

| 1그룹 | 会って 遊びます。 | 만나서 놀아요. |

| 예외 | 行って 食べます。 | 가서 먹어요. |

문형 알아보GO!

1. 1그룹 동사의 て형

1그룹 동사 중 「う・つ・る」로 끝나는 동사는 「って」로, 「ぬ・ぶ・む」로 끝나는 동사는 「んで」로, 「く」나 「ぐ」로 끝나는 동사는 각각 「いて」와 「いで」로 바뀝니다. 또한 「す」로 끝나는 동사는 「して」로 바뀝니다.

乗って 行きます。 타고 가요.
急いで 出かけます。 서둘러서 외출해요.

2. 예외 동사 行く

예외적으로 '가다'라는 뜻의 동사 「行く」는 「行いて」가 아닌 「行って」로 활용됩니다.

行って 来ます。 갔다 와요.

단어

て(で) ~하고, ~해서

🎧 듣고 따라 말해보세요. ✔ ② ③ ④ ⑤

말하기트레이닝19-01 Track 19-02

1

1그룹 友達に 会って ショッピングします。
ともだち あ

친구를 만나서 쇼핑해요.

2

1그룹 コーヒーを 飲んで ケーキも 食べます。
の た

커피를 마시고 케이크도 먹어요.

3

1그룹 彼は メールを 書いて 退社します。
かれ か たいしゃ

그는 (이)메일을 쓰고 퇴근해요.

4

예외 会社に 行って 仕事を します。
かいしゃ い しごと

회사에 가서 일을 해요.

5

예외 旅行に 行って 楽しく 遊びます。
りょこう い たの あそ

여행을 가서 즐겁게 놀아요.

단어

ショッピング 쇼핑 | 退社する 퇴근하다
たいしゃ

 문형 2

_____ 하고/해서 _____ 해요.

| 2그룹/3그룹동사 て형 | 동사 ます형 | **ます。** |

2그룹　**見て　寝ます。**　　　　　보고 자요.

2그룹　**遅れて　謝ります。**　　늦어서 사과해요.

3그룹　**あいさつして　帰ります。**　인사하고 돌아가요.

 문형 알아보GO!

1. 2그룹 동사의 て형

2그룹 동사의 경우 어미 「る」를 떼고 「て」를 연결합니다.

浴衣を　着て　出かけます。 유카타를 입고 나가요.

2. 3그룹 동사의 て형

3그룹 동사의 て형은 불규칙하므로 통째로 외워 둡니다.

電話して　聞きました。 전화해서 물어봤어요.

단어

謝る 사과하다 ｜ **あいさつする** 인사하다 ｜ **浴衣** 유카타[일본 전통 의상] ｜ **電話する** 전화하다 ｜ **聞く** 묻다

🎧 듣고 따라 말해보세요. ✔ 2 3 4 5

 말하기트레이닝19-02 Track 19-04

1

2그룹 新しい 服を 着て 初出勤します。
あたら　　　ふく　　き　　　　はつしゅっきん

새 옷을 입고 첫 출근해요.

2

2그룹 朝 起きて 水を 一杯 飲みます。
あさ　お　　　　みず　　いっぱい　の

아침에 일어나서 물을 한 잔 마셔요.

3

2그룹 姉は 夕飯を 食べて すぐ 寝ます。
あね　　ゆうはん　　た　　　　　　ね

누나(언니)는 저녁밥을 먹고 바로 자요.

4

3그룹 お客さんが 来て 家の 掃除を します。
きゃく　　　　き　　いえ　　そうじ

손님이 와서 집 청소를 해요.

5

3그룹 試験に 合格して 両親に プレゼントを もらいました。
しけん　　ごうかく　　　りょうしん

시험에 합격해서 부모님께 선물을 받았어요.

단어

初 처음, 최초 ┃ 出勤する 출근하다 ┃ 一杯 한 잔 ┃ 夕飯 저녁밥 ┃ すぐ 바로 ┃ お客さん 손님 ┃ 合格 합격 ┃ 両親 부모님 ┃
はつ　　　　　　しゅっきん　　　　　　　いっぱい　　　　　ゆうはん　　　　　　　　　　　　きゃく　　　　　　ごうかく　　　　りょうしん
もらう 받다

본서

문형 3

_____ 해 주세요, 하세요.

동사 て형 ください。

(Track 19-05)

書(か)いて ください。 ○─○ 써 주세요.

提出(ていしゅつ)して ください。 ○─○ 제출해 주세요.

右(みぎ)に曲(ま)がって ください。 ○─○ 우회전해 주세요.

 문형 알아보GO!

1. 「て형 + ください」 ~해 주세요, ~하세요

동사 て형에 「ください」를 붙이면 '~해 주세요, ~하세요'라는 뜻으로 상대방에게 부탁하거나 요청할 때 쓰는 표현입니다.

待(ま)って ください。 기다려 주세요.

もう一度(いちど) 話(はな)して ください。 다시 한번 말해 주세요.

(단어)

提出(ていしゅつ)する 제출하다 | 右(みぎ)に曲(ま)がる 우회전하다 | もう一度(いちど) 다시 한번

🎧 듣고 따라 말해보세요. ✔ ② ③ ④ ⑤

말하기트레이닝19-03 | Track 19-06

1

写真_{しゃしん}を 撮_とって ください。

사진을 찍어 주세요.

2

靴_{くつ}を 脱_ぬいで ください。

신발을 벗어 주세요.

3

必_{かなら}ず 薬_{くすり}を 飲_のんで ください。

반드시 약을 복용하세요.

> Tip '(약을) 복용하다'는 '마시다'의 동사 「飲む_の」를 사용합니다.

4

寒_{さむ}いですから、窓_{まど}を 閉_しめて ください。

추우니까 창문을 닫아 주세요.

5

毎日_{まいにち} 1時間_{いちじかん}ずつ 運動_{うんどう}して ください。

매일 한 시간씩 운동하세요.

단어

薬_{くすり} 약 | 閉める_し (창문을) 닫다 | ずつ (수나 양을 나타내는 말에 붙어) ~씩

본서

_____ 하고 있어요/해져 있어요.

동사 て형 います。

Track 19-07

聞いて います。 ——————— 듣고 있어요.

教えて います。 ——————— 가르치고 있어요.

休んで います。 ——————— 쉬고 있어요.

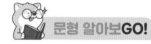

1. 「て형 + いる」 (지금) ~하고 있다, ~해져 있다

동사 て형에 「いる 있다」를 붙이면 '~하고 있다, ~해져 있다'라는 뜻으로 어떤 동작이 진행 중이거나 상태가 지속될 때 쓰는 표현입니다. 동사 て형에 「います」를 붙이면 '~하고 있어요'라는 뜻의 정중 표현이 됩니다. 또한 「て いる」는 현재진행형이므로 「今 지금」과 함께 자주 쓰입니다.

今、食べて います。 지금 먹고 있어요.

ドアが 開いて います。 문이 열려 있어요.

2. 「て형 + いる」 (항상) ~하고 있다

「て いる」는 동작의 진행 외에도 「いつも 항상・毎日 매일・毎週 매주」와 같은 단어와 함께 쓰여 반복적인 습관을 나타내기도 합니다.

毎週 土曜日に 習って います。 매주 토요일에 배우고 있어요.

단어

いる 있다 | ドア 문 | 開く (문이) 열리다, (영업이) 시작하다 | 毎週 매주

 표현 연습하GO!

🎧 듣고 따라 말해보세요. ✔ 2 3 4 5

1
おとうと しゅくだい
弟は　宿題を　して　います。

남동생은 숙제를 하고 있어요.

2
かれ は みが
彼は　歯を　磨いて　います。

그는 양치를 하고 있어요.

3
いま あめ ふ
今、雨が　降って　います。

지금 비가 내리고 있어요.

4
わたし か
私は　レポートを　書いて　います。

저는 레포트를 쓰고 있어요.

5
し
レストランが　閉まって　います。

레스토랑이 닫혀 있어요.

단어

しゅくだい　　　　 は　　　　 みが　　　　　　　　　　　　　　　　　　　　 し
宿題 숙제 | 歯 이, 치아 | 磨く 닦다 | レポート 레포트 | 閉まる (영업이) 끝나다, (문이) 닫히다

Track 19-09　Track 19-10
천천히　　보통

김한나
もしもし、はるきさん、❶お疲れ様です。

今、電話　大丈夫ですか。

하루키
はい、ハンナさん、どうしましたか。

김한나
メールで　❷プレゼンの　資料を　送ります❸ので、

確認して　ください。

하루키
あ、分かりました。今、運転中ですので、

後で　確認して　連絡します。

김한나
はい。じゃあ、連絡　待って　います。

하루키
はい。できるだけ　早く　連絡します。

ありがとうございます。

해석해 보GO!

Track 19-11
한국어>일본어

김한나 여보세요, 하루키 씨 수고하십니다.
지금 통화 괜찮으세요?

하루키 네, 한나 씨 무슨 일이에요?

김한나 메일로 프레젠테이션 자료를 보낼 테니 확인해 주세요.

하루키 아, 알겠습니다. 지금 운전 중이니,
나중에 확인하고 연락하겠습니다.

김한나 네, 그러면 연락 기다리고 있겠습니다.

하루키 네, 최대한 빨리 연락드리겠습니다.
감사합니다.

✦ 더 알아보GO!

❶ 「お疲れ様です」 수고하십니다
「お疲れ様です」는 '수고하십니다'라는 의미로 과거 시제로 말할때는 「お疲れ様でした」라고 하며 일을 마친 후 '수고하셨습니다'의 의미로 사용합니다. 편한 사이나 아랫사람에게는 「お疲れ様 수고했어요」라고 하기도 합니다.

❷ 「プレゼン」 프레젠테이션
「プレゼン」은 '프레젠테이션'이라는 의미로 「プレゼンテーション」의 준말입니다.

❸ 「ので」 ~(으)므로, ~때문에
「ので」는 '~(으)므로, ~때문에'라는 뜻으로 객관적인 이유를 말할 때 사용하고 「から」는 주로 자신의 주관적인 이유를 말할 때 사용합니다.

[단어]

もしもし 여보세요 ┃ お疲れ様です 수고하십니다 ┃ プレゼン 프레젠테이션 ┃ 確認 확인 ┃ 運転 운전 ┃ 中 ~(하는) 중, 동안 ┃
後で 나중에, 후에 ┃ できるだけ 최대한, 가능한 한 ┃ 早く 빨리

사진을 찍어도 되나요?

写真を 撮っても いいですか。

しゃ しん / と

사진을 찍어도 되나요?
写真を 撮っても
いいですか。

플래시는 사용하면 안 돼요.
フラッシュは 使っては
いけませんよ。

つか

배울 내용 미리 확인하GO!

미리 보GO 1 사람이 많이 모이기 시작했네요.

人が たくさん 集まって きましたね。

미리 보GO 2 우리들도 가 봐요.

私たちも 行って みましょう。

미리 보GO 3 콘서트에서 사진을 찍어도 되나요?

コンサートで 写真を 撮っても いいですか。

미리 보GO 4 플래시는 사용하면 안 돼요.

フラッシュは 使っては いけませんよ。

오늘은 동사 て형의 동작의 이동, 변화 용법과 시도, 허가, 금지 표현을 배우려고 합니다.

이 표현을 배우고 나면 '우리 여기서 먹고 가요(이동), 체중이 점점 늘어가요(변화)'와 같이

동작의 변화와 이동 표현을 말해 볼 수 있고, '만들어 봅시다(시도)', '앉아도 되나요?(허가)', '떠들면 안 돼요(금지)'와 같이

해도 되는 일과 해서는 안 되는 일을 자유롭게 말해 볼 수 있습니다.

문형 다지GO!

문형1

_____ 하고(해) 가다/오다

동사 て형 いきます/きます。

Track 20-01

<ruby>歩<rt>ある</rt></ruby>いて いきます。	걸어 가요.
<ruby>買<rt>か</rt></ruby>って きます。	사 와요.
<ruby>持<rt>も</rt></ruby>って きます。	가지고 와요.

Tip 「いく/くる」는 본래의 뜻인 '어떤 장소에서 가다/오다'의 의미가 아닌 보조동사로 쓰일 경우 한자로 표기하지 않고 히라가나로만 표기합니다.

문형 알아보GO!

1. 「て형 + いく」~하고 가다, ~해 가다

동사 て형에 「いく」를 붙이면 '~하고 가다(동작의 이동), ~해 가다(변화)'라는 뜻을 나타냅니다.

<ruby>着<rt>き</rt></ruby>て いきます。 입고 가요. (동작의 이동)   <ruby>変<rt>か</rt></ruby>わって いきます。 변해가요. (변화)

2. 「て형 + くる」~하고 오다, ~해 오다, ~하기 시작하다

동사 て형에 「くる」를 붙이면 '~하고 오다(동작의 이동), ~해 오다(변화)'라는 뜻을 나타내며 과거로부터 이어온 사건의 변화에 대해서 말하는 표현입니다.

<ruby>準備<rt>じゅんび</rt></ruby>して きました。 준비해 왔어요.

단어

<ruby>持<rt>も</rt></ruby>つ 가지다 | <ruby>変<rt>か</rt></ruby>わる 변하다, 변화하다 | <ruby>準備<rt>じゅんび</rt></ruby>する 준비하다

1
たいじゅう
体重が どんどん 増えて いきます。

체중이 점점 늘어가요.

2
ここで 食べて いきましょう。

여기서 먹고 갑시다.

3
でん わ
電話が かかって きました。

전화가 걸려 왔어요.

4
こ ども   ころ   なら
子供の頃から、ピアノを 習って きました。

어렸을 때부터 피아노를 배워 왔어요.

5
かい ぎ しつ   しりょう   も
会議室に 資料を 持って きて ください。

회의실로 자료를 가지고 오세요.

단어

たいじゅう   ふ
体重 체중 │ **どんどん** 점점 │ **増える** (수량·인원 등이) 늘어나다, 증가하다 │ **かかる** 걸리다 │ **ピアノ** 피아노 │ **会議室** 회의실
かい ぎ しつ

 문형 2

_____ 해 봐요/해 볼게요.

동사 て형 **みます。**

Track 20-03

<ruby>探<rt>さが</rt></ruby>して　みます。	찾아 볼게요.
<ruby>待<rt>ま</rt></ruby>って　みます。	기다려 볼게요.
お<ruby>願<rt>ねが</rt></ruby>いして　みます。	부탁해 볼게요.

Tip 「みる」는 본래의 뜻인 '무언가를 눈으로 보다'의 의미가 아닌 보조동사로 쓰일 경우 한자로 표기하지 않고 히라가나로만 표기합니다.

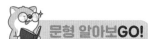 문형 알아보GO!

1. 「て형 + みる」 ~해 보다

동사 て형에 「みる」를 붙이면 '~해 보다'라는 뜻으로 어떤 일을 시도함을 나타낼 때 쓰는 표현입니다. 뒤에 「~ます」를 붙이면 '~해 봐요, ~해 볼게요'라는 뜻으로 현재 진행을 나타내고, 「~ましょう」를 붙이면 '~해 봅시다'라는 뜻으로 권유나 제안을 나타냅니다.

<ruby>考<rt>かんが</rt></ruby>えて　みます。 생각해 볼게요.
<ruby>作<rt>つく</rt></ruby>って　みましょう。 만들어 봅시다.

단어

<ruby>探<rt>さが</rt></ruby>す 찾다 ┃ ～て みる ~해 보다 ┃ お<ruby>願<rt>ねが</rt></ruby>い 부탁

🎧 듣고 따라 말해보세요. ✔ ② ③ ④ ⑤

말하기트레이닝20-02 Track 20-04

1

箱を 開けて みます。

상자를 열어 볼게요.

2

今日は 新しい お店に 行って みましょう。

오늘은 새로운 가게에 가 봅시다.

3

一度 使って みて ください。

한번 사용해 보세요.

4

オンラインで 申し込んで みて ください。

온라인으로 신청해 보세요.

5

専門家に 相談して みましょうか。

전문가에게 상담해 볼까요?

단어

箱 상자 ┃ オンライン 온라인 ┃ 申し込む 신청하다 ┃ 専門家 전문가 ┃ 相談 상담

 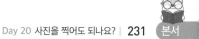

 문형 3

_____ 해도 되나요?

동사 て형 も いいですか。

Track 20-05

すわ 座っても いいですか。	앉아도 되나요?
はい 入っても いいですか。	들어가도 되나요?
き 着て みても いいですか。	입어 봐도 되나요?

 문형 알아보GO!

1. 「て형 + も いいですか」~해도 되나요?

동사 て형에 「~も いいですか」를 붙이면 '~해도 되나요?'라는 뜻으로 상대방에게 허락을 구할 때 쓰는 표현입니다.

は
履いて みても いいですか。 신어 봐도 되나요?

かえ
帰っても いいですか。 돌아가도 되나요?

단어

~ても いいですか ~해도 되나요?

🎧 듣고 따라 말해보세요. ✔ ② ③ ④ ⑤

 말하기 트레이닝 20-3 ｜ Track 20-6

1

トイレを 使っても いいですか。

화장실을 사용해도 되나요?

2

少し 休んでも いいですか。

조금 쉬어도 되나요?

3

カードで 払っても いいですか。

신용 카드로 계산해도 되나요?

4

追加で 注文しても いいですか。

추가로 주문해도 되나요?

5

この ズボン 交換しても いいですか。

이 바지 교환해도 되나요?

단어

カード 카드, 신용 카드 ｜ 払う 계산하다, 지불하다 ｜ 追加 추가 ｜ 交換 교환

 문형 4

_____ 하면 안 돼요.

동사 て형 **は いけません。**

^{はし}
走っては いけません。 ⟷ 뛰면 안 돼요.

^{さわ}
騒いでは いけません。 ⟷ 떠들면 안 돼요.

^{ち こく}
遅刻しては いけません。 ⟷ 지각하면 안 돼요.

 문형 알아보GO!

1. 「て형 + は いけません」 ~하면 안 돼요

동사 て형에 「~は いけません」을 붙이면 '~하면 안 돼요'라는 뜻으로 어떤 행동을 금지할 때 쓰는 표현입니다. 또한 「いけません」은 「だめです」로 바꾸어 사용할 수 있으며 좀 더 편한 대화에서 사용하는 구어체입니다.

^{さわ}
触っては いけません。 만지면 안 돼요.

^{わら}
笑っては だめです。 웃으면 안 돼요.

단어 ──

~ては いけません ~하면 안 됩니다 | ^{さわ}騒ぐ 떠들다 | ^{ち こく}遅刻 지각 | ^{さわ}触る 만지다 | ^{わら}笑う 웃다 | だめだ 안 되다

234 | GO! 독학 일본어 첫걸음

표현 연습하GO!

🎧 듣고 따라 말해보세요. ✓ 2 3 4 5

1

ここに　車を　止めては　いけません。

여기에 차를 세우면 안 돼요.

2

ここで　写真を　撮っては　いけません。

여기서 사진을 찍으면 안 돼요.

3

運転しながら　通話を　しては　いけません。

운전하면서 통화를 하면 안 돼요.

4

甘い物を　たくさん　食べては　いけません。

단 것을 많이 먹으면 안 돼요.

5

ゴミを　どこにでも　捨てては　いけません。

쓰레기를 아무 곳에나 버리면 안 돼요.

단어

甘い物 단 것, 단 음식 | たくさん 많이 | ゴミ 쓰레기 | どこにでも 아무 곳에나, 아무데나 | 捨てる 버리다

Track 20-09 Track 20-10
천천히 보통

이민호: 人が たくさん 集まって きましたね。

사쿠라: 本当だ。グッズを 買って、私❶たちも 行って みましょう。

이민호: いいですよ。どんな グッズが 買いたいですか。

사쿠라: 買いたい物は、いろいろ あるんですけど、

特に ブロマイド。

이민호: ところで、コンサートで 写真を 撮っても いいですか。

사쿠라: はい。でも フラッシュは 使っては いけませんよ。

이민호: あ、なるほど。

사쿠라: あ、それと ❷動画も だめですよ。

해석해 보GO!

Track 20-11
한국어>일본어

이민호　사람이 많이 모이기 시작했네요.

사쿠라　정말이네요. 굿즈를 사고 우리들도 가 봐요.

이민호　좋아요! 어떤 굿즈가 사고 싶어요?

사쿠라　사고 싶은 것은 여러가지 있는데, 특히 브로마이드!

이민호　그런데, 콘서트에서 사진을 찍어도 되나요?

사쿠라　네, 하지만 플래시는 사용하면 안 돼요.

이민호　아, 그렇군요.

사쿠라　아, 그리고 동영상도 안 돼요.

+ 더알아보GO!

❶ 「たち」 ~들

「たち」는 '~들'이라는 뜻으로 「私たち 우리들」, 「学生たち 학생들」처럼 복수형을 만들 때 씁니다. 이처럼 복수형을 나타낼 때는 한자로 표기하지 않고 히라가나로만 표기합니다.

❷ 「動画」 동영상

「動画」는 직역하면 '움직이는 영상'라는 뜻이지만 일반적으로는 '동영상'을 의미합니다.

단어

集まる 모이다 ｜ グッズ 굿즈 ｜ いろいろ 여러가지 ｜ ある 있다 ｜ 特に 특히, 딱히, 특별히 ｜ ブロマイド 브로마이드 ｜
コンサート 콘서트 ｜ フラッシュ 플래시 ｜ なるほど 그렇군요[상대방의 말에 동의하거나 긍정하는 뜻을 나타냄] ｜ それと 그리고

새 화장품을 살 생각이에요.

新しい 化粧品を 買う つもりです。

あたら けしょうひん
か

새 화장품을 살 생각이에요.
新しい 化粧品を 買う つもりです。

무엇을 살 거예요?
何を 買うんですか。

배울 내용 미리 확인하GO!

미리 보GO 1 새 화장품을 살 생각이에요.

新しい 化粧品を 買う つもりです。

미리 보GO 2 뭔가 사 둘 것 없나요?

何か 買って おく物 ないですか。

미리 보GO 3 저도 전의 것은 전부 사용해 버렸어요.

僕も 前のは 全部 使って しまいました。

미리 보GO 4 사기 전에 여기에서 테스터를 사용해 봅시다.

買う 前に ここで テスターを 使って みましょう。

오늘은 자신의 강한 의지나 계획을 나타내는 표현과 동사 て형을 활용하여 '~해 둡니다'와 같은 준비를 나타내는 문형,

'~해 버렸습니다'와 같은 동작의 완료를 나타내는 문형, '~하기 전에'와 같은

동작의 순서를 나타내는 표현을 학습하려고 합니다. 이 표현을 배우고 나면 '저는 내년에 결혼할 생각이에요',

'청소를 해 둡니다', '접시를 깨 버렸어요', '여행하기 전에 맛집을 검색해요'와 같은

표현을 자유롭게 말할 수 있습니다.

_____ 할 생각이에요, 작정이에요.

동사 기본형 つもりです。

行く　つもりです。　　　　　　○—○　　　갈 생각이에요.

習う　つもりです。　　　　　　○—○　　　배울 생각이에요.

辞める　つもりです。　　　　　○—○　　　그만둘 생각이에요.

1.「~つもりだ」~할 생각이다, ~할 작정이다

동사 기본형 뒤에「~つもりだ」를 붙이면 '~할 생각이다, ~할 작정이다'의 의미를 나타내며 어떤 행동을 하려는 자신의 강한 의지나 결심에 대해 말할 때 사용합니다. 정중하게 말할때는「~つもりです」라고 하며 '~할 생각이에요, ~할 작정이에요'라는 의미를 나타냅니다.

引っ越す　つもりです。이사할 생각이에요.

告白する　つもりです。고백할 생각이에요.

<hr>

단어

つもりだ ~할 생각이다, ~할 작정이다, ~할 계획이다 ｜ 辞める 그만두다 ｜ 引っ越す 이사하다 ｜ 告白する 고백하다

240 | GO! 독학 일본어 첫걸음

본서

표현 연습하GO!

🎧 듣고 따라 말해보세요. ✔ ② ③ ④ ⑤

1

あした
明日から　ダイエットする　つもりです。

내일부터 다이어트할 생각이에요.

2

わたし　　らいねん　　けっこん
私は　来年　結婚する　つもりです。

저는 내년에 결혼할 생각이에요.

3

しごと　　あと　　　　　　の
仕事の後、ビールを　飲む　つもりです。

퇴근 후 맥주를 마실 생각이에요.

4

かね　　た　　　いえ　　か
お金を　貯めて　家を　買う　つもりです。

돈을 모아서 집을 살 생각이에요.

5

りょこう　　い
どこに　旅行に　行く　つもりですか。

어디에 여행 갈 생각이에요?

단어

ダイエットする 다이어트하다 ｜ 来年(らいねん) 내년 ｜ 結婚する(けっこん) 결혼하다 ｜ 貯める(た) (돈을) 모으다, 저축하다

_____ 해 둡니다.

동사 て형 おきます。

Track 21-03

買って おきます。 ⟷ 사 둡니다.

送って おきます。 ⟷ 보내 둡니다.

準備して おきます。 ⟷ 준비해 둡니다.

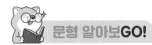 문형 알아보GO!

1. 「て형 + おく」~해 두다

동사 て형 뒤에 「おく」를 붙이면 '~해 두다', '~해 놓다'의 의미로 어떤 일을 하기 전에 미리 준비할 때 쓰는 표현입니다. 정중형은 て형 뒤에 「~おきます」를 붙이며 '~해 둡니다', '~해 놓습니다'라는 의미를 나타냅니다.

書いて おきます。 써 둡니다.

2. 「て형 + おきました」~해 두었습니다

동사 て형 뒤에 「~おきました」를 붙이면 '~해 두었습니다', '~해 놓았습니다'라는 과거의 의미를 나타냅니다.

メモして おきました。 메모해 두었습니다.

(단어)

〜て おく ~해 두다, ~해 놓다 ｜ メモ 메모

 듣고 따라 말해보세요. ✔ 2 3 4 5

말하기트레이닝21-02   Track 21-04

1

そう じ
掃除を　して　おきます。

청소를 해 둡니다.

2

に もつ　　　かた づ
荷物を　片付けて　おきます。

짐을 치워 둡니다.

3

　　　　　　　　く
パスポートを　作って　おきました。

여권을 만들어 두었습니다.

4

じゅうよう　　ないよう　　　つた
重要な　内容を　伝えて　おきました。

중요한 내용을 전달해 놓았습니다.

5

あした　　かい ぎ　　し りょう
明日の　会議の　資料を　コピーして　おきました。

내일 회의 자료를 복사해 두었습니다.

단어

かた づ
片付ける 치우다, 정리하다 ｜ パスポート 여권 ｜ 重要だ 중요하다 ｜ 伝える 전달하다 ｜ コピー 복사
じゅうよう　　　　つた

 문형 3

_____ 해 버렸어요.

동사 て형 しまいました。

Track 21-05

な 失くして しまいました。	○—○	잃어버렸어요.
ね ぼう 寝坊して しまいました。	○—○	늦잠 자 버렸어요.
ころんで しまいました。	○—○	넘어져 버렸어요.

 문형 알아보GO!

1. 「て형 + しまう」 ~해 버리다

동사 て형 뒤에 「しまう」를 붙이면 '~해 버리다'의 의미로 어떤 동작을 완료했을 때 쓰는 표현입니다. 또한 완료 이외에 어떤 일에 대한 후회나 아쉬움을 나타낼 때도 씁니다. 일반적으로 과거형으로 많이 쓰이며, 동사 て형 뒤에 「しまいました」를 붙여 '~해 버렸어요'라는 의미를 나타냅니다.

やくそく わす
約束を 忘れて しまいました。 약속을 잊어버렸어요.

お
ケイタイを 落として しまいました。 휴대 전화를 떨어뜨려버렸어요.

かれ し
彼氏と けんかして しまいました。 남자 친구와 싸워버렸어요.

단어

な
失くす 잃다 | ~て しまう ~해 버리다 | ねぼう
寝坊する 늦잠 자다 | ころぶ 넘어지다, 자빠지다 | わす
忘れる 잊다, 까먹다 |
お
落とす 떨어뜨리다 | けんかする 싸우다

🎧 듣고 따라 말해보세요. ✔ 2 3 4 5

말하기트레이닝 21-03   Track 21-06

1

お<ruby>皿<rt>さら</rt></ruby>を <ruby>割<rt>わ</rt></ruby>って しまいました。

접시를 깨 버렸어요.

2

<ruby>友達<rt>ともだち</rt></ruby>の <ruby>秘密<rt>ひ みつ</rt></ruby>を <ruby>話<rt>はな</rt></ruby>して しまいました。

친구의 비밀을 말해 버렸어요.

3

<ruby>妹<rt>いもうと</rt></ruby>の カメラを <ruby>壊<rt>こわ</rt></ruby>して しまいました。

여동생의 카메라를 망가뜨려 버렸어요.

4

<ruby>一日<rt>いちにち</rt></ruby>で <ruby>本<rt>ほん</rt></ruby>を <ruby>全部<rt>ぜん ぶ</rt></ruby> <ruby>読<rt>よ</rt></ruby>んで しまいました。

하루 만에 책을 다 읽어 버렸어요.

5

お<ruby>腹<rt>なか</rt></ruby>が <ruby>痛<rt>いた</rt></ruby>くて <ruby>学校<rt>がっこう</rt></ruby>に <ruby>遅刻<rt>ち こく</rt></ruby>して しまいました。

배가 아파서 학교에 지각해 버렸어요.

단어

お<ruby>皿<rt>さら</rt></ruby> 접시 | <ruby>割<rt>わ</rt></ruby>る 깨다 | <ruby>秘密<rt>ひ みつ</rt></ruby> 비밀 | <ruby>壊<rt>こわ</rt></ruby>す 망가뜨리다 | <ruby>一日<rt>いちにち</rt></ruby>で 하루 만에 | <ruby>全部<rt>ぜん ぶ</rt></ruby> 전부, 모두 | お<ruby>腹<rt>なか</rt></ruby> 배

 문형 4

_____ 하기 전에

동사 기본형 前(まえ)に

| 行(い)く　前(まえ)に | ⟜⟜ | 가기 전에 |

| 遊(あそ)ぶ　前(まえ)に | ⟜⟜ | 놀기 전에 |

| 食(た)べる　前(まえ)に | ⟜⟜ | 먹기 전에 |

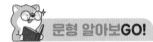 문형 알아보GO!

1. 「前(まえ)に」 ~하기 전에

동사 기본형 뒤에 「前(まえ)に」를 붙이면 '~하기 전에'라는 의미로 동작의 순서를 나타내는 표현입니다.

寝(ね)る　前(まえ)に　자기 전에

乗(の)る　前(まえ)に　타기 전에

前(まえ)に ~하기 전에

말하기트레이닝 21-04 Track 21-08

1

ご飯を 食べる 前に 手を 洗います。

밥을 먹기 전에 손을 씻어요.

2

テストを 受ける 前に 復習します。

시험을 보기 전에 복습해요.

3

旅行する 前に おいしい お店を 調べます。

여행하기 전에 맛집을 검색해요.

4

雨が 降る 前に 家に 帰ります。

비가 오기 전에 집에 돌아가요.

5

勉強する 前に 机を 片付けました。

공부하기 전에 책상을 정리했어요.

단어

ご飯 밥 | 受ける (시험을) 보다, (시험에) 응하다 | 復習する 복습하다 | 調べる 검색하다, 조사하다

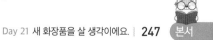

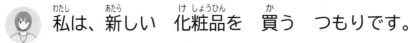
Track 21-09 천천히   Track 21-10 보통

하루키: ハンナさん、何を ❶買うんですか。

김한나: 私は、新しい 化粧品を 買う つもりです。

はるきさんは、何か 買って おく物 ないですか。

하루키: 僕も 前のは 全部 使って しまいましたから、

新しい ❷美容液を 買う つもりです。

김한나: あ、じゃあ、買う 前に ここで テスターを 使って

みましょう。

하루키: はい、それが いいですね。

김한나: はるきさん、❸肌の アレルギー ありますか。

하루키: いいえ、特に ありませんけど、乾燥肌です。

Track 21-11

한국어>일본어

하루키   한나 씨, 무엇을 살 거예요?

김한나   저는 새 화장품을 살 생각이에요.
         하루키 씨는 뭔가 사 둘 것 없나요?

하루키   저도 전의 것은 전부 사용해 버렸기 때문에,
         새 에센스를 살 생각이에요.

김한나   아, 그러면 사기 전에 여기에서 테스터를 사용해 봅시다.

하루키   네, 그게 좋겠네요.

김한나   하루키 씨, 피부 알레르기 있어요?

하루키   아니요, 딱히 없는데 건성 피부예요.

➕ 더 알아보GO!

❶ 「買(か)うんですか」 무엇을 살 거예요?
「買(か)うんですか」는 '무엇을 살 거예요?'라는 의미로 「동사 기본형 + んです」를 사용합니다. 「~んです」는 '~입니다'라는 뜻으로 문장을 강조할 때 쓰며 회화에서만 사용하는 구어체 표현입니다.

❷ 「美容液(びようえき)」 에센스
「美容液(びようえき)」는 직역하면 '미용액'이라는 뜻이지만 일반적으로 '에센스'를 뜻하는 말로 사용합니다. '에센스'는 가타카나로 「エッセンス」라고도 합니다.

❸ 「肌(はだ)」 피부
'피부'는 회화에서는 「皮膚(ひふ)」가 아니라 「肌(はだ)」를 사용합니다.

 단어

美容液(びようえき) 에센스[화장품] | テスター 테스터 | 肌(はだ) 피부 | アレルギー 알레르기 | 乾燥肌(かんそうはだ) 건성 피부

홋카이도에 가 본 적이 있나요?

北海道に 行った ことが ありますか。
ほっかいどう　　　い

홋카이도에 가 본 적이 있나요?
北海道に 行った
ほっかいどう　　い
ことが 있습니까。

가 본 적이 있어요.
行った 것이
い
ありますよ。

배울 내용 미리 확인하GO!

미리 보GO 1 역 앞에서 친구를 기다렸다.

<ruby>駅前<rt>えきまえ</rt></ruby>で <ruby>友達<rt>ともだち</rt></ruby>を <ruby>待<rt>ま</rt></ruby>った。

미리 보GO 2 추워서 겉옷을 입었다.

<ruby>寒<rt>さむ</rt></ruby>くて、<ruby>上着<rt>うわぎ</rt></ruby>を <ruby>着<rt>き</rt></ruby>た。

미리 보GO 3 홋카이도에 가 본 적이 있나요?

<ruby>北海道<rt>ほっかいどう</rt></ruby>に <ruby>行<rt>い</rt></ruby>った ことが ありますか。

미리 보GO 4 해산물 덮밥을 먹거나 밤에는 오타루의 야경을 보거나 했어요.

<ruby>海鮮丼<rt>かいせんどん</rt></ruby>を <ruby>食<rt>た</rt></ruby>べたり <ruby>夜<rt>よる</rt></ruby>は <ruby>小樽<rt>おたる</rt></ruby>の <ruby>夜景<rt>やけい</rt></ruby>を <ruby>見<rt>み</rt></ruby>たり

しましたよ。

오늘은 동사의 과거형인 た형을 학습하고, 어떤 일에 대한 경험과 동작의 열거 표현을 배워보려고 합니다.
일본어로 동사의 과거 표현과 경험 표현을 익히면 '옷을 샀다', '밥을 먹었다', '배운 적이 있어요'와 같은 말을
자유롭게 말해 볼 수 있으며, 동작을 열거하는 표현을 익히면 '청소를 하거나 낮잠을 자거나 해요'와 같은
말도 유창하게 말할 수 있습니다.

1 동사의 た형 ~했다

동사의 た형은 '~했다'라는 뜻으로 과거를 나타내는 표현입니다. 동사의 た형은 동사별로 활용 형태가 다릅니다. 앞에서 배운 て형과 활용법이 동일하며, 「て」 자리에 「た」를 넣으면 た형이 됩니다.

1) 1그룹 동사의 た형

1그룹 동사에 「た」를 연결할 때는 어미에 따라 「た」의 모양이 달라지며 크게 4가지 규칙에 따라 활용됩니다.

	기본형	た형
1그룹	① 어미가 「う・つ・る」인 동사는 어미를 떼고 「った」를 붙입니다.	
	買^かう 사다	買^かった 샀다
	待^まつ 기다리다	待^まった 기다렸다
	ある 있다	あった 있었다
	② 어미가 「ぬ・ぶ・む」인 동사는 어미를 떼고 「んだ」를 붙입니다.	
	死^しぬ 죽다	死^しんだ 죽었다
	呼^よぶ 부르다	呼^よんだ 불렀다
	飲^のむ 마시다	飲^のんだ 마셨다
	③ 어미가 「く・ぐ」인 동사는 어미를 떼고 「いた・いだ」를 붙입니다.	
	歩^{ある}く 걷다	歩^{ある}いた 걸었다
	聞^きく 듣다, 묻다	聞^きいた 들었다, 물었다
	泳^{およ}ぐ 수영하다, 헤엄치다	泳^{およ}いだ 수영했다, 헤엄쳤다
	脱^ぬぐ 벗다	脱^ぬいだ 벗었다
	④ 어미가 「す」인 동사는 어미를 떼고 「した」를 붙입니다.	
	話^{はな}す 이야기하다	話^{はな}した 이야기했다
	返^{かえ}す 돌려주다, 반납하다	返^{かえ}した 돌려줬다, 반납했다
예외	예외적으로 '가다'라는 뜻의 동사 「行^いく」는 「行^いった」가 아닌 「行^いった」로 활용됩니다.	
	行^いく 가다	行^いった 갔다

2) 2그룹 동사의 た형

2그룹 동사에 「た」를 연결할 때는 어미 「る」를 떼고 「た」를 붙입니다.

	기본형	た형
2그룹	見る 보다	見た 봤다
	起きる 일어나다	起きた 일어났다
	着る 입다	着た 입었다
	借りる 빌리다	借りた 빌렸다
	食べる 먹다	食べた 먹었다
	寝る 자다	寝た 잤다
	開ける 열다	開けた 열었다
	始める 시작하다	始めた 시작했다
	止める 멈추다, 세우다	止めた 멈췄다, 세웠다
	遅れる 늦다	遅れた 늦었다

3) 3그룹 동사의 た형

3그룹 동사인 「来る 오다」, 「する 하다」는 불규칙 동사이므로 있는 그대로 외우면 됩니다. 「来る」의 た형은 「来た」, 「する」의 た형은 「した」로 바뀌니 주의하세요.

	기본형	た형
3그룹	来る 오다	来た 왔다
	する 하다	した 했다

문형 1

_____ 했다.

1그룹   た형

Track 22-01

1그룹 服を 買った。	옷을 샀다.
1그룹 友達を 呼んだ。	친구를 불렀다.
예외 会社に 行った。	회사에 갔다.

문형 알아보GO!

1. 1그룹 동사의 た형

1그룹 동사 중 「う・つ・る」로 끝나는 동사는 「った」로, 「ぬ・ぶ・む」로 끝나는 동사는 「んだ」로, 「く」나 「ぐ」로 끝나는 동사는 각각 「いた」와 「いだ」로 바뀝니다. 또한 「す」로 끝나는 동사는 「した」로 바뀝니다.

靴を 脱いだ。 신발을 벗었다.

2. 예외 동사 行く

예외 동사 「行く」는 て형과 동일하게 「く」를 떼고 「った」로 연결해야 합니다.

病院に 行った。 병원에 갔다.

단어

た(だ) ~했다 | 病院 병원

🎧 듣고 따라 말해보세요. ✔ 2 3 4 5

말하기트레이닝 22-01 · Track 22-02

1
1그룹
えきまえ ともだち ま
駅前で 友達を 待った。

역 앞에서 친구를 기다렸다.

2
1그룹
からだ ちょう し わる がっこう やす
体の 調子が 悪かったので 学校を 休んだ。

몸 상태가 안 좋아서 학교를 쉬었다.

3
1그룹
こうえん まわ いち じ かん ある
公園の 周りを 1時間くらい 歩いた。

공원 주변을 1시간 정도 걸었다.

4
1그룹
きのう ともだち でん わ はな
昨日、友達と 電話で 話した。

어제 친구와 전화로 이야기했다.

5
예외
ほん か ほん や い
本を 買いに 本屋に 行った。

책을 사러 서점에 갔다.

단어

からだ ちょう し まわ ほん や
体 몸, 신체 | 調子 상태, 컨디션 | 周り 주변 | 本屋 서점

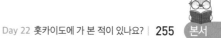

 문형 2

_____ 했다.

2그룹/3그룹 동사 た형

Track 22-03

| 2그룹 | ご飯を　食べた。 | ⚬⚬ | 밥을 먹었다. |

| 2그룹 | 仕事を　始めた。 | ⚬⚬ | 일을 시작했다. |

| 3그룹 | ゲームを　した。 | ⚬⚬ | 게임을 했다. |

 **문형 알아보GO!**

1. 2그룹 동사의 た형

2그룹 동사의 경우 어미 「る」를 떼고 「た」를 연결합니다.

ドアを　開けた。 문을 열었다.

2. 3그룹 동사의 た형

3그룹 동사의 た형은 불규칙하므로 통째로 외워 둡니다.

挑戦した。 도전했다.

단어

挑戦 도전

🎧 듣고 따라 말해보세요. ✔ 2 3 4 5

말하기트레이닝22-02 │ Track 22-04

1

2그룹

寒くて、上着を 着た。
(さむ)(うわぎ)(き)

추워서 겉옷을 입었다.

2

2그룹

今日は 30分 早く 起きた。
(きょう)(さんじっぷん)(はや)(お)

오늘은 30분 일찍 일어났다.

3

2그룹

駐車場に 車を 止めた。
(ちゅうしゃじょう)(くるま)(と)

주차장에 차를 세웠다.

4

3그룹

彼氏が 私を 迎えに 来た。
(かれし)(わたし)(むか)(き)

남자 친구가 나를 데리러 왔다.

5

3그룹

カフェで 合コンを した。
(ごう)

카페에서 미팅을 했다.

Tip 「合コン」은 '둘 이상의 남녀가 서로 만나는 단체 미팅'이라는 뜻으로 「合同company」의 줄임말입니다.
(ごう)(ごうどう)

단어

上着 겉옷 │ 駐車場 주차장 │ 迎える 맞이하다, 마중하다 │ 合コン 단체 미팅
(うわぎ)(ちゅうしゃじょう)(むか)(ごう)

 문형 3

_____ 한 적이 있어요.

동사 た형 ことが あります。

Track 22-05

習った ことが あります。 ⟷ 배운 적이 있어요.

行った ことが ありません。 ⟷ 간 적이 없어요.

会った ことが ありますか。 ⟷ 만난 적이 있나요?

 문형 알아보GO!

1. 「た형 + ことが ある」~한 적이 있다

동사 た형에 「ことが ある」를 붙이면 '~한 적이 있다'라는 뜻으로 어떤 일에 대한 경험을 나타낼 때 쓰는 표현입니다. 정중하게 말할 때는 「ことが あります」라고 하며 '~한 적이 있어요'라는 의미를 나타냅니다. 또한 「か」를 붙여 「ことが 있습니다까」라고 하면 '~한 적이 있나요?'라는 뜻으로 경험을 묻는 표현이 됩니다.

乗った ことが あります。 탄 적이 있어요.

お酒を 飲んだ ことが ありますか。 술을 마신 적이 있나요?

2. 「た형 + ことが ない」~한 적이 없다

동사 た형에 「ことが ない」를 붙이면 '~한 적이 없다'라는 뜻으로 어떤 일에 대한 경험이 없음을 나타낼 때 쓰는 표현입니다. '~한 적이 없어요'라는 의미의 정중한 부정을 나타낼 때는 동사 た형에 「ことが ありません」이라고 표현합니다.

聞いた ことが ありません。 들어 본 적이 없어요.

단어

た형 + ことが ある ~한 적이 있다 │ た형 + ことが ない ~한 적이 없다

표현 연습하GO!

🎧 듣고 따라 말해보세요. ✔ 2 3 4 5

말하기트레이닝22-03 Track 22-06

1

きもの
着物を 着た ことが あります。

기모노를 입어 본 적이 있어요.

2

ねこ   か
猫を 飼った ことが あります。

고양이를 키운 적이 있어요.

3

りょこう
ヨーロッパを 旅行した ことが ありません。

유럽을 여행한 적이 없어요.

4

ふじさん   のぼ
富士山に 登った ことが ありません。

후지산에 오른 적이 없어요.

5

つか
この アプリを 使った ことが ありますか。

이 어플을 사용한 적이 있나요?

단어

きもの   か
着物 기모노 ┃ 飼う (동물을) 키우다, 기르다 ┃ ヨーロッパ 유럽 ┃
ふじさん   のぼ
富士山 후지산 ┃ 登る 오르다 ┃ アプリ 어플, 앱

_____ 하거나 _____ 하거나 해요.

동작 た형 り 동작 た형 りします。

Track 22-07

ヨガを したり 散歩を したりします。

요가를 하거나
산책을 하거나 해요.

掃除を したり 昼寝を したりします。

청소를 하거나
낮잠을 자거나 해요.

映画を 見たり 買い物に 行ったりします。

영화를 보거나
쇼핑하러 가거나 해요.

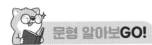

1. 「~たり ~たりします」 ~하거나 ~하거나 해요

「~たり ~たりします」는 '~하거나 ~하거나 해요'라는 뜻으로 여러 동작 중에서 대표적인 동작이나 상태를 열거할 때 쓰는
표현입니다.

食べたり 飲んだりします。 먹거나 마시거나 해요.

歩いたり 走ったりしました。 걷거나 뛰거나 했어요.

단어

~たり ~하거나 | 昼寝 낮잠

말하기트레이닝22-04 (Track 22-08)

1

父は 家で ニュースを 見たり 新聞を 読んだりします。

아버지는 집에서 뉴스를 보시거나 신문을 읽으시거나 해요.

2

兄は 友達と 野球を したり サッカーを したりします。

형(오빠)은 친구와 야구를 하거나 축구를 하거나 해요.

3

テレビを 見たり 本を 読んだりするのが 私の 日常です。

TV를 보거나 책을 읽거나 하는 것이 제 일상이에요.

4

私の 趣味は 絵を 描いたり 写真を 撮ったりすることです。

제 취미는 그림을 그리거나 사진을 찍거나 하는 것이에요.

5

私は スマホで ゲームを したり ユーチューブを 見たりしました。

저는 스마트폰으로 게임을 하거나 유튜브를 보거나 했어요.

단어

ニュース 뉴스 | 新聞 신문 | 野球 야구 | 日常 일상 | 趣味 취미 | 絵 그림 | 描く 그리다 | こと 것, 일

Track 22-09 Track 22-10
천천히   보통

하루키
今年の　夏休みは、どこ❶へ　行きますか。

김한나
まだ　❷決まって　いません。

하루키
じゃあ、北海道は　どうですか。
夏は　涼しくて、過ごしやすい　ところですよ。

김한나
へぇ、北海道に　行った　ことが　ありますか。

하루키
はい、行った　ことが　ありますよ。

김한나
北海道に　行って、何を　しましたか。

하루키
海鮮丼を　食べたり　夜は　小樽の　夜景を　見たりしましたよ。

김한나
うわぁ、いいなあ。行って　みたいです。

Track 22-11

한국어>일본어

하루키   올해 여름 휴가는 어디로 가나요?

김한나   아직 결정되지 않았어요.

하루키   그러면 홋카이도는 어떠세요?
              여름은 시원해서 지내기 좋은 곳이에요.

김한나   와, 홋카이도에 가 본 적이 있나요?

하루키   네, 가 본 적이 있어요.

김한나   홋카이도에 가서 무엇을 했나요?

하루키   해산물 덮밥을 먹거나 밤에는 오타루의 야경을 보거나 했어요.

김한나   우와, 좋겠다. 가 보고 싶네요.

╋ 더 알아보GO!

❶ 「へ」 ~에, ~(으)로

조사 「へ」는 「に」와 마찬가지로 '~에, ~(으)로'라는 뜻입니다. 「に」는 목적지와 도착지를 나타내는 의미가 더 강하고, 「へ」는 방향성을 나타내는 의미가 더 강합니다.

❷ 「決まって いません」 결정되지 않았어요

「決まる」는 '결정되다'라는 뜻이며 '결정되지 않았어요'는 「~て いる」의 부정형을 사용해서 「決まって いません」이라 고 하는 점을 주의해야 합니다.

(단어)

へ ~에, ~(으)로 ｜ 決まる 결정되다 ｜ 北海道 홋카이도, 북해도[지명] ｜ どうですか 어때요? ｜ 涼しい 시원하다 ｜ 過ごす 지내다,

보내다 ｜ 海鮮丼 해산물 덮밥 ｜ 小樽 오타루[홋카이도 소도시][지명] ｜ ～なあ ~이네, ~이군[감탄, 확인 또는 혼잣말을 할 때 쓰임]

Day 23

지하철을 타는 편이 좋겠어요.

地下鉄に 乗った方が いいですよ。

곧 ○○행 열차가 들어옵니다.
まもなく ○○行きの
電車が 参ります。

지하철을 타는 편이 좋겠어요.
地下鉄に 乗った方が
いいですよ。

23과 전체음원   23과 미리보기

배울 내용 미리 확인하GO!

미리 보GO 1 내비게이션으로 검색하고 나서 가요.

ナビで 調_{しら}べてから、行_いきましょう。

미리 보GO 2 이 루트로 가면 어때요?

この ルートで 行_いったら どうですか。

미리 보GO 3 저녁때라 버스는 길이 막힐지도 모르겠네요.

夕方_{ゆうがた}ですので バスは 道_{みち}が 混_こむかも しれませんね。

미리 보GO 4 지하철을 타는 편이 좋겠어요.

地下鉄_{ちかてつ}に 乗_のった方_{ほう}が いいですよ。

이번 과에서는 동작의 순서와 제안, 추측 표현을 배워보려고 합니다.

이 표현들을 배우고 나면 '이를 닦고 나서 자요'와 같이 동작의 순서를 나타내는 표현을 말할 수 있고, '한번 맛보면 어때요?',

'물을 많이 마시는 편이 좋아요'와 같이 상대방에게 제안하거나 조언할 때 쓰는 표현도 말할 수 있게 됩니다.

또한 '대기 시간이 길지도 몰라요'와 같은 불확실한 미래에 대한 다양한 추측 표현도 말할 수 있습니다.

_____ 하고 나서, 하고 난 후

동사 て형 から

Track 23-01

見てから 買います。 ○━○ / ○━○ 보고 나서 사요.

食べてから 片付けます。 ○━○ / ○━○ 먹고 나서 치워요.

会ってから 話します。 ○━○ / ○━○ 만나고 나서 이야기해요.

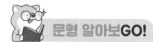

1. 「て형 + から」 ~하고 나서, ~하고 난 후

동사 て형에 「から」를 붙이면 '~하고 나서, ~하고 난 후'라는 의미를 나타냅니다. 앞의 동작을 끝낸 후 그 다음 동작을 할 때 사용하는 표현으로 동작의 순서를 나타낼 때 쓰는 표현입니다.

電話してから 行きます。 전화하고 나서 가요.

帰ってから 休みます。 돌아가고 나서 쉬어요.

(단어)

てから ~하고 나서, ~하고 난 후

본서 266 | GO! 독학 일본어 첫걸음

🎧 듣고 따라 말해보세요. ✔ 2 3 4 5

 말하기트레이닝 23-01 Track 23-02

1

歯を　磨いてから　寝ます。
は　みが　　　　　ね

이를 닦고 나서 자요.

2

日本に　来てから　友達が　増えました。
に ほん　き　　　　ともだち　ふ

일본에 오고 나서 친구가 늘었어요.

3

試験が　終わってから　会いましょう。
し けん　お　　　　　　あ

시험이 끝나고 나서 만납시다.

4

みんなで　話し合ってから　決めましょう。
　　　　　はな あ　　　　　　き

다 같이 상의하고 나서 결정합시다.

5

食事を　してから　薬を　飲んで　ください。
しょく じ　　　　　くすり　の

식사를 하고 나서 약을 드세요.

단어

終わる 끝나다 ┃ みんな 모두, 전부 ┃ 話し合う 상의하다, 의논하다 ┃ 決める 결정하다
お　　　　　　　　　　　　　　　　はな あ　　　　　　　　　　　　　　き

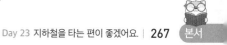

```
_____ 하면 어때요?

동사 た형  ら どうですか。
```

Track 23-03

待ったら どうですか。 ⟷ 기다리면 어때요?

休んだら どうですか。 ⟷ 쉬면 어때요?

運動したら どうですか。 ⟷ 운동하면 어때요?

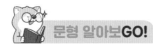

1. 「た형 + ら どうですか」 ~하면 어때요?

동사 た형에 「ら どうですか」를 붙이면 '~하면 어때요?'의 의미를 나타내며 상대방에게 어떤 일에 대해 가볍게 제안하거나 조언할 때 쓰는 표현입니다.

急いだら どうですか。 서두르면 어때요?

直したら どうですか。 고치면 어때요?

(단어)

~たら どうですか ~하면 어때요? | 急ぐ 서두르다 | 直す (물건을) 고치다, 수리하다, (잘못된 습관을) 고치다, 바로잡다

1

一度　味見したら　どうですか。

한번 맛보면 어때요?

2

もっと　勉強したら　どうですか。

더 공부하면 어때요?

3

とりあえず、薬を　飲んだら　どうですか。

일단 약을 먹으면 어때요?

4

みんなの　意見を　聞いてみたら　どうですか。

모두의 의견을 들어보면 어때요?

5

天気が　悪いので　傘を　持っていったら　どうですか。

날씨가 안 좋으니까 우산을 가져가면 어때요?

단어

味見する 맛보다, 간 보다 ｜ もっと 더, 더욱 ｜ とりあえず 일단, 우선 ｜ 意見を 聞く 의견을 듣다(묻다) ｜ 傘 우산

문형 3

_____ 할지도 몰라요.

동사·い형용사·な형용사 だ·명사 **かも　しれません。**

| 동사 | けっせき
欠席するかも　しれません。 | ⟷ | 결석할지도 몰라요. |

| い형용사 | はや
速いかも　しれません。 | ⟷ | 빠를지도 몰라요. |

| な형용사 | ゆうめい
有名かも　しれません。 | ⟷ | 유명할지도 몰라요. |

| 명사 | まんせき
満席かも　しれません。 | ⟷ | 만석일지도 몰라요. |

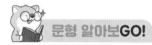 **문형 알아보GO!**

1. 「~かも　しれない」~할지도 모른다

「~かも　しれない」는 '~할지도 모른다'의 의미로 말하는 사람이 어떤 일에 대해 그럴 가능성이 있다고 추측할 때 쓰는 표현입니다. 의문문으로는 사용하지 않으며 동사·い형용사·명사는 기본형 뒤에 접속하며, な형용사는 어미 だ를 떼고 「~かも しれない」를 붙입니다. 정중형은 「~かも　しれません」으로 '~할지도 몰라요'의 의미를 나타내며 「~かも　しれないです」로 바꾸어 사용할 수 있습니다.

さんか
参加するかも　しれません。참가할지도 몰라요.

たいくつ
退屈かも　しれません。지루할지도 몰라요.

(단어)

けっせき
欠席する 결석하다 | ~かも　しれない ~할지도 모른다 | はや
速い (속도가) 빠르다 | まんせき
満席 만석 | さんか
参加する 참가하다

 표현 연습하GO!

🎧 듣고 따라 말해보세요. ✔ 2 3 4 5

 말하기트레이닝23-03 (Track 23-06)

1

[동사] 道が 混んでいるので 遅れるかも しれません。

길이 막혀서 늦을지도 몰라요.

2

[동사] 面接に 合格するかも しれません。

면접에 합격할지도 몰라요.

3

[い형용사] 待ち時間が 長いかも しれません。

대기 시간이 길지도 몰라요.

4

[な형용사] この 仕事は 思ったより 簡単かも しれません。

이 일은 생각보다 간단할지도 몰라요.

5

[명사] 今日は 定休日かも しれません。

오늘은 정기 휴일일지도 몰라요.

단어

混む (길이) 막히다, 붐비다 | 待ち時間 대기 시간 | 思う 생각하다 | 定休日 정기 휴일

 문형 4

_____ 하는 편이 좋아요.

동사 た형 方_{ほう}が いいです。

Track 23-07

寝_ねた方_{ほう}が いいです。　　　　　●—● 자는 편이 좋아요.

飲_のんだ方_{ほう}が いいですよ。　　　●—● 마시는 편이 좋아요.

復習_{ふくしゅう}した方_{ほう}が いいですよ。　●—● 복습하는 편이 좋아요.

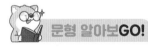 문형 알아보GO!

1. 「た형 + ~方_{ほう}が いい」 ~하는 편이 좋다

동사 た형에 「~方が いい」를 붙이면 ~하는 편이 좋다, ~하는 것이 좋다'라는 의미로 비교적 강하게 조언하거나 권유할 때 쓰는 표현입니다. 정중형은 「~方が いいです」이며 '~하는 편이 좋아요'라는 의미를 나타냅니다. 또한 문장 끝에 「よ」와 같은 종조사를 붙여 조언의 의미를 강조하는 경우도 많습니다.

止_やめた方_{ほう}が いいです。그만하는 편이 좋아요.

気_きをつけた方_{ほう}が いいですよ。조심하는 편이 좋아요.

단어

~方_{ほう}が いい ~하는 편이 좋다 | 止_やめる 그만하다, 멈추다 | 気_きをつける 조심하다, 주의하다

🎧 듣고 따라 말해보세요. ✔ ② ③ ④ ⑤

말하기트레이닝 23-04 Track 23-08

1

旅行の 時は スニーカーを 履いた方が いいです。

여행할 때는 운동화를 신는 편이 좋아요.

2

映画館では 携帯電話の 電源を 切った方が いいです。

영화관에서는 휴대 전화의 전원을 끄는 편이 좋아요.

3

もっと 栄養を たくさん 取った方が いいですよ。

더 영양을 많이 섭취하는 편이 좋아요.

4

水を たくさん 飲んだ方が いいですよ。

물을 많이 마시는 편이 좋아요.

5

出前を とった方が いいです。

배달을 시키는 편이 좋아요.

단어

時 ~때 | 映画館 영화관 | 携帯電話 휴대 전화 | 電源 전원 | 切る (전원을) 끄다 | 栄養 영양 | 取る 섭취하다 |
出前を とる 배달을 시키다

Track 23-09 Track 23-10
천천히   보통

사쿠라

ミノさん、渋谷スカイまで どうやって 行きましょうか。

이민호

あ、私も 行き方が 分かりませんので、

❶ナビで 調べてから、行きましょう。

-내비게이션 검색 후-

사쿠라

あ…… この ❷ルートで 行ったら どうですか。

이민호

そうですね。でも、夕方ですので バスは 道が 混むかも

しれませんね。

사쿠라

それなら、地下鉄に 乗った方が いいですよ。

이민호

はい、それが いいですね。

사쿠라

地下鉄で 何駅❸ぐらいですか。

이민호

ここから、七駅ですね。

해석해 보GO!

Track 23-11
한국어>일본어

사쿠라 　민호 씨, 시부야 스카이까지 어떻게 갈까요?

이민호 　아, 저도 가는 방법을 모르기 때문에
　　　　내비게이션으로 검색하고 나서 가요.

　　　　–내비게이션 검색 후–

사쿠라 　아, 이 루트로 가면 어때요?

이민호 　그렇네요. 하지만 저녁때라 버스는 길이 막힐지도 모르겠네요.

사쿠라 　그렇다면, 지하철을 타는 편이 좋겠어요.

이민호 　네, 그게 좋겠어요.

사쿠라 　지하철로 몇 정거장 정도예요?

이민호 　여기에서 일곱 정거장이에요.

╋더알아보GO!

❶ 「ナビ」 내비게이션

「ナビ」는 「ナビゲーション」의 줄임말로 '내비게이션'이라는 뜻이며, '자동차 내비게이션'만을 가리킬 때에는 「カーナビ」라고 합니다.

❷ 「ルート」 루트, 경로

「ルート」는 '루트, 경로'라는 뜻으로 「経路(けいろ)」라는 표현도 있지만 일본어에서는 주로 외래어인 「ルート」를 자주 사용합니다.

❸ ぐらい ~정도, ~쯤

「ぐらい」는 '~정도, ~쯤'이라는 뜻으로 대략적인 수량이나 정도 등을 나타낼 때 쓰는 표현이며, 「くらい」와 혼용해서 사용 가능합니다.

단어

渋谷(しぶや)スカイ 시부야 스카이[일본의 관광 명소] ｜ ナビ 내비게이션 ｜ ルート 루트, 경로 ｜ 夕方(ゆうがた) 저녁때, 해질녘 ｜ それなら 그렇다면 ｜ 何駅(なんえき) 몇 정거장 ｜ ぐらい ~정도, ~쯤

전화로 예약하지 않으면 안 되겠네요.

電話で 予約しなければ なりませんよね。

전화로 예약하지 않으면
안 되겠네요.
**電話で 予約しなければ
なりませんよね。**

예약은 제가 인터넷으로 할게요.
予約は、私が ネットで します。

배울 내용 미리 확인하GO!

미리 보GO 1 요즘 그녀와는 연락하지 않아요.

最近、彼女とは 連絡しないです。

미리 보GO 2 전화로 예약하지 않으면 안 되겠네요.

電話で 予約しなければ なりませんよね。

미리 보GO 3 전화하지 않아도 돼요.

電話しなくても いいですよ。

미리 보GO 4 약속 시간에 늦지 말아 주세요.

約束の 時間に 遅れないで くださいね。

오늘은 동작의 부정을 나타내는 동사 ない형과 의무, 허용(허가), 금지를 나타내는 표현을 배워보려고 합니다.

이 표현들을 배우고 나면 '오늘은 학교에 가지 않아요'와 같은 ない형의 부정 표현을 말할 수 있고,

'다이어트하지 않으면 안 돼요', '서두르지 않아도 돼요'와 같은 의무나 허용(허가) 표현을 말할 수 있게 됩니다.

또한 '떠들지 마세요'와 같은 금지 표현도 유창하게 말할 수 있습니다.

그러면 동사의 ない형에 대해 한번 알아볼까요?

_____ 하지 않아요.

동사 ない형 ないです。

Track 24-01

1그룹	飲まないです。(=飲みません)	○──○	마시지 않아요.

2그룹	食べないです。(=食べません)	○──○	먹지 않아요.

3그룹	誰も 来ないです。(=来ません)	○──○	아무도 오지 않아요.

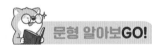 문형 알아보GO!

1. 「~ない」~하지 않다, ~하지 않는다

동사의 ない형은 '~하지 않다, ~하지 않는다'라는 뜻으로 어떤 행동이나 동작을 하지 않는다는 부정의 의미를 나타내는 표현입니다. 정중한 부정 표현은 「~ないです」, 「~ません」이라고 하며 '~하지 않아요'라는 의미를 나타냅니다.

	기본형	ない형(부정형)	ないです(정중형)
1그룹	어미 「う단」을 「あ단」으로 바꾸고 「ない」를 붙입니다. 단 「う」로 끝나면 「あない」가 아니라 「わない」가 됩니다.		
	会う 만나다 遊ぶ 놀다	会わない 만나지 않다 遊ばない 놀지 않다	会わないです 만나지 않아요 遊ばないです 놀지 않아요
2그룹	어미 「る」를 떼고 「ない」를 붙입니다.		
	見る 보다	見ない 보지 않다	見ないです 보지 않아요
3그룹	「来る 오다」, 「する 하다」는 불규칙 동사이므로 있는 그대로 외우면 됩니다.		
	来る 오다 する 하다	来ない 오지 않다 しない 하지 않다	来ないです 오지 않아요 しないです 하지 않아요

단어

~ない ~하지 않다, ~하지 않는다

표현 연습하GO!

 Track 24-02

🎧 듣고 따라 말해보세요. ✔ 2 3 4 5

1

1그룹

きょう　がっこう　い
今日は　学校に　行かないです。

오늘은 학교에 가지 않아요.

2

1그룹

せんせい　でん わ ばんごう　し
先生の　電話番号を　知りません。

선생님의 전화번호를 몰라요.

3

2그룹

かのじょ　　　　　　　　　　み
彼女は　あまり　テレビを　見ないです。

그녀는 별로 TV를 보지 않아요.

Tip '별로'라는 의미인「あまり」뒤에「~ないです」를 접속하면 '별로 ~하지 않아요'라는 의미로 상황의 정도나 빈도가 높지 않음을 나타냅니다.

4

2그룹

しゅうまつ　あさはや　お
週末は　朝早く　起きません。

주말은 아침 일찍 일어나지 않아요.

5

3그룹

さいきん　かのじょ　　　　れんらく
最近、彼女とは　連絡しないです。

요즘 그녀와는 연락하지 않아요.

단어

し
知る 알다

_____ 하지 않으면 안 돼요.

동사 ない형 なければ　なりません。

Track 24-03

返(かえ)さなければ　なりません。 ○──○ 반납하지 않으면 안 돼요.
(반납해야 해요.)

掃除(そうじ)しなければ　なりません。 ○──○ 청소하지 않으면 안 돼요.
(청소해야 해요.)

ダイエットしなければ　なりません。 ○──○ 다이어트하지 않으면 안 돼요.
(다이어트해야 해요.)

 문형 알아보GO!

1. 「~なければ ならない」~하지 않으면 안 된다, ~해야 한다

동사 ない형에 「~なければ ならない」를 붙이면 '~하지 않으면 안 된다', '~해야 한다'라는 뜻으로 어떠한 일을 당연히 해야
할 때 쓰는 표현입니다. 동사 ない형에 「~なければ なりません」을 붙이면 '~하지 않으면 안 돼요', '~해야 해요'라는 뜻의 정
중형이 됩니다. 문장 끝에 「か」를 붙이면 '~해야 해요?'라는 뜻의 의문문이 됩니다.

急(いそ)がなければ　なりません。 서두르지 않으면 안 돼요(서둘러야 해요).
発表(はっぴょう)しなければ　なりませんか。 발표해야 해요?

단어

返(かえ)す 반납하다, 돌려주다 | ~なければ ならない ~하지 않으면 안 된다, ~해야 한다 | 発表(はっぴょう)する 발표하다

🎧 듣고 따라 말해보세요. ✔ ② ③ ④ ⑤

말하기트레이닝 24-02　Track 24-04

1

ここで　靴を　脱がなければ　なりません。

여기서 신발을 벗지 않으면 안 돼요(여기서 신발을 벗어야 해요).

2

野菜を　食べなければ　なりません。

채소를 먹지 않으면 안 돼요(채소를 먹어야 해요).

3

パスポートを　更新しなければ　なりません。

여권을 갱신하지 않으면 안 돼요(여권을 갱신해야 해요).

4

11時までに　チェックアウトしなければ　なりません。

11시까지 체크아웃하지 않으면 안 돼요(11시까지 체크아웃해야 해요).

5

いつまでに　書類を　出さなければ　なりませんか。

언제까지 서류를 내지 않으면 안 돼요?(언제까지 서류를 내야 돼요?)

단어

更新 갱신 ｜ チェックアウトする 체크아웃하다 ｜ 出す 내다

_____ 하지 않아도 돼요.

동사 ない형 **なくても　いいです。**

Track 24-05

いそ
急がなくても　いいです。　◦───◦　서두르지 않아도 돼요.

の　か
乗り換えなくても　いいです。　◦───◦　갈아타지 않아도 돼요.

しゅっぱつ
出発しなくても　いいですよ。　◦───◦　출발하지 않아도 돼요.

1. 「~なくても いい」 ~하지 않아도 된다

동사 ない형에 「~なくても いい」를 붙이면 '~하지 않아도 된다'라는 뜻으로 어떤 일이나 행동을 할 필요가 없을 때 쓰는 표현입니다. 동사 ない형에 「~なくても いいです」를 붙이면 '~하지 않아도 돼요'라는 뜻의 정중형이 됩니다. 또한 강조하고 싶을 때는 문장 끝에 「よ」를 붙여서 사용하면 됩니다.

よ
呼ばなくても　いいです。부르지 않아도 돼요.

こ
来なくても　いいですよ。오지 않아도 돼요.

단어

~なくても いい ~하지 않아도 된다 ｜ の　か
乗り換える 갈아타다, 환승하다

표현 연습하GO! 🎤

🎧 듣고 따라 말해보세요. ✔ 2 3 4 5

말하기트레이닝24-03 | Track 24-06

1

メールを 送^{おく}らなくても いいですよ。

(이)메일을 보내지 않아도 돼요.

2

電話^{でんわ}に 出^でなくても いいです。

전화를 받지 않아도 돼요.

3

免許証^{めんきょしょう}を 持^もってこなくても いいです。

면허증을 가지고 오지 않아도 돼요.

4

あまり 緊張^{きんちょう}しなくても いいです。

별로 긴장하지 않아도 돼요.

5

安全^{あんぜん}な ところですから 心配^{しんぱい}しなくても いいですよ。

안전한 곳이니까 걱정하지 않아도 돼요.

(단어)

出^でる (전화를) 받다 | 免許証^{めんきょしょう} 면허증 | 緊張^{きんちょう}する 긴장하다

 문형 4

_____ 하지 마세요.

동사 ない형 **ないで ください。**

Track 24-07

<ruby>言<rt>い</rt></ruby>わないで ください。	⇄	말하지 마세요.
<ruby>入<rt>はい</rt></ruby>らないで ください。	⇄	들어가지 마세요.
<ruby>騒<rt>さわ</rt></ruby>がないで くださいね。	⇄	떠들지 말아주세요.

 **문형 알아보GO!**

1. 「~ないで ください」 ~하지 마세요

동사 ない형에 「~ないで ください」를 붙이면 '~하지 마세요'라는 뜻으로 어떤 동작이나 행동에 대한 금지 표현을 나타낼 때 쓰는 표현입니다. 또한 문장 끝에 「ね」를 붙이면 '~하지 말아 주세요'라는 뜻으로 조금 완곡한 표현이 됩니다.

<ruby>押<rt>お</rt></ruby>さないで ください。 누르지 마세요.

<ruby>無理<rt>む り</rt></ruby>しないで くださいね。 무리하지 말아 주세요.

(단어)
━━━━━━━━━━━━━━━━━━━━━━━━━━━━━━━━━━━━━━━

~ないで ください ~하지 마세요 | <ruby>押<rt>お</rt></ruby>す 누르다 | <ruby>無理<rt>む り</rt></ruby>する 무리하다

듣고 따라 말해보세요. ✔ 2 3 4 5

말하기트레이닝24-04 Track 24-08

1

部屋の 電気を 消さないで ください。

방의 불을 끄지 마세요.

2

公演中は 席から 立たないで ください。

공연 중에는 자리에서 일어나지 마세요.

3

車を 止めないで ください。

차를 세우지 마세요.

4

どこにでも ゴミを 捨てないで ください。

아무데나 쓰레기를 버리지 마세요.

5

ここに 手を 触れないで くださいね。

여기에 손을 대지 말아 주세요.

단어

消す (스위치를) 끄다 ㅣ 席 자리, 좌석 ㅣ 立つ 일어나다, 일어서다 ㅣ 触れる 대다, 건드리다, 만지다

Track 24-09 천천히　Track 24-10 보통

이민호
今週末、この前　ブログで　見た　食堂に　行きませんか。

사쿠라
❶えぇ、いいですね。楽しみです。

이민호
週末は、人が　多いですよね。

사쿠라
あ、たぶん……　いつも　並んでいると　聞きました。

이민호
じゃあ、電話で　予約しなければ　なりませんよね。

사쿠라
いいえ。予約は、私が　ネットで　するので、
電話しなくても　いいですよ。

이민호
あ、❷そうなんですね。じゃあ、約束の　時間に　遅れないで
くださいね。

사쿠라
はい。心配しないで　ください。

해석해 보GO!

Track 24-11

한국어>일본어

이민호　이번 주말, 이전에 블로그에서 본 식당에 가지 않을래요?

사쿠라　네, 좋아요. 기대되네요.

이민호　주말에는 사람이 많겠죠?

사쿠라　아, 아마도…… 항상 줄 서 있다고 들었어요.

이민호　그럼 전화로 예약하지 않으면 안 되겠네요.

사쿠라　아니요. 예약은 제가 인터넷으로 할 테니 전화하지 않아도 돼요.

이민호　아, 그렇군요. 그럼 약속 시간에 늦지 말아 주세요.

사쿠라　네, 걱정하지 마세요.

+ 더 알아보GO!

❶ 「ええ」네, 어어

「ええ」는 '네, 어어'와 같은 의미로 상대방의 말에 동의를 나타내는 표현입니다.

❷ 「そうなんですね」그렇군요

「そうなんですね」는 '그렇군요'라는 의미로 「そうですね」보다 좀 더 강조하고 싶을 때 사용하는 말입니다. 몰랐던 사실을 알게 되었거나 놀랐을 때 또는 상대방의 말에 공감할 때 회화에서 자주 사용하는 표현입니다.

단어

この前 이전에, 요전에 | ブログ 블로그 | ええ 네, 어어[동의를 나타내는 대답] | たぶん 아마도 | 並ぶ 줄을 서다

중국어를 말하는 것이 가능한가요?

<ruby>中国語<rt>ちゅうごく ご</rt></ruby>を <ruby>話<rt>はな</rt></ruby>すことが できますか。

조금 말할 수 있어요.
<ruby>少<rt>すこ</rt></ruby>し <ruby>話<rt>はな</rt></ruby>すことが できます。

중국어를 말하는 것이 가능한가요?
<ruby>中国語<rt>ちゅうごく ご</rt></ruby>を <ruby>話<rt>はな</rt></ruby>すことが できますか。

鍛練

배울 내용 미리 확인하GO!

미리 보GO 1 중국어를 말하는 것이 가능한가요?

中国語を　話すことが　できますか。

미리 보GO 2 아, 쓰는 것은 할 수 없지만 조금 읽을 수 있어요.

あ……　書くことは　できませんが、少し　読めます。

미리 보GO 3 이 한자도 읽을 수 있어요?

この　漢字も　読めますか。

미리 보GO 4 이 책은 일주일간 빌릴 수 있어요.

この 本は、一週間　借りられます。

오늘은 동사의 가능과 불가능 표현, 그리고 동사의 가능형에 대해 학습하려고 합니다.

이 표현들을 배우고 나면 다양한 가능, 불가능 표현을 사용하여 '운전할 수 있어요', '쉴 수 없어요' 등과 같이

어떠한 일의 능력이나 가능성에 대해 말해 볼 수 있습니다.

 문형1

_____ 할 수 있어요, 하는 것이 가능해요.

동사 기본형 ことが　できます。

Track 25-01

^よ読むことが　できます。	읽을 수 있어요. (읽는 것이 가능해요.)
^{うんてん}運転することが　できます。	운전할 수 있어요. (운전하는 것이 가능해요.)
^{つか}使うことが　できますか。	사용할 수 있나요? (사용하는 것이 가능해요?)

 문형 알아보GO!

1. 「~ことが できる」~할 수 있다, ~하는 것이 가능하다

동사 기본형에 「~ことが できる」를 붙이면 '~할 수 있다, ~하는 것이 가능하다'의 의미로 어떤 일이 가능함을 나타낼 때 쓰는 표현입니다. 동사 기본형에 「~ことが できます」를 붙이면 '~할 수 있어요', '~하는 것이 가능해요'라는 정중한 표현이 됩니다.

^か書くことが　できます。 쓸 수 있어요(쓰는 것이 가능해요).

^{えんちょう}延長することが　できます。 연장할 수 있어요(연장하는 것이 가능해요).

단어

~ことが できる ~할 수 있다, ~하는 것이 가능하다 | ^{えんちょう}延長する 연장하다

🎧 듣고 따라 말해보세요. ✔ 2 3 4 5

1

私は　絵を　描くことが　できます。

저는 그림을 그릴 수 있어요.

2

私は　日本の　料理を　作ることが　できます。

저는 일본 요리를 만들 수 있어요.

3

彼女は　ダイビングを　することが　できます。

그녀는 다이빙을 할 수 있어요.

4

あなたは　ピアノを　弾くことが　できますか。

당신은 피아노를 칠 수 있나요?

5

カフェで　パソコンを　使うことが　できますか。

카페에서 컴퓨터를 사용할 수 있나요?

단어

ダイビング 다이빙 ｜ 弾く (피아노를) 치다, (악기를) 연주하다

 문형 다지GO!

 문형 2

_____ 할 수 없어요, 하는 것이 불가능해요.

동사 기본형 ことが　できません。

Track 25-03

休むことが　できません。
⟷ 쉴 수 없어요.
(쉬는 것이 불가능해요.)

食べることが　できません。
⟷ 먹을 수 없어요.
(먹는 것이 불가능해요.)

利用することが　できませんか。
⟷ 이용할 수 없나요?
(이용하는 것이 불가능해요?)

 문형 알아보GO!

1. 「~ことが できない」 ~할 수 없다, ~하는 것이 불가능하다

동사 기본형에 「~ことが できない」를 붙이면 '~할 수 없다, ~하는 것이 불가능하다'라는 뜻을 나타냅니다. 정중형으로 쓰일 때는 「ない」를 없애고 「~ません」을 붙여 '~할 수 없어요, ~하는 것이 불가능해요'라는 의미를 나타냅니다. 이때 조사 「が」는 「は」, 「も」 등으로 바꿔서 사용하기도 합니다.

教えることが　できません。 가르칠 수 없어요(가르치는 것이 불가능해요).

変更することは　できません。 변경할 수는 없어요(변경하는 것은 불가능해요).

단어

~ことが できない ~할 수 없다, ~하는 것이 불가능하다 ㅣ 利用する 이용하다

🎧 듣고 따라 말해보세요. ✔ 2 3 4 5

말하기 트레이닝 25-02 Track 25-04

1

あさはや お
朝早く 起きることが できません。

아침 일찍 일어날 수 없어요.

2

かのじょ うそ
彼女に 嘘を つくことは できません。

그녀에게 거짓말을 할 수는 없어요.

3

かれ れんらく
もう 彼に 連絡することも できません。

이제 그에게 연락할 수도 없어요.

4

いそが み
忙しくて テレビを 見ることも できません。

바빠서 TV를 볼 수도 없어요.

5

よ やく
予約を キャンセルすることは できませんか。

예약을 취소할 수는 없나요?

─── 단어 ───

うそ
嘘を つく 거짓말을 하다 │ もう 이제, 이미 │ キャンセル 취소

문형 3

_____ 할 수 있어요.

1그룹/예외 1그룹 동사 가능형 ます。

Track 25-05

1그룹 待てます。 ⟷ 기다릴 수 있어요.

예외 1그룹 帰れますか。 ⟷ 돌아갈 수 있나요?

문형 알아보GO!

1. 1그룹/예외 1그룹 동사의 가능형

1그룹/예외 1그룹 동사의 가능형은 '~할 수 있다'라는 뜻으로 어떤 일에 대한 능력이나 그 일을 할 수 있는 가능성을 나타낼 때 쓰는 표현입니다. 또한 1그룹/예외 1그룹 동사 가능형에 「~ます」, 「~ません」을 붙이면 '~할 수 있어요', '~할 수 없어요'라는 뜻의 정중 표현이 되며, 문장 끝에 「か」를 붙이면 의문문이 됩니다. 이때 조사가 '을(를)'로 해석되더라도 조사 「を」가 아닌 「が」를 사용해야 합니다.

土曜日に 会えます。토요일에 만날 수 있어요.

漢字が 読めます。한자를 읽을 수 있어요.

	기본형	가능형	기본형	가능형
	어미를 「え단」으로 바꾸고 「る」를 붙입니다.			
1그룹	会う 만나다	会える 만날 수 있다	歩く 걷다	歩ける 걸을 수 있다
	脱ぐ 벗다	脱げる 벗을 수 있다	待つ 기다리다	待てる 기다릴 수 있다
	学ぶ 배우다	学べる 배울 수 있다	乗る 타다	乗れる 탈 수 있다
예외 1그룹	어미를 「え단」으로 바꾸고 「る」를 붙입니다.(1그룹과 동일)			
	走る 달리다	走れる 달릴 수 있다	切る 자르다	切れる 자를 수 있다
	帰る 돌아가다, 돌아오다	帰れる 돌아갈 수 있다, 돌아올 수 있다		

2. 1그룹/예외 1그룹 동사의 과거 가능 표현

1그룹/예외 1그룹 동사의 가능형에 「~ました」를 붙이면 '~할 수 있었어요'라는 과거의 의미를 나타내고, 「~ませんでした」를 붙이면 '~할 수 없었어요'라는 과거 부정의 의미를 나타냅니다.

頂上まで 登れませんでした。정상까지 올라갈 수 없었어요.

단어 読める 읽을 수 있다 |
頂上 정상

🎧 듣고 따라 말해보세요. ✔ ② ③ ④ ⑤

말하기트레이닝25-03　Track 25-06

1

1그룹 私は　スクーターに　乗れます。
わたし　　　　　　　　　　　の

저는 스쿠터를 탈 수 있어요.

2

1그룹 昨日は、ゆっくり　休めました。
きのう　　　　　　　　　やす

어제는 푹 쉴 수 있었어요.

3

1그룹 もう少し　急げますか。
　　　　すこ　　いそ

조금만 더 서두를 수 있나요?

4

1그룹 昨日は、忙しくて　彼女に　会えませんでした。
きのう　　いそが　　　かのじょ　　あ

어제는 바빠서 여자 친구를 만날 수 없었어요.

Tip 「彼女」는 '그녀'라는 뜻 외에도 '여자 친구'라는 뜻으로도 쓰입니다.
　　かのじょ

5

예외1그룹 仕事が　全部　終わって　もう　家に　帰れます。
　　　　しごと　ぜんぶ　お　　　　　いえ　かえ

일이 다 끝나서 이제 집에 돌아갈 수 있어요.

단어

スクーター 스쿠터 ｜ 彼女 여자 친구
　　　　　　　　かのじょ

 문형 4

_____ 할 수 있어요.

2그룹/3그룹 동사 가능형 ます。

Track 25-07

2그룹 答えられます。 — 대답할 수 있어요.

3그룹 来られますか。 — 올 수 있나요?

 문형 알아보GO!

1. 2그룹/3그룹 동사의 가능형

2그룹 동사의 가능형은 어미 「る」를 떼고 「られる」를 붙이며, 3그룹 동사의 가능형은 「来る」와 「する」 두 가지 형태만 외우면 됩니다. 2그룹/3그룹 동사의 가능형에 「~ます」, 「~ません」을 붙이면 '~할 수 있어요', '~할 수 없어요'라는 뜻의 정중 표현이 되며, 문장 끝에 「か」 붙이면 의문문이 됩니다. 이때 조사가 '을(를)'로 해석되더라도 조사 「を」가 아닌 「が」를 사용해야 합니다.

ホラー映画が 見られますか。호러 영화를 볼 수 있나요?

	기본형	가능형	기본형	가능형
	어미 「る」를 떼고 「られる」를 붙입니다.			
2그룹	見る 보다	見られる 볼 수 있다	起きる 일어나다	起きられる 일어날 수 있다
	着る 입다	着られる 입을 수 있다	借りる 빌리다	借りられる 빌릴 수 있다
	食べる 먹다	食べられる 먹을 수 있다	教える 가르치다	教えられる 가르칠 수 있다
	考える 생각하다	考えられる 생각할 수 있다	寝る 자다	寝られる 잘 수 있다
	答える 대답하다	答えられる 대답할 수 있다	捨てる 버리다	捨てられる 버릴 수 있다
3그룹	두 가지만 외우면 됩니다.			
	来る 오다	来られる 올 수 있다	する 하다	できる 할 수 있다

단어

答える 대답하다

 **표현 연습하GO!**

🎧 듣고 따라 말해보세요. ✔ ② ③ ④ ⑤

말하기트레이닝 25-04 Track 25-08

1

2그룹 この 本は、一週間 借りられます。

이 책은 일주일간 빌릴 수 있어요.

2

2그룹 彼女は 辛い物が 食べられません。

그녀는 매운 것을 먹을 수 없어요.

3

2그룹 荷物は 何キロまで 預けられますか。

짐은 몇 킬로그램까지 맡길 수 있나요?

4

3그룹 私は、車の 運転が できません。

저는 자동차 운전을 할 수 없어요.

> Tip 「運転が できません。」은 「運転する ことが できません。운전할 수 없어요」로 바꾸어 말할 수 있습니다.

5

3그룹 これを 他の物に 交換できますか。

이것을 다른 걸로 교환할 수 있나요?

단어

一週間 일주일간 | 借りる 빌리다 | 辛い物 매운 것 | キロ 킬로그램 | 預ける (짐을) 맡기다 | 他の物 다른 것

Track 25-09 Track 25-10
천천히 　　보통

사쿠라: ミノさん、中国語を　話すことが　できますか。

이민호: はい、少し　話すことが　できます。

사쿠라: じゃあ、中国語❶で　書くことも　できますか。

이민호: あ……　書くことは　できませんが、少し　読めます。

사쿠라: ❷よかった。じゃあ、この　漢字も　読めますか。

이민호: あ、はい、少しだけ　読めますよ。

사쿠라: わぁ、すごいですね。❸今度、中国語　教えて　ください。

이민호: あ、はい。いいですよ。

Track 25-11
한국어>일본어

사쿠라　민호 씨, 중국어를 말하는 것이 가능한가요?

이민호　네, 조금 말할 수 있어요.

사쿠라　그러면 중국어로 쓰는 것도 가능한가요?

이민호　아, 쓰는 것은 할 수 없지만 조금 읽을 수 있어요.

사쿠라　다행이네요. 그러면 이 한자도 읽을 수 있어요?

이민호　아, 네. 조금만 읽을 수 있어요.

사쿠라　와, 대단하네요! 다음에 중국어 가르쳐 주세요.

이민호　아, 네. 좋아요.

➕ 더 알아보GO!

❶ 「で」~(으)로

「で」는 여기에서 '~(으)로'라는 뜻으로 쓰였으며, 명사에 접속하여 수단이나 방법을 나타냅니다.

❷ 「よかった」다행이네요

「よかった」는 い형용사 「いい・よい」의 과거 표현으로 '좋았어요'와 같은 의미이지만, 회화에서는 '다행이네요'라는 의미로 사용하는 경우도 많습니다.

❸ 「今度」이번, 다음

「今度」는 '이번, 다음'이라는 두 가지 의미로 쓰이는데, '다음'이라는 의미로 쓰일 경우 '가까운 시일'이라는 의미를 나타냅니다.

단어

中国語 중국어 ｜ よかった 다행이다, 잘됐다 ｜ ~だけ ~만, ~뿐 ｜ わぁ 와, 우와[놀라거나 감동했을 때 쓰임] ｜ すごい 대단하다, 굉장하다

Day 26

영어 회화 학원에 다니게
되었어요.

えいかいわきょうしつ かよ
英会話教室に 通う

ように なりました。

英語塾
英会話

제가 다니고 있는 학원에
와 보지 않을래요?
わたし かよ
私が 通って いる
きょうしつ き
教室に 来てみませんか。

아, 그게 좋겠네요.
ええ、それいいですね。

배울 내용 미리 확인하GO!

미리 보GO 1 영어 회화 학원에 다니게 되었어요.

英会話教室に 通う ように なりました。

미리 보GO 2 저도 매일 공부하려고 하고 있는데요…….

私も 毎日 勉強する ように して いるんですけど……。

미리 보GO 3 조금씩 늘었어요.

少しずつ 上手に なりました。

미리 보GO 4 영어 공부가 더 즐거워질 거예요.

英語の 勉強が もっと 楽しく なりますよ。

오늘은 '~할 수 있게 되다', '~하도록 하다', '~하게 되다'와 같은
상황이나 능력의 변화와 의지를 나타내는 표현을 배우려고 합니다.
이 표현들을 배우고 나면 '혼자서 자전거를 탈 수 있게 되었어요', '운동을 시작하고 나서 몸이 튼튼해졌어요'처럼
변화를 나타내는 표현을 말할 수 있고, '채소를 많이 먹도록 해요', '자기 전에 꼭 스트레칭하도록 하고 있어요'와 같은
노력을 나타내는 표현도 말할 수 있게 됩니다.

_____ 하게 되었어요, ~할 수 있게 되었어요.

동사 기본형/가능형 ように なりました。

Track 26-01

料理(りょうり)する ように なりました。 ⟷ 요리하게 되었어요.

習(なら)う ように なりました。 ⟷ 배우게 되었어요.

読(よ)める ように なりました。 ⟷ 읽을 수 있게 되었어요.

 문형 알아보GO!

1. 「동사 기본형/가능형 + ように なる」~하게 되다, ~할 수 있게 되다

동사 기본형/가능형에 「~ように なる」는 '~하게 되다, ~할 수 있게 되다'라는 뜻으로 예전에는 하지 않았던 것을 하게 되어 자연스럽게 상태가 변화했다는 뉘앙스를 나타내거나 예전에 불가능했던 일이 지금은 가능하게 되었다는 발전의 의미를 나타낼 때 사용합니다. 일반적으로 과거형으로 많이 쓰이며 동사 기본형/가능형 뒤에 「~ように なりました」를 붙여 '~하게 되었어요, ~할 수 있게 되었어요'라는 의미를 나타냅니다.

節約(せつやく)する ように なりました。 절약하게 되었어요. (동사 기본형)

泳(およ)げる ように なりました。 수영할 수 있게 되었어요. (동사 가능형)

단어

~ように なる ~하게 되다, ~할 수 있게 되다 | 節約(せつやく)する 절약하다

 표현 연습하GO!

🎧 듣고 따라 말해보세요. ✔ 2 3 4 5

1

さいきん はや お
最近 早起きする ように なりました。

요즘 일찍 일어나게 되었어요.

2

まいにち なっとう た
毎日、納豆を 食べる ように なりました。

매일 낫토를 먹게 되었어요.

3

ひとり
一人で ドライブする ように なりました。

혼자서 드라이브하게 되었어요.

4

じまく み
字幕なしで ドラマを 見られる ように なりました。

자막 없이 드라마를 볼 수 있게 되었어요.

5

こんげつ よやく
今月から オンラインで 予約できる ように なりました。

이번 달부터 온라인으로 예약할 수 있게 되었어요.

단어

なっとう ひとり じまく こんげつ
納豆 낫토 | 一人で 혼자서 | ドライブする 드라이브하다 | 字幕 자막 | 今月 이번 달

 **문형** **다지GO!**

 문형 2

_____ 하도록 해요, 하게 해요.

동사 기본형 ように します。

Track 26-03

勉強(べんきょう)する ように します。 ○──○ 공부하도록 해요.

準備(じゅんび)する ように します。 ○──○ 준비하도록 해요.

貯金(ちょきん)する ように します。 ○──○ 저금하도록 해요.

 문형 알아보GO!

1.「동사 기본형 + ように する」~하도록 하다, ~하게 하다

동사 기본형에 「~ように する」를 붙이면 '~하도록 하다, ~하게 하다'라는 뜻으로 어떤 목적을 달성하기 위해 노력하겠다는 의지를 나타내거나 그 과정을 나타낼 때 쓰는 표현입니다. 「동사 기본형 + ように します」를 붙이면 '~하도록 해요'라는 의미인 정중형이 됩니다.

努力(どりょく)する ように します。 노력하도록 해요.

2.「동사 기본형 + ように して います」~하도록 하고 있어요

「~ように して います」는 '~하도록 하고 있어요'라는 뜻으로 습관적으로 노력한다는 뉘앙스를 나타냅니다.

練習(れんしゅう)する ように して います。 연습하도록 하고 있어요.

단어

~ように する ~하도록 하다, ~하게 하다 | 貯金(ちょきん)する 저금하다 | 努力(どりょく)する 노력하다 | 練習(れんしゅう)する 연습하다

말하기 트레이닝 26-02 | Track 26-04

1

野菜を たくさん 食べる ように します。
やさい   た

채소를 많이 먹도록 해요.

2

毎朝、30分ずつ 散歩する ように します。
まいあさ さんじゅっぷん   さんぽ

매일 아침 30분씩 산책하도록 해요.

3

健康の ために 早く 寝る ように して ください。
けんこう   はや ね

건강을 위해서 일찍 자도록 하세요.

4

一日の 計画を 立てる ように しています。
いちにち けいかく た

하루의 계획을 세우도록 하고 있어요.

5

寝る前に 必ず ストレッチする ように して います。
ね まえ   かなら

자기 전에 꼭 스트레칭하도록 하고 있어요.

단어

毎朝 매일 아침 | 健康 건강 | ~の ために ~을 위해서 | 一日 하루 | 計画 계획 | 立てる (계획을) 세우다 |
まいあさ   けんこう   いちにち けいかく た
ストレッチする 스트레칭하다

_____ 해졌어요, 하게 되었어요.

い형용사 い く なりました。

Track 26-05

難しく なりました。 ⟶ 어려워졌어요.

暖かく なりました。 ⟶ 따뜻해졌어요.

冷たく なりました。 ⟶ 차가워졌어요.

 문형 알아보GO!

1. 「い형용사 い + く なる」 ~해지다, ~하게 되다

い형용사 어미 「い」를 없애고 「~く なる」를 붙이면 '~해지다, ~하게 되다'라는 뜻으로 어떤 일에 대한 상태나 성질이 자연스럽게 변화한 것을 나타낼 때 사용합니다. 주로 과거형으로 많이 쓰이며 「~く なりました」를 붙이면 '~해 졌어요, ~하게 되었어요'라는 의미인 과거 정중형이 됩니다.

暗く なりました。 어두워졌어요.

涼しく なりました。 시원해졌어요.

단어

~く なる ~해지다, ~하게 되다

1

らいねん、としょかんが あたらしく なりますよ。
来年、図書館が 新しく なりますよ。

내년에 도서관이 새로워져요.

2

やちんが たかく なりました。
家賃が 高く なりました。

집세가 비싸졌어요.

3

かれは せが たかく なりました。
彼は 背が 高く なりました。

그는 키가 커졌어요.

4

からだの ちょうしが よく なりました。
体の 調子が よく なりました。

몸 상태가 좋아졌어요.

5

きんちょうして かおが あかく なりました。
緊張して 顔が 赤く なりました。

긴장해서 얼굴이 빨개졌어요.

(단어)

顔 얼굴
かお

_____ 해졌어요, 하게 되었어요.

な형용사 だ 에 なりました。

Track 26-07

静(しず)かに なりました。 ○──○ 조용해졌어요.

元気(げんき)に なりました。 ○──○ 건강해졌어요.

きれいに なりました。 ○──○ 예뻐졌어요.

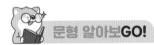

1. 「な형용사 だ + に なる」~해지다, ~하게 되다

な형용사에 어미 「だ」를 없애고 「~に なる」를 붙이면 '~해지다, ~하게 되다'라는 뜻으로 어떤 일에 대한 상태나 성질이 자연스럽게 변화한 것을 나타낼 때 사용합니다. 주로 과거형으로 많이 쓰이며 「~に なりました」를 붙이면 '~해 졌어요, ~하게 되었어요'라는 의미인 과거 정중형이 됩니다.

幸(しあわ)せに なりました。 행복해졌어요.
上手(じょうず)に なりました。 잘하게 되었어요.

<hr>

[단어]

~に なる ~해지다, ~하게 되다

🎧 듣고 따라 말해보세요. ✔ 2 3 4 5

 말하기트레이닝26-04 Track 26-08

1

わたし
私は　キムチが　大好きに　なりました。
だい す

저는 김치를 무척 좋아하게 되었어요.

2

かれ
彼は　ユーチューブで　有名に　なりました。
ゆうめい

그는 유튜브에서 유명해졌어요.

3

そう じ
掃除を　して、部屋が　きれいに　なりました。
へ や

청소를 해서 방이 깨끗해졌어요.

4

うんどう　　　　はじ　　　　　　　　からだ　　じょう ぶ
運動を　始めてから、体が　丈夫に　なりました。

운동을 시작하고 나서 몸이 튼튼해졌어요.

5

むかし　　　しず　　　　　　　　　いま　　にぎ
昔は　静かでしたけど、今は　賑やかに　なりました。

옛날에는 조용했지만 지금은 번화해졌어요.

(단어)

キムチ 김치 ┃ じょう ぶ
丈夫だ 튼튼하다 ┃ むかし
昔 옛날

Track 26-09 천천히 　Track 26-10 보통

이민호: さくらさんは　英語(えいご)も　話(はな)せる❶んですか。

사쿠라: えぇ、少(すこ)しだけですけど。

이민호: へぇ、すごい。一人(ひとり)で　勉強(べんきょう)して　いるんですか。

사쿠라: いいえ、3(さん)か月前(げつまえ)から　英会話教室(えいかいわきょうしつ)に　通(かよ)う　ように　なりました。

이민호: へぇ。私(わたし)も　毎日(まいにち)　勉強(べんきょう)する　ように　して　いるんですけど、なかなか　難(むずか)しいですね。

사쿠라: 私(わたし)も、英会話教室(えいかいわきょうしつ)に　通(かよ)ってから　少(すこ)しずつ　上手(じょうず)に　なりました。今度(こんど)、私(わたし)が　通(かよ)って　いる　教室(きょうしつ)に　来(き)てみませんか。

이민호: えぇ、それいいですね。でも、付(つ)いて　いける❷かなぁ……。

사쿠라: 大丈夫(だいじょうぶ)ですよ。英語(えいご)の　勉強(べんきょう)が　もっと　楽(たの)しく　なりますよ。

해석해 보GO!

한국어>일본어

이민호   사쿠라 씨는 영어도 할 줄 아나요?

사쿠라   네, 조금이지만요.

이민호   우와, 굉장해요. 혼자서 공부하고 있는 거예요?

사쿠라   아뇨, 3개월 전부터 영어 회화 학원에 다니게 되었어요.

이민호   아하. 저도 매일 공부하도록 하고 있는데, 꽤 어렵네요.

사쿠라   저도 영어 회화 학원에 다니고 나서 조금씩 늘었어요.
            이번에 제가 다니고 있는 학원에 와 보지 않을래요?

이민호   아, 그게 좋겠네요. 하지만 따라갈 수 있으려나…….

사쿠라   괜찮아요. 영어 공부가 더 즐거워질 거예요.

+ 더 알아보GO!

❶ 「~んですか」 ~인 거예요?

「~んですか」는 '~인 거예요?'라는 뜻으로 어떤 정보를 확인하거나 이유를 물을 때 사용합니다.

いつ 日本(にほん)に 行(い)くんですか。 언제 일본에 가는 거예요?

❷ 「かなぁ」 ~려나, ~일까

「かなぁ」는 '~려나, ~일까'와 같은 의문의 마음을 나타낼 때 사용하며 자신에게 의문을 가질 때도 사용할 수 있는 표현입니다.

단어

英会話教室(えいかいわきょうしつ) 영어 회화 학원 | なかなか 꽤, 좀처럼 | 付(つ)いて いく 따라가다 | かなぁ ~려나, ~ 일까

본서

필요한 서류를 알려줄까요?

必要な 書類を 教えましょうか。
ひつよう しょるい おし

필요한 서류를 알려줄까요?
必要な 書類を 教えましょうか。
ひつよう しょるい おし

감사해요.
ありがとうございます。

워킹홀리데이 준비서류

워킹홀리데이
서류

27과 전체음원 27과 미리보기

배울 내용 미리 확인하GO!

미리 보GO 1 다음에 같이 놀자(놀아야지).

今度 一緒に 遊ぼう。
こんど いっしょ あそ

미리 보GO 2 열심히 응원하자(응원해야지).

一生懸命 応援しよう。
いっしょうけんめい おうえん

미리 보GO 3 제가 알아보려고 해요.

私が 調べて みようと 思っています。
わたし しら おも

미리 보GO 4 그렇게 걱정하지 않아도 간단히 할 수 있을 거라고 생각해요.

そんなに 心配しなくても、簡単に できると 思いますよ。
しんぱい かんたん おも

오늘은 동사 (よ)う형을 써서 '~하자', '~해야지'와 같은 의지나 권유를 나타내는 문형과
'~하려고 생각하고 있어요'처럼 자신의 계획이나 의지를 말하는 문형, '~라고 생각해요'와 같이
자신의 생각이나 의견을 말하는 문형을 배우려고 합니다.
이러한 문형을 배우고 나면 '다음에 같이 놀자(놀아야지)', '열심히 응원하자(응원해야지)'와 같은 권유(의지) 표현과
'쉬려고 생각하고 있어요', '서울의 물가는 비싸다고 생각해요'처럼 자신의 계획이나 생각을 자유롭게 말할 수 있습니다.

_____ 하자, 해야지

1그룹/예외 1그룹 동사 의지형 う。

Track 27-01

1그룹	待<ruby>ま</ruby>とう。	기다리자(기다려야지).
예외1그룹	入<ruby>はい</ruby>ろう。	들어가자(들어가야지).

1. 「お단 + う」 ~하자, ~해야지(1그룹/예외 1그룹 동사의 의지형)

동사의 의지/권유형 「お단 + う」는 '~하자(권유), ~해야지(자신의 의지)'라는 의미로 상대방에게 어떤 일을 권유하거나 말하는 사람의 의지를 나타낼 때 쓰는 표현입니다. 상대방에게 권유할 때는 친근한 사이에서 사용하는 '(같이) ~하자'의 뜻으로 반말 표현이니 주의해서 사용하여야 합니다.

	기본형	의지형	기본형	의지형
	어미 「う단」을 「お단」으로 바꾸고 「う」를 붙입니다.			
1그룹	会う 만나다	会おう 만나자, 만나야지	行く 가다	行こう 가자, 가야지
	泳ぐ 수영하다, 헤엄치다	泳ごう 수영하자, 수영해야지 / 헤엄치자, 헤엄쳐야지	話す 이야기하다	話そう 이야기하자, 이야기해야지
	引っ越す 이사하다	引っ越そう 이사하자, 이사해야지	待つ 기다리다	待とう 기다리자, 기다려야지
	死ぬ 죽다	死のう 죽자, 죽어야지	飲む 마시다	飲もう 마시자, 마셔야지
	遊ぶ 놀다	遊ぼう 놀자, 놀아야지	頑張る 열심히하다	頑張ろう 열심히 하자, 열심히 해야지
예외 1그룹	어미 「う단」을 「お단」으로 바꾸고 「う」를 붙입니다.(1그룹과 동일)			
	入る 들어가다	入ろう 들어가자, 들어가야지	走る 달리다	走ろう 달리자, 달려야지
	切る 자르다	切ろう 자르자, 잘라야지	帰る 돌아가다, 돌아오다	帰ろう 돌아가자, 돌아가야지 / 돌아오자, 돌아와야지

단어 お단 + う ~하자, ~해야지

표현 연습하GO!

🎧 듣고 따라 말해보세요. ✓ 2 3 4 5

말하기트레이닝 27-01   Track 27-02

1

1그룹

の かい いっしょ い
飲み会に 一緒に 行こう。

회식에 같이 가자(가야지).

2

1그룹

たんじょう び　　　　　　　　　　 よ
誕生日に さくらさんも 呼ぼう。

생일에 사쿠라 씨도 부르자(불러야지).

3

1그룹

こん ど　 いっしょ　　 あそ
今度 一緒に 遊ぼう。

다음에 같이 놀자(놀아야지).

4

1그룹

きょう　　　　　　　　　　　 がん ば
今日から ダイエット 頑張ろう。

오늘부터 다이어트 열심히 하자(열심히 해야지).

5

예외1그룹

かみ け　　 き
髪の毛を 切ろう。

머리카락을 자르자(잘라야지).

단어

かみ け
髪の毛 머리털

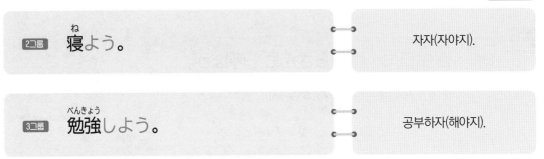

_____ 하자, 해야지

| 2그룹/3그룹 동사 의지형 | よう。|

| 2그룹 | 寝^ねよう。 | ○—○ ○—○ | 자자(자야지). |

| 3그룹 | 勉強^{べんきょう}しよう。 | ○—○ ○—○ | 공부하자(해야지). |

1. 「~よう」 ~하자, ~해야지(2그룹/3그룹 동사의 의지형)

2그룹 동사의 의지형은 마지막 「る」를 떼고 「~よう」를 붙입니다. 3그룹 동사의 의지형은 불규칙하므로 주의해야 합니다.

	기본형	의지형	기본형	의지형
	어미 「る」를 떼고 「よう」를 붙입니다.			
2그룹	見^みる 보다	見^みよう 보자, 봐야지	起^おきる 일어나다	起^おきよう 일어나자, 일어나야지
	食^たべる 먹다	食^たべよう 먹자, 먹어야지	考^{かんが}える 생각하다	考^{かんが}えよう 생각하자, 생각해야지
	捨^すてる 버리다	捨^すてよう 버리자, 버려야지	辞^やめる 그만두다	辞^やめよう 그만두자, 그만둬야지
	集^{あつ}める 모으다	集^{あつ}めよう 모으자, 모아야지	始^{はじ}める 시작하다	始^{はじ}めよう 시작하자, 시작해야지
3그룹	두 가지만 외우면 됩니다.			
	来^くる 오다	来^こよう 오자, 와야지	する 하다	しよう 하자, 해야지

단어

~よう ~하자, ~해야지

🎧 듣고 따라 말해보세요. ✔ 2 3 4 5

1

2그룹

日本の ドラマを 見よう。
(に ほん) (み)

일본 드라마를 보자(봐야지).

2

2그룹

一日 三食 食べよう。
(いちにち) (さんしょく) (た)

하루 세끼 먹자(먹어야지).

3

2그룹

もう一度 よく 考えよう。
(いち ど) (かんが)

다시 한번 잘 생각하자(생각해야지).

4

3그룹

また 遊びに 来よう。
(あそ) (こ)

또 놀러 오자(와야지).

5

3그룹

一生懸命 応援しよう。
(いっしょうけんめい) (おうえん)

열심히 응원하자(응원해야지).

단어

三食 세끼의 식사 | 応援する 응원하다
(さんしょく) (おうえん)

문형 3

_____ 하려고 생각하고 있어요, ~하려고 해요

동사 의지형 と 思っています。

Track 27-05

休^{やす}もうと 思^{おも}っています。 ⟶ 쉬려고 생각하고 있어요
(쉬려고 해요.)

節約^{せつやく}しようと 思^{おも}っています。 ⟶ 절약하려고 생각하고 있어요.
(절약하려고 해요.)

引^ひっ越^こそうと 思^{おも}っています。 ⟶ 이사하려고 생각하고 있어요.
(이사하려고 해요.)

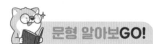

1. 「~(よ)うと 思^{おも}っている」 ~하려고 생각하고 있다, ~하려고 하다

동사 의지형에 「と 思^{おも}っている」를 붙이면 '~하려고 생각하고 있다, ~하려고 하다'라는 뜻으로 자신의 앞으로 계획이나 의지를 나타낼 때 쓰는 표현입니다. 정중하게 말할 때는 「~(よ)うと 思^{おも}っています ~하려고 생각하고 있어요, ~하려고 해요」로 표현합니다.

話^{はな}そうと 思^{おも}っています。 이야기하려고 생각하고 있어요(이야기하려고 해요).

就職^{しゅうしょく}しようと 思^{おも}っています。 취직하려고 생각하고 있어요(취직하려고 해요).

단어

~(よ)うと 思^{おも}っている ~하려고 생각하고 있다, ~하려고 하다 | 就職^{しゅうしょく}する 취직하다

 듣고 따라 말해보세요. ✔ 2 3 4 5

 말하기트레이닝 27-03 | Track 27-06

1

えい ご べんきょう はじ おも
英語の 勉強を 始めようと 思っています。

영어 공부를 시작하려고 생각하고 있어요.

2

らいねん かのじょ けっこん おも
来年、彼女と 結婚しようと 思っています。

내년에 여자 친구와 결혼하려고 생각하고 있어요.

3

しゅうまつ はな み い おも
週末に 花見に 行こうと 思っています。

주말에 꽃구경을 가려고 생각하고 있어요.

4

こんばん うち し あい み おも
今晩は 家で サッカーの 試合を 見ようと 思っています。

오늘밤은 집에서 축구 경기를 보려고 생각하고 있어요.

5

わたし しょうらい きょう し おも
私は 将来 教師に なろうと 思っています。

저는 나중에 교사가 되려고 생각하고 있어요.

 단어 ────────────────────────

こんばん し あい しょうらい きょう し
今晩 오늘밤 | **試合** 경기, 시합 | **将来** 장래 | **教師** 교사

_____ 라고 생각해요.

| 동사 · い형용사 · な형용사 · 명사 だ | と 思います。 |

Track 27-07

| 동사 | 遅れると 思います。 | ◦━◦
◦━◦ | 늦을 거라고 생각해요. |

| い형용사 | おもしろいと 思います。 | ◦━◦
◦━◦ | 재미있다고 생각해요. |

| な형용사 | 簡単だと 思います。 | ◦━◦
◦━◦ | 간단하다고 생각해요. |

| 명사 | 嘘だと 思います。 | ◦━◦
◦━◦ | 거짓말이라고 생각해요. |

 문형 알아보GO!

1. 「~と 思う」 ~라고 생각하다, ~라고 여기다

동사 기본형에 「~と 思う」를 붙이면 '~라고 생각하다, ~라고 여기다'라는 뜻으로 자신의 생각이나 의견을 말할 때 사용합니다. 일반적으로 말하는 사람의 주관적인 판단에 의한 추측인 경우가 많으며, 정중하게 말할 때는 「~と 思います ~라고 생각해요, ~일 거예요」라고 합니다. 또한 동사 · い형용사 · な형용사는 기본형에 접속해서 사용할 수 있으며, 명사의 경우 「~だと 思います」를 붙이면 됩니다.

もうすぐ 来ると 思います。 곧 온다고 생각해요. (동사)

体に いいと 思います。 몸에 좋다고 생각해요. (い형용사)

とても 便利だと 思います。 매우 편리하다고 생각해요. (な형용사)

彼は 先生だと 思います。 그는 선생님일 거라고 생각해요. (명사)

단어

~と 思う ~라고 생각하다, ~라고 여기다 | もうすぐ 곧, 머지않아

🎧 듣고 따라 말해보세요. ✔ 2 3 4 5

말하기트레이닝27-04 Track 27-08

1

동사

午後から 雨が 降ると 思います。
<small>ご ご　　　 あめ　 ふ　　　　　 おも</small>

오후부터 비가 올 거라고 생각해요.

2

동사

その 服が すごく 似合っていると 思います。
<small>　　 ふく　　　　　　 に あ　　　　　　 おも</small>

그 옷이 매우 어울린다고 생각해요.

3

い형용사

ソウルの 物価は 高いと 思います。
<small>　　　　 ぶっ か　 たか　　　 おも</small>

서울의 물가는 비싸다고 생각해요.

4

な형용사

東京の 地下鉄は 複雑だと 思います。
<small>とうきょう　 ち か てつ　 ふくざつ　　　 おも</small>

도쿄의 지하철은 복잡하다고 생각해요.

5

명사

彼の 血液型は Ｂ型だと 思います。
<small>かれ　 けつえきがた　 ビーがた　　 おも</small>

그의 혈액형은 B형이라고 생각해요.

단어

似合う<small>に あ</small> 어울리다 ｜ 物価<small>ぶっ か</small> 물가 ｜ 血液型<small>けつえきがた</small> 혈액형

Track 27-09 Track 27-10
천천히   보통

하루키

ハンナさん、❶ワーホリビザを ❷取った ことが ありますか。

김한나

はい、ありますよ。どうしてですか。

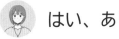
하루키

あ、実は 韓国に いる 友達が 日本に ワーホリに

来たいと 言っています。それで 私が 調べて みようと

思っています。

김한나

じゃあ、必要な 書類を 教えましょうか。

하루키

本当ですか。ありがとうございます。友達が 心配していて。

김한나

そんなに 心配しなくても、簡単に できると 思いますよ。

하루키

分かりました。ありがとうございます。

해석해 보GO!

Track 27-11
한국어>일본어

하루키   한나 씨, 워킹홀리데이 비자를 취득한 적이 있어요?

김한나   네, 있어요. 왜요?

하루키   아, 실은 한국에 있는 친구가 일본에 워킹홀리데이로
               오고 싶다고 하고 있어요. 그래서 제가 알아보려고 해요.

김한나   그러면 필요한 서류를 알려줄까요?

하루키   정말이에요? 감사해요. 친구가 걱정하고 있어서요.

김한나   그렇게 걱정하지 않아도 간단히 할 수 있을 거라고 생각해요.

하루키   알았어요. 감사해요.

✚ 더 알아보GO!

❶ ワーホリ 워킹홀리데이

「ワーホリ」는 '워킹홀리데이'라는 의미로 「ワーキング・ホリデー」의 줄임말입니다.

❷ 「取る」 받다, 따다, 취득하다

「取る」는 '받다, 따다, 취득하다'라는 의미로 '비자를 받다(ビザを 取る)', '학점을 따다(単位を 取る)',
'면허를 취득하다(免許を 取る)'의 형태로 자주 쓰입니다.

단어

ワーホリ 워킹홀리데이 | ビザ 비자 | 実は 실은, 사실은 | ~と 言う ~라고 말하다 | それで 그래서 |
調べて みる 알아보다 | 必要だ 필요하다 | そんなに 그렇게 | 簡単だ 간단하다

Day 28

충전기 빌려줄까요?

充電器 貸して
あげましょうか。

충전기 빌려줄까요?
**充電器 貸して
あげましょうか。**

우와, 살았네요
うわぁ、助かります。

배울 내용 미리 확인하GO!

미리 보GO 1 충전기 빌려줄까요?

充電器^{じゅうでん き} 貸^かして あげましょうか。

미리 보GO 2 빌려줄 거예요?

貸^かして くれるんですか。

미리 보GO 3 여동생에게 받은 게 하나 더 있으니까요.

妹^{いもうと}に もらったのが もう1^{ひと}つ ありますから。

이번 과에서는 '주다', '받다'를 뜻하는 수수동사 「あげる」, 「くれる」, 「もらう」에 대해 배워보려고 합니다.
일본어의 수수동사는 내가 상대방에게 줄 때, 상대방이 나에게 줄 때, 제3자가 제3자에게 줄 때 쓰는 동사가 다르기 때문에
구분해서 쓸 줄 알아야 합니다. 이 표현들을 배우고 나면 「あげる」를 이용해 '저는 그에게 선물을 주어요',
「くれる」를 이용해 '남자 친구가 저에게 스마트워치를 주었어요', 그리고 「もらう」를 이용해
'저는 그녀로부터 기프트권을 받아요' 등과 같은 다양한 수수 표현을 말할 수 있게 됩니다.

● ● ● ●

 문형 1

_____ 는/가 _____ 에게 _____ 을/를 주어요.

자기 자신/제3자 は/が 제3자 に 무엇 を あげます。

Track 28-01

私は 彼に プレゼントを あげます。

저는 그에게 선물을 주어요.

私は 娘に お小遣いを あげます。

저는 딸에게 용돈을 주어요.

田中さんが 山田さんに ケーキを
あげます。

다나카 씨가 야마다 씨에게
케이크를 주어요.

 **문형 알아보GO!**

1. 수수동사 「あげる」(내가 상대에게) 주다 / (제3자가 제3자에게) 주다

수수 표현이란 무언가를 주고받는 동작을 하는 것을 뜻합니다. 수수 표현 중의 하나인 「あげる」는 '주다'라는 뜻으로 내가 남에게, 남이 남에게 무언가를 줄 때 쓰는 표현입니다. 뒤에 「~ます」를 붙여 '주어요(줍니다)'라는 정중형을 나타내고, 「~ました」를 붙여 '주었어요(주었습니다)'라는 과거를 나타냅니다. 또한 「あげる」는 나보다 손아랫사람이나 나와 동등한 위치에 있는 사람에게 무언가를 줄 때 사용합니다.

私は 弟に 本を あげます。 저는 남동생에게 책을 주어요.

彼が 彼女に 花束を あげました。 그가 여자 친구에게 꽃다발을 주었어요.

단어

あげる (내가 상대에게, 제3자가 제3자에게) 주다 | 娘 딸 | お小遣い 용돈 | 山田 야마다[성씨] | 花束 꽃다발

🎧 듣고 따라 말해보세요. ✔ 2 3 4 5

1

私は　妹に　お菓子を　あげます。
わたし　いもうと　かし

저는 여동생에게 과자를 주어요.

2

私は　友達に　花を　あげます。
わたし　ともだち　はな

저는 친구에게 꽃을 주어요.

3

この　映画の　チケットを　田中に　あげるよ。
えいが　たなか

(내가) 이 영화 티켓을 다나카에게 줄게.

4

彼女は　彼氏に　ネクタイを　あげました。
かのじょ　かれし

그녀는 남자 친구에게 넥타이를 주었어요.

5

あなたは　バレンタインデーに　チョコレートを　あげましたか。

당신은 발렌타인데이에 (그에게) 초콜릿을 주었나요?

단어

お菓子 과자 ∣ **花** 꽃 ∣ **ネクタイ** 넥타이 ∣ **バレンタインデー** 발렌타인데이 ∣ **チョコレート** 초콜릿
かし　　　　　　　はな

문형 다지GO!

문형 2

| _____ 는/가 _____ 에게 _____ 을/를 _____ 해 주어요. |
| 자기 자신/제3자 は/が 제3자 に 무엇 を 동사 て형 あげます。 |

Track 28-03

わたし　かれ　　　　　　　　　か
私は　彼に　プレゼントを　買って
あげます。
　　　　　　　　　　　저는 그에게 선물을
　　　　　　　　　　　　　사 주어요.

わたし　むすめ　こづか　　　　おく
私は　娘に　お小遣いを　送って
あげます。
　　　　　　　　　　　저는 딸에게 용돈을
　　　　　　　　　　　　보내 주어요.

たなか　　　　やまだ
田中さんが　山田さんに
　　　　　　つく
ケーキを　作って　あげます。
　　　　　　　　　　　다나카 씨가 야마다 씨에게
　　　　　　　　　　　케이크를 만들어 주어요.

 문형 알아보GO!

1. 「동사 て형 + あげる」 (내가 상대에게) ~해 주다 / (제3자가 제3자에게) ~해 주다

내가 남에게, 남이 남에게 어떤 행동을 해 줄 때에는 동사 て형에 「あげる」를 붙여 사용하며, '~해 주다'라는 의미를 나타냅니다. 뒤에 「~ます」를 붙여 '주어요(줍니다)'라는 정중형을 나타내고, 「~ました」를 붙여 '~주었어요(주었습니다)'라는 과거를 나타냅니다.

わたし　　　ばあ　　　　みち　おし
私は　お祖母さんに　道を　教えて　あげます。 저는 할머니에게 길을 가르쳐 주어요.
せんせい　がくせい　かさ　か
先生は　学生に　傘を　貸して　あげました。 선생님은 학생에게 우산을 빌려주었어요.

(단어)
───────────────────────────────────────

　　　　　　　　　　　　　　　　　　　　　　　　　　　　　　　　　か
~て あげる (내가 상대에게, 제3자가 제3자에게) ~해 주다 ｜ 貸す 빌려주다

본서　**328** | GO! 독학 일본어 첫걸음

🎧 듣고 따라 말해보세요. ✔ 2 3 4 5

말하기트레이닝28-02 Track 28-04

1

私が　彼に　日本人の　友達を　紹介して　あげますよ。
わたし　かれ　に ほんじん　ともだち　しょうかい

제가 그에게 일본인 친구를 소개해 줄게요.

2

僕が　話を　聞いて　あげるよ。
ぼく　はなし　き

내가 (너의) 이야기를 들어줄게.

3

私は　友達に　旅行の　写真を　見せて　あげました。
わたし　ともだち　りょこう　しゃしん　み

저는 친구에게 여행 사진을 보여 주었어요.

4

彼は　妹に　英語を　教えて　あげました。
かれ　いもうと　えい ご　おし

그는 여동생에게 영어를 가르쳐 주었어요.

5

私が　田中さんの　仕事を　手伝って　あげましょうか。
わたし　た なか　し ごと　てつだ

제가 다나카 씨의 일을 도와줄까요?

単어

紹介する 소개하다 ｜ 見せる 보여주다
しょうかい　　　　　　み

 문형 3

| _____ 는/가 | _____ 에게 | _____ 을/를 주어요. |

| 제3자 | は/が | 자기 자신/가족·지인 | に | 무엇 | を | くれます。 |

Track 28-05

彼女は　私に　プレゼントを　くれます。 ⟷ 여자 친구는 저에게 선물을 주어요.

母が　私に　お小遣いを　くれます。 ⟷ 엄마가 저에게 용돈을 주어요.

田中さんが　妹に　ケーキを　くれます。 ⟷ 다나카 씨가 나의 여동생에게 케이크를 주어요.

 문형 알아보GO!

1. 「くれる」 (상대가 나에게) 주다 / (상대가 나의 가족 및 가까운 지인에게) 주다

「くれる」는 '주다'라는 뜻으로 남이 나에게 또는 나와 가까운 사람들(가족, 동료 등)에게 무언가를 줄 때 사용하는 표현입니다. 뒤에 「~ます」를 붙여 '주어요(줍니다)'라는 정중형을 나타내고, 「~ました」를 붙여 '주었어요(주었습니다)'라는 과거를 나타냅니다. 또한 「くれる」는 손아랫사람이나 나와 동등한 위치에 있는 사람이 무언가를 줄 때 사용합니다.

同僚が　私に　旅行の　お土産を　くれます。 동료가 저에게 여행 선물을 주어요.

木村さんが　同僚に　メールの　返事を　くれました。 기무라 씨가 (나의) 동료에게 메일 답장을 주었어요.

단어

くれる (상대가 나에게, 나의 가족 및 가까운 지인에게) 주다 ｜ お土産 선물(기념품) ｜ 木村 기무라[성씨] ｜ 返事 답장

표현 연습하GO!

🎧 듣고 따라 말해보세요. ✔ 2 3 4 5

말하기트레이닝28-03 Track 28-06

1

姉が　私に　靴を　くれます。

언니(누나)가 저에게 구두를 주어요.

2

友達は　いつも　私に　おやつを　くれます。

친구는 항상 저에게 간식을 주어요.

3

彼氏が　私に　スマートウォッチを　くれました。

남자 친구가 저에게 스마트워치를 주었어요.

4

先生が　弟に　日本の　お茶を　くれました。

선생님이 (나의) 남동생에게 일본 차를 주었어요.

5

山田さんが　妹に　コーヒーを　くれましたか。

야마다 씨가 (나의) 여동생에게 커피를 주었나요?

単어

おやつ 간식 ｜ スマートウォッチ 스마트워치

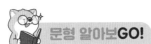

문형 다지GO!

문형 4

```
_____ 는/가 _____ 에게 _____ 을/를 _____ 해 주어요.
  제3자  は/が  자기 자신/가족·지인  に  무엇  を  동사 て형  くれます。
```

彼は　私に　プレゼントを　買って　くれます。 ○━━○ 그는 나에게 선물을 사 주어요.

先輩は　私に　クーポンを　送って　くれます。 ○━━○ 선배는 나에게 쿠폰을 보내 주어요.

山田さんが　妹に　ケーキを　作って　くれます。 ○━━○ 다나카 씨가 (나의) 여동생에게 케이크를 만들어 주어요.

문형 알아보GO!

1. 「동사 て형 + くれる」 (상대가 나에게) ~해 주다 / (상대가 (나의) 가족 및 가까운 지인에게) ~해 주다

동사 て형에 「くれる」를 붙이면 남이 나에게 또는 나와 가까운 사람에게 '~해 주다'라는 의미를 나타냅니다. 뒤에 「~ます」를 붙여 '주어요(줍니다)'라는 정중형을 나타내고, 「~ました」를 붙여 '주었어요(주었습니다)'라는 과거를 나타냅니다.

母は　私に　お弁当を　作って　くれます。 엄마는 저에게 도시락을 만들어 주어요.

先輩が　私に　アドバイスして　くれました。 선배가 저에게 어드바이스해 주었어요.

단어

~て くれる (남이 나에게, 나의 가족 및 가까운 지인에게) ~해 주다 | クーポン 쿠폰 | お弁当 도시락 |

アドバイス 어드바이스, 조언

본서 332 | GO! 독학 일본어 첫걸음

🎧 듣고 따라 말해보세요. ✔ 2 3 4 5

말하기트레이닝28-04 Track 28-08

1
彼は 私の 写真を 撮って くれます。
かれ わたし しゃしん と

그는 제 사진을 찍어 주어요.

2
友達は 私に お金を 貸して くれます。
ともだち わたし かね か

친구는 저에게 돈을 빌려주어요.

3
社長が 私たちに 夕食を ごちそうして くれました。
しゃちょう わたし ゆうしょく

사장님이 우리들에게 저녁 식사를 사 주셨어요.

4
子供の頃 母が ピアノを 教えて くれました。
こ ども ころ はは おし

어렸을 때 엄마가 (저에게) 피아노를 가르쳐 주었어요.

5
誰が 妹に 連絡を して くれましたか。
だれ いもうと れんらく

누가 (나의) 여동생에게 연락을 해 주었나요?

단어

夕食 저녁 식사 | ごちそうする 한턱내다, 대접하다
ゆうしょく

문형 다지GO!

문형 5

_____ 는/가 _____ 에게/~로부터 _____ 을/를 받아요.

자기 자신/제3자 **は/が** 제3자 **に/から** 무엇 **を もらいます。**

Track 28-09

私は 彼に プレゼントを もらいます。 ○─○ 저는 그에게 선물을 받아요.

私は 母に お小遣いを もらいます。 ○─○ 저는 엄마에게 용돈을 받아요.

妹が 田中さんから ケーキを もらい
ます。 ○─○ 여동생이 다나카 씨로부터 케이크를 받아요.

 **문형 알아보GO!**

1.「もらう」(내가 상대에게) 받다 / (제3자가 제3자에게) 받다

「もらう」는 '받다'라는 뜻으로 내가 남에게, 남이 남에게 무언가를 받을 때 사용하는 표현입니다. 이때 주는 사람 뒤에 조사
는 「~に(~에게)」, 「~から(~로부터)」 두 가지를 사용할 수 있습니다. 뒤에 「~ます」를 붙여 '받아요(받습니다)'라는 정중형을 나
타내고, 「~ました」를 붙여 '받았어요(받았습니다)'라는 과거를 나타냅니다.

社長に 給料を もらいます。 (저는) 사장님에게 월급을 받아요.

私は 店員に おつりを もらいました。 저는 점원에게 거스름돈을 받았어요.

단어

もらう (내가 상대에게, 제3자가 제3자에게) 받다, 얻다 | 給料 월급 | おつり 거스름돈

표현 연습하GO!

🎧 듣고 따라 말해보세요. ✔ 2 3 4 5

말하기 트레이닝 28-05 Track 28-10

1

私(わたし)は 彼女(かのじょ)から ギフト券(けん)を もらいます。

저는 그녀로부터 기프트권을 받아요.

2

姉(あね)は 彼氏(かれし)から 花束(はなたば)を もらいます。

누나는 남자 친구로부터 꽃다발을 받아요.

3

妻(つま)は お店(みせ)から 割引(わりびき)クーポンを もらいました。

아내는 가게로부터 할인 쿠폰을 받았어요.

4

課長(かちょう)は 取引先(とりひきさき)の 人(ひと)に 名刺(めいし)を もらいました。

과장님은 거래처 사람에게 명함을 받았어요.

5

お子(こ)さんは 入場券(にゅうじょうけん)を もらいましたか。

자녀분은 (직원에게) 입장권을 받았나요?

단어

ギフト券(けん) 기프트권 | 妻(つま) 아내 | 課長(かちょう) 과장 | 取引先(とりひきさき) 거래처 | 名刺(めいし) 명함 | お子(こ)さん 자녀분 | 入場券(にゅうじょうけん) 입장권

 문형 6

> _____ 은/는 _____ 에게/~로부터 _____ 을/를 _____ 해 받아요.
>
> 자기 자신/제3자 는   제3자 に/から   무엇 を   동사 て형
> もらいます。

Track 28-11

私は　彼に　プレゼントを
買って　もらいます。

저는 그에게 선물을 사 받아요.
(그는 저에게 선물을 사 주어요.)

私は　母に　お小遣いを　送って
もらいます。

저는 엄마에게 용돈을 보내 받아요.
(엄마는 저에게 용돈을 보내 주어요.)

妹は　田中さんから　ケーキを
作って　もらいます。

여동생은 다나카 씨로부터 케이크를
만들어 받아요. (다나카 씨는 여동생
에게 케이크를 만들어 주어요.)

문형 알아보GO!

1. 「동사 て형 + もらう」 (내가 상대에게) ~해 받다 / (제3자가 제3자에게) ~해 받다

동사 て형에 「もらう」를 붙이면 내가 남에게, 남이 남에게 '~해 받다'라는 의미를 나타냅니다. 해석할 때는 주체를 바꾸어 '~은(는) ~에게(~로부터) ~해 주다'로 하는 것이 자연스러우며, 행동을 베푸는 사람 뒤에는 조사 「~に」나 「~から」를 붙입니다.

私は　彼に　荷物を　届けて　もらいます。 저는 그에게 짐을 보내 받아요(그는 저에게 짐을 보내 주어요).

彼女は　友達から　車を　貸して　もらいました。 그녀는 친구로부터 차를 빌려 받았어요(친구는 그녀에게 차를 빌려주었어요).

[단어]

~て　もらう (내가 상대에게, 제3자가 제3자에게) ~해 받다 ｜ 届ける 보내다, 배달하다

🎧 듣고 따라 말해보세요. ✔ 2 3 4 5

말하기트레이닝28-06   Track 28-12

1

私は　日本人の　友達に　観光地を　案内して　もらいます。

저는 일본인 친구에게 관광지를 안내받아요(일본인 친구가 저에게 관광지를 안내해 주어요).

2

私は　駅員さんから　道を　教えて　もらいました。

저는 역무원으로부터 길을 안내받았어요(역무원이 저에게 길을 가르쳐 주었어요).

3

後輩に　バイトを　代わって　もらいました。

(저는) 후배에게 아르바이트를 대신해 받았어요(후배가 (제) 아르바이트를 대신해 주었어요).

4

運転手さんに　人気スポットを　おすすめして　もらいました。

(저는) 기사님에게 인기 스폿을 추천해 받았어요
(기사님이 (저에게) 인기 스폿을 추천해 주었어요).

5

はるきさんに　空港まで　迎えに　来て　もらいましたか。

(당신은) 하루키 씨에게 공항까지 마중나와 받았나요?
(하루키 씨가 (당신을) 공항까지 데리러 와 주었나요?)

단어

観光地 관광지 ｜ 案内する 안내하다 ｜ 駅員 역무원 ｜ 代わる 대신하다 ｜ 運転手さん 운전 기사님 ｜
人気スポット 인기 스폿, 인기 장소

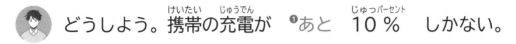
Track 28-13 Track 28-14
천천히 　보통

이민호
どうしよう。携帯の充電が **❶**あと 10％ しかない。

사쿠라
あら、今朝 充電しなかったんですか。

이민호
はい、忙しくて うっかり 忘れて いました。

사쿠라
じゃあ、充電器 貸して あげましょうか。

이민호
貸して くれるんですか。ありがとうございます。

사쿠라
いえいえ。はい、どうぞ。

이민호
うわぁ、助かります。でも、ハンナさんは 充電しなくても いいんですか。

사쿠라
大丈夫です。私は、妹に もらったのが **❷**もう1つ ありますから。

-잠시 후-

이민호
さくらさんの おかげで、もう 充電が 100％に なりました。

사쿠라
それは よかったです。

해석해 보GO!

Track 28-15

한국어>일본어

이민호   어떻게 하지. 휴대 전화 배터리가 (앞으로) 10% 밖에 안 남았어.

사쿠라   어머, 오늘 아침에 충전 안 했어요?

이민호   네, 바빠서 깜빡 잊었어요.

사쿠라   그럼 충전기 빌려줄까요?

이민호   빌려줄 거예요? 감사해요.

사쿠라   아니에요. 자, 여기요.

이민호   우와, 살았네요. 그런데 한나 씨는 충전하지 않아도 되나요?

사쿠라   괜찮아요. 저는 여동생에게 받은 게 하나 더 있으니까요.

          -잠시 후-

이민호   사쿠라 씨 덕분에 벌써 충전이 100%가 되었어요.

사쿠라   그거 다행이네요.

+더 알아보GO!

❶ 「あと」~앞으로

「あと」 뒤에 시간이나 기간, 수량이 오면 '~앞으로'라는 의미를 나타내며, 그만큼 더 필요하거나 남은 상태를 말합니다.

あと 5分 かかります。 앞으로 5분 걸려요.

あと 2時間です。 (앞으로) 2시간 남았어요.

❷ 「もう1つ」 하나 더

「もう」는 '더'라는 뜻으로 일본어에서는 우리말 순서와 다르게 앞에 붙여서 말합니다. 예를 들어 「もう少し 조금 더」,

「もう一度 한번 더」처럼 쓰입니다.

(단어)

どうしよう 어떡하지 | あと 앞으로 | パーセント 퍼센트(%) | ～しかない ~밖에 없다 | あら 어머[감동하거나 놀랐을 때 내는 소리] | うっかり 깜빡 | 充電器 충전기 | いえいえ 아니오[부정을 나타내는 말] | 助かる 살아나다, 구조되다 | もう1つ 하나 더 | ～の おかげで ~덕분에

우와, 다 맛있을 것 같아요!

うわぁ、全部
おいしそう。

우와, 다 맛있을 것 같아요!
うわぁ、全部 おいしそう。

맛있게 드세요!
どうぞ お召し上がり
ください。

배울 내용 미리 확인하GO!

미리 보GO 1 ﹥ 30분 정도 늦는다고 해요.

30分<ruby>さんじゅっぷん</ruby>くらい　遅<ruby>おく</ruby>れるそうです。

미리 보GO 2 ﹥ 다 맛있을 것 같아요(맛있겠다)!

全部<ruby>ぜんぶ</ruby>　おいしそう。

미리 보GO 3 ﹥ 지금 일이 끝난 것 같아요.

今<ruby>いま</ruby>、仕事<ruby>しごと</ruby>が　終<ruby>お</ruby>わった　みたいです。

오늘은 '~라고 한다'처럼 남에게 들어 알게 된 정보를 전달할 때 쓰는 문형과 '~일 것 같다'처럼 추측을 나타내는 문형을 알아보려고 합니다. 오늘의 문형을 배우고 나면 '가깝다고 해요'와 같이 들은 정보를 전달해 볼 수 있고, '맛있는 것 같아요'와 같이 느낀점을 자유롭게 말해 볼 수 있어요. 또한 '바쁜 것 같아요'와 같이 어떤 정보를 근거로 주관적인 판단을 할 수도 있어요. 문형들이 익숙해질 때까지 여러 번 따라 읽으며 연습해 볼까요?

 문형1

_____ 라고 해요.

동사 · い형용사 · な형용사 · 명사의 보통형 **そうです。**

Track 29-01

| 동사 | 会うそうです。 | 만난다고 해요. |

| い형용사 | 近いそうです。 | 가깝다고 해요. |

| な형용사 | 元気だそうです。 | 건강하다고 해요. |

| 명사 | 日本人だそうです。 | 일본인이라고 해요. |

 문형 알아보GO!

1. 「보통형 + ~そうだ」 ~라고 한다(전문 표현)

동사 · い형용사 · な형용사 · 명사의 보통형에 「~そうだ」를 붙이면 '~라고 한다'라는 의미로 직접 경험한 것이 아닌 다른 곳에서 얻은 정보나 내용을 다른 사람에게 전달할 때 쓰는 표현이며, 정중 표현은 「~そうです」를 붙이면 됩니다.

품사	접속 형태	긍정	부정
동사	보통형	降るそうだ (비가) 내린다고 한다	降らないそうだ (비가) 내리지 않는다고 한다
い형용사	보통형	怖いそうだ 무섭다고 한다	怖くないそうだ 무섭지 않다고 한다
な형용사	보통형	有名だそうだ 유명하다고 한다	有名じゃないそうだ 유명하지 않다고 한다
명사	보통형	学生だそうだ 학생이라고 한다	学生じゃないそうだ 학생이 아니라고 한다

Tip '보통형'은 반말체를 의미합니다. '~이다, ~하다, ~이었다, ~했다, ~이 아니다, ~하지 않다, ~이 아니었다, ~하지 않았다' 등과 같은 반말 표현을 말합니다.

부록 p368 참고

단어

보통형 + そうだ ~라고 한다

🎧 듣고 따라 말해보세요. ✔ 2 3 4 5

1

동사 はるきさんは さっき 病院に 行ったそうです。

하루키 씨는 조금 전 병원에 갔다고 해요.

2

동사 天気予報では 明日は 雨が 降らないそうです。

일기예보에서는 내일은 비가 내리지 않는다고 해요.

3

い형용사 会社の 前の カレー屋は おいしくないそうです。

회사 앞의 카레 집은 맛없다고 해요.

4

な형용사 この アプリは とても 便利だそうです。

이 어플은 매우 편리하다고 해요.

5

명사 彼は この 会社の 社員だそうです。

그는 이 회사의 직원이라고 해요.

단어

天気予報 일기예보 | カレー屋 카레 집, 카레 가게 | 社員 직원, 사원

 문형 2

_____ 일 것 같아요.

동사 ます형 · い형용사 い · な형용사 だ　 そうです。

Track 29-03

| 동사 | 遅(おく)れそうです。 | ⊶⊷ | 늦을 것 같아요. |

| い형용사 | おいしそうです。 | ⊶⊷ | 맛있을 것 같아요. |

| な형용사 | 簡単(かんたん)そうです。 | ⊶⊷ | 간단할 것 같아요. |

문형 알아보GO!

1. 「동사 ます형/い형용사 い · な형용사 だ + ~そうだ」 ~일 것 같다, ~해 보인다(추측/양태 표현)

동사 ます형 · い형용사 い · な형용사 だ에 「~そうだ」를 붙이면 「~일 것 같다, ~해 보인다」라는 의미로 말하는 사람이 직접 눈 앞에 보이는 사람이나 사물의 느낌을 막연히 느껴지는 직관적인 판단으로 추측하거나 앞으로 일어날 것 같은 가능성을 추 측할 때 쓰는 표현입니다. 정중 표현은 「~そうです」를 붙이면 됩니다. 이러한 양태 표현은 한눈에 바로 알 수 있는 명사나 외 모, 색과 관련된 형용사 등에는 사용할 수 없습니다.

품사	접속 형태	예시
동사	동사 ます형	着(つ)きそうだ 도착할 것 같다
い형용사	い형용사 い	辛(から)そうだ 매울 것 같다
な형용사	な형용사 だ	まじめそうだ 성실할 것 같다

Tip い형용사의 「いい 좋다」와 「ない 없다」는 다른 い형용사의 접속 형태와 다릅니다. 「いい」의 양태 표현은 「よさそうだ 좋을 것 같다」이 고, 「ない」의 양태 표현은 「なさそうだ 없을 것 같다」로 활용됩니다.

明日(あした)は 天気(てんき)が よさそうです。 내일은 날씨가 좋을 것 같아요.

단어

~そうだ ~일 것 같다, ~해 보인다 ｜ 着(つ)く 도착하다

🎧 듣고 따라 말해보세요. ✔ 2 3 4 5

1

동사 なんだか 雨^{あめ}が 降^ふりそうです。

왠지 비가 올 것 같아요.

2

い형용사 この 荷物^{にもつ}は 重^{おも}そうです。

이 짐은 무거울 것 같아요.

3

い형용사 この 食^たべ物^{もの}は 体^{からだ}に よさそうです。

이 음식은 몸에 좋을 것 같아요.

4

な형용사 彼女^{かのじょ}は とても 元気^{げんき}そうです。

그녀는 매우 건강한 것 같아요(건강해 보여요).

5

な형용사 この 2人^{ふたり}は 幸^{しあわ}せそうです。

이 두 사람은 행복할 것 같아요(행복해 보여요).

단어

なんだか 왠지, 어쩐지 | 食^たべ物^{もの} 음식

 문형 3

_____ 인 것 같아요.

동사 보통형 · い형용사 い · な형용사 だ · 명사 **みたいです。**

Track 29-05

동사	結婚(けっこん)するみたいです。	→	결혼하는 것 같아요.
い형용사	おいしいみたいです。	→	맛있는 것 같아요.
な형용사	便利(べんり)みたいです。	→	편리한 것 같아요.
명사	先生(せんせい)みたいです。	→	선생님인 것 같아요.

 문형 알아보GO!

1. 「보통형 문장 + ~みたいだ」 ~인 것 같다, ~인 듯하다(추측 표현)

「~みたいだ」는 '~인 것 같다, ~인 듯하다'라는 의미로 말하는 사람이 관찰이나 경험 등을 바탕으로 추측하여 주관적인 판단을 내릴 때 쓰는 표현입니다. 이 표현은 격식을 차리지 않은 일상 회화에서 사용하며, 「~みたいだ」의 정중 표현은 「~みたいです」를 붙이면 됩니다.

품사	접속 형태	예시
동사	보통형	行(い)くみたいだ 가는 것 같다
い형용사	い형용사 い	おもしろいみたいだ 재미있는 것 같다
な형용사	な형용사 だ	有名(ゆうめい)みたいだ 유명한 것 같다
명사	명사	風邪(かぜ)みたいだ 감기인 것 같다

2. 「~みたいだ」와 「~そうだ」

「~みたいだ」와 「~そうだ」는 모두 추측을 나타내는 말이지만, 「~みたいだ」는 자신의 경험이나 지식 등을 토대로 주관적인 추측을 나타낼 때 사용하고, 「~そうだ」는 직관적인 판단에 의한 추측을 나타낼 때 사용합니다.

田中(たなか)さんは、忙(いそが)しいみたいだ。 다나카 씨는 바쁜 것 같아요. (경험에 의한 추측)

田中(たなか)さんは、忙(いそが)しそうです。 다나카 씨는 바빠보여요. (직관적인 판단에 의한 추측)

단어 ~みたいだ ~인 것 같다, ~인 듯하다 | 風邪(かぜ) 감기

 표현 연습하GO!

🎧 듣고 따라 말해보세요. ✔ 2 3 4 5

말하기트레이닝 29-03 Track 29-06

1

동사   彼女は　日本語の　試験に　合格したみたいです。
かのじょ　にほんご　しけん　ごうかく

그녀는 일본어 시험에 합격한 것 같아요.

2

동사   今日は　暖かくて　まるで　春が　来たみたいですね。
きょう　あたた　　　　　　はる　き

오늘은 따뜻해서 마치 봄이 온 것 같아요.

3

い형용사   今度の　連休は　旅行に　行く　人が　多いみたいです。
こんど　れんきゅう　りょこう　い　ひと　おお

이번 연휴는 여행 가는 사람이 많은 것 같아요.

4

な형용사   彼は　スポーツが　好きみたいです。
かれ　　　　　　　　す

그는 스포츠를 좋아하는 것 같아요.

5

명사   この　スマホは　新品みたいです。
しんぴん

이 스마트폰은 새것인 것 같아요.

단어

まるで 마치 ｜ 春 봄 ｜ 連休 연휴 ｜ スポーツ 스포츠 ｜ 新品 새것, 신제품
はる　　れんきゅう　　　　　　　　　しんぴん

Track 29-07 천천히　Track 29-08 보통

김한나
うわぁ、全部 おいしそう。

하루키
本当、お腹 ❶すいた。

김한나
今日は ❷食べ放題だから、たくさん 食べましょう。

하루키
はい！ 食べ放題の 時間制限は、ありますか。

김한나
たぶん ２時間だと 思います。

하루키
ところで、まりこさんも 来るんですか。

김한나
ええ、さっき 連絡したんですけど、30分くらい 遅れるそうです。

하루키
そうなんですね。

김한나
あ、ライン 来た。今、仕事が 終わった ❸みたいです。

하루키
オッケー。じゃあ、もう少し 待ちましょう。

해석해 보GO!

Track 29-09
한국어>일본어

김한나　우와, 다 맛있을 것 같아요(맛있겠다)!

하루키　진짜, 배고파요!

김한나　오늘은 무한리필이니까 많이 먹읍시다.

하루키　네, 무한리필 시간 제한은 있나요?

김한나　아마 2시간일 거예요.

하루키　그나저나 마리코 씨도 오는 건가요?

김한나　네, 조금 전에 연락했는데요,

　　　　30분 정도 늦는다고 해요.

하루키　그래요?

김한나　아, 라인 왔다! 지금 일이 끝난 것 같아요.

하루키　오케이. 그럼, 조금만 더 기다려요.

+더알아보GO!

❶ 「すく」(배가) 고프다

'(배가) 고프다'의 뜻을 나타내는 동사 「すく」는 현재 배가 고픈 상태를 말할 때도 과거 시제를 사용합니다.

お腹が　すきます。(X) → お腹が　すきました。배가 고픕니다.(O)

❷ 「食べ放題」(음식) 무한리필

「食べ放題」은 '(음식) 무한리필'이라는 뜻으로 여기에서 「放題」는 '마음껏, 무제한으로 ~하다'와 같은 의미가 됩니다.

データ使い放題 데이터 무제한 사용

❸ 「~みたいだ」의 문어체 표현

「~みたいだ」는 일상에서 사용하는 표현으로 격식을 차릴 때는 「~ようだ」를 씁니다. 「~ようだ」의 정중 표현은 「~ようです」입니다.

품사	접속 형태	예시
동사	보통형	行くようだ 가는 것 같다
い형용사	い형용사 い	おもしろいようだ 재미있는 것 같다
な형용사	な형용사 な	有名なようだ 유명한 것 같다
명사	명사 の	風邪のようだ 감기인 것 같다

단어

すく (배가) 고프다 ｜ 食べ放題 (음식) 무한리필 ｜ 時間制限 시간 제한 ｜ まりこ 마리코[이름] ｜ オッケー 오케이, OK

매니저를 맡게 되었어요.

マネージャーを 任(まか)せられる ように なりました。

아르바이트하는 곳에서
매니저를 맡게 되었어요.
バイト先(さき)で マネージャーを
任(まか)せられる ように なりました。

우와! 그거 잘 됐네요.
ええ, それは よかったですね。

배울 내용 미리 확인하GO!

미리 보GO 1 기다리게 해서 미안해요.

待たせて ごめんなさい。

미리 보GO 2 선생님은 학생들에게 단어를 외우게 해요.

先生は 学生たちに 単語を 覚えさせます。

미리 보GO 3 오키나와는 아시아의 하와이로 잘 알려져 있어요.

沖縄は アジアの ハワイとして よく 知られています。

미리 보GO 4 다음 달부터 매니저를 맡게 되었어요.

来月から マネージャーを 任せられる ように

なりました。

이번 과에서는 일본어의 사역형과 수동형에 대해 배워 보려고 해요.

일본어의 사역형은 남에게 어떤 행동을 시키거나 허락하는 표현을 뜻하며, 수동형은 자신의 의지와는 상관없이

어떠한 행동을 당했을 때 사용하는 표현을 뜻해요. 이 표현들을 배우고 나면 '엄마가 저에게 심부름 시켰어요',

'개에게 물렸어요'와 같은 다양한 사역 및 수동 표현을 말할 수 있게 됩니다.

처음에는 이해하기 어려울 수 있지만 문장을 여러 번 따라 읽다 보면 자연스럽게 의미를 이해하게 될 거예요.

 문형1

_____ 하게 해요.

1그룹/예외 1그룹 동사 사역형 ます。

Track 30-01

| 1그룹 | 水泳を 習わせます。 | ⟶ | 수영을 배우게 해요. |

| 예외 1그룹 | グラウンドを 走らせます。 | ⟶ | 운동장을 달리게 해요. |

 문형 알아보GO!

1. 「~せる」 ~하게 하다(1그룹/예외 1그룹 동사의 사역형)

사역형이란 상대방에게 어떤 동작이나 행동을 '~하게 하다', '~하도록 시키다'라는 의미를 나타냅니다. 1그룹/예외 1그룹 동사의 사역형은 동사의 끝 「う단」을 「あ단」으로 바꾼 후 「~せる」를 붙입니다. 정중 표현은 뒤에 「~ます」, 「~ました」를 붙여서 사용합니다.

	기본형	사역형	기본형	사역형
	어미 「う단」을 「あ단」으로 바꾸고 「せる」를 붙입니다. 단, 「う」로 끝나는 동사는 「わせる」가 됩니다.			
1그룹	習う 배우다	習わせる 배우게 하다	行く 가다	行かせる 가게 하다
	急ぐ 서두르다	急がせる 서두르게 하다	出す 꺼내다, 내다	出させる 꺼내게 하다
	待つ 기다리다	待たせる 기다리게 하다	死ぬ 죽다	死なせる 죽게 하다
	読む 읽다	読ませる 읽게 하다	運ぶ 옮기다	運ばせる 옮기게 하다
	怒る 화내다	怒らせる 화나게 하다	困る 곤란하다	困らせる 곤란하게 하다
예외 1그룹	어미 「う단」을 「あ단」으로 바꾸고 「せる」를 붙입니다.(1그룹과 동일)			
	知る 알다	知らせる 알게 하다, 알리다	走る 달리다	走らせる 달리게 하다
	帰る 돌아가다, 돌아오다	帰らせる 돌아가게 하다, 돌아오게 하다		

단어

~せる ~하게 하다, ~하도록 시키다 | グラウンド 운동장

🎧 듣고 따라 말해보세요. ✔ 2 3 4 5

말하기트레이닝30-01 Track 30-02

1

1그룹

しゃちょう　　　　たなか　　　　　しゅっちょう　　い
社長は　田中さんを　出張に　行かせます。

사장님은 다나카 씨를 출장 가게 해요.

2

1그룹

ともだち　　　　　　　わたし　こま
友達は　いつも　私を　困らせます。

친구는 항상 나를 곤란하게 해요.

3

1그룹

にほんご　　　にっき　　か
日本語で　日記を　書かせます。

일본어로 일기를 쓰게 해요.

4

1그룹

せんせい　わたし　　　にほん　うた　き
先生が　私たちに　日本の　歌を　聞かせました。

선생님이 우리에게 일본 노래를 듣게 했어요(들려줬어요).

5

예외1그룹

おそ　　　　　　　　　　　　　うち　かえ
遅くなったので、みんなを　家に　帰らせました。

늦었으니까 모두 집으로 돌아가게 했어요.

단어

こま
困る 곤란하다

_____ 하게 해요.

2그룹/3그룹 동사 사역형 ます。

Track 30-03

| 2그룹 | たばこを やめさせます。 | 담배를 끊게 해요. |

| 3그룹 | 掃除を させます。 | 청소를 하게 해요. |

1. 「~させる」~하게 하다(2그룹/3그룹 동사의 사역형)

2그룹 동사의 사역형은 동사의 끝 「る」를 떼고 「~させる」를 붙입니다. 3그룹 동사의 사역형은 총 두 가지로 불규칙하므로 그대로 암기하면 됩니다. 정중 표현은 뒤에 「~ます」, 「~ました」를 붙여서 사용합니다.

	기본형	사역형	기본형	사역형
2그룹	어미 「る」를 떼고 「させる」를 붙입니다.			
	見る 보다	見させる 보게 하다	食べる 먹다	食べさせる 먹게 하다
	起きる 일어나다	起きさせる 일어나게 하다	考える 생각하다	考えさせる 생각하게 하다
	覚える 외우다	覚えさせる 외우게 하다	やめる (술·담배를) 끊다, 그만두다	やめさせる (술·담배를) 끊게하다, 그만두게 하다
3그룹	「来る 오다」, 「する 하다」는 불규칙 동사이므로 있는 그대로 외우면 됩니다.			
	来る 오다	来させる 오게 하다	する 하다	させる 시키다

단어

たばこ 담배 ㅣ やめる (술·담배를) 끊다, 그만하다

🎧 듣고 따라 말해보세요. ✔️ 2 3 4 5

말하기트레이닝30-02 Track 30-04

1

2그룹 先生は 学生たちに 単語を 覚えさせます。

선생님은 학생들에게 단어를 외우게 해요.

2

2그룹 父は、私に 嫌いな 野菜を 食べさせました。

아빠는 저에게 싫어하는 채소를 먹였어요.

3

2그룹 もう少しだけ 考えさせて くれますか。

조금만 더 생각하게(생각할 수 있게) 해 줄 수 있나요?

4

3그룹 母が 私に おつかいさせました。

엄마가 저에게 심부름 시켰어요(심부름하게 했어요).

5

3그룹 書類を 持って来させました。

서류를 갖고 오게 했어요.

단어

おつかいする 심부름하다

_____ 당했어요.

1그룹/예외 1그룹 동사 수동형 ました。

Track 30-05

1그룹 犬^{いぬ}に 噛^かまれました。 ○━○
○━○ 개에게 물렸어요.

예외1그룹 髪^{かみ}を 切^きられました。 ○━○
○━○ 머리카락을 잘렸어요.

1. 「~れる」~당하다, ~받다, ~되다(1그룹/예외1그룹 동사의 수동형)

수동형이란 주어가 상대로부터 어떠한 행동이나 작용을 받게 되는 것을 말합니다. 직접적으로 혹은 간접적으로 어떠한 행동을 당하거나 나쁜 영향이나 피해를 입었을 때 사용하는 표현입니다. 이때 상대방이나 영향을 주는 대상 뒤에 「~に(~에게)」 조사를 사용합니다. 일반적으로 과거형으로 많이 쓰이며 동사 뒤에 「~れました」를 붙여 '~당했어요, ~받았어요, ~됐어요'라는 의미를 나타냅니다.

	기본형	수동형	기본형	수동형
	어미 「う단」을 「あ단」으로 바꾸고 「れる」를 붙입니다. 단, 「う」로 끝나는 동사는 「われる」가 됩니다.			
1그룹	使^{つか}う 사용하다	使^{つか}われる 사용되다	開^{ひら}く 열다	開^{ひら}かれる 열리다
	急^{いそ}ぐ 서두르다	急^{いそ}がれる 재촉 받다	壊^{こわ}す 망가뜨리다	壊^{こわ}される 망가지다
	打^うつ 치다, 때리다	打^うたれる 맞다	死^しぬ 죽다	死^しなれる 여의다, (타인이) 죽다
	呼^よぶ 부르다	呼^よばれる 불리다	踏^ふむ 밟다	踏^ふまれる 밟히다
	噛^かむ (깨)물다	噛^かまれる 물리다	怒^{おこ}る 화내다, 꾸짖다	怒^{おこ}られる 혼나다, 야단 맞다
예외 1그룹	어미 「う단」을 「あ단」으로 바꾸고 「れる」를 붙입니다.(1그룹과 동일)			
	知^しる 알다	知^しられる 알려지다	切^きる 자르다	切^きられる 잘리다

단어

~れる ~당하다, ~받다, ~되다 | 噛^かむ (깨)물다

🎧 듣고 따라 말해보세요. ✔ 2 3 4 5

말하기트레이닝30-03　Track 30-06

1

1그룹

今年、ワールドカップが 開かれます。

올해 월드컵이 열립니다.

2

1그룹

今朝、遅刻して 先生に 怒られました。

오늘 아침에 지각해서 선생님께 야단 맞았어요.

3

1그룹

満員電車で 足を 踏まれました。

만원 전차에서 발을 밟혔어요.

4

1그룹

兄に 大事な カメラを 壊されました。

형(오빠)이 소중한 카메라를 망가뜨렸어요.

5

예외1그룹

沖縄は アジアの ハワイとして よく 知られています。

오키나와는 아시아의 하와이로 잘 알려져 있어요.

단어

ワールドカップ 월드컵 ｜ 開く (대회를) 열다, 개최하다 ｜ 怒る 화내다, 꾸짖다 ｜ 満員電車 만원 전차 ｜ 足 발 ｜ 踏む (발로) 밟다 ｜ 大事だ 소중하다, 아끼다 ｜ アジア 아시아 ｜ ハワイ 하와이

_____ 당했어요.

2그룹/3그룹 동사 수동형 ました。

Track 30-07

| 2그룹 | 彼に 助けられました。 | 그에게 도움받았어요. |

| 3그룹 | 大会が 延期されました。 | 대회가 연기되었어요. |

 문형 알아보GO!

1. 「~られる」 ~당하다, ~받다, ~되다(2그룹/3그룹 동사의 수동형)

2그룹 동사의 수동형은 동사의 끝 「る」를 떼고 「られる」를 붙입니다. 3그룹 동사의 수동형은 총 두 가지로 불규칙하므로 그대로 암기하면 됩니다. 일반적으로 과거형으로 많이 쓰이며 동사 뒤에 「~られました」를 붙여 '~당했어요, ~받았어요, ~됐어요'라는 의미를 나타냅니다.

	기본형	사역형	기본형	사역형
2그룹	어미 「る」를 떼고 「られる」를 붙입니다.			
	見る 보다	見られる 보여지다 (누군가에게 봄을 당하다)	食べる 먹다	食べられる 먹히다
	褒める 칭찬하다	褒められる 칭찬받다	考える 생각하다	考えられる 생각되다
	捨てる 버리다	捨てられる 버려지다	建てる 세우다, 짓다	建てられる 세워지다, 지어지다
3그룹	「来る 오다」, 「する 하다」는 불규칙 동사이므로 있는 그대로 외우면 됩니다.			
	来る 오다	来られる 오다 (누군가 오는 것을 당하다)	する 하다	される 당하다

Tip 「来る 오다」의 경우 '~당하다, ~받다, ~되다, ~지다'와 같이 일반 수동형으로 해석하면 문장이 부자연스러워집니다. 따라서 「来られる」의 경우 일반적으로 '오다'라고 해석하지만, 누군가가 와서 피해를 입었다는 뉘앙스를 내포합니다.

단어
_____

助ける 돕다 | 大会 대회

🎧 듣고 따라 말해보세요. ✔ 2 3 4 5

말하기트레이닝30-04 Track 30-08

1

2그룹

私の 日記を 弟に 見られて しまいました。

제 일기를 남동생이 봐 버렸어요.

2

2그룹

買っておいた ケーキを 妹に 食べられて しまいました。

사 둔 케이크를 여동생이 먹어 버렸어요.

3

2그룹

テストで 100点を 取って 母に 褒められました。

시험에서 100점을 받아서 엄마에게 칭찬받았어요.

4

3그룹

友達に 来られて 勉強が できませんでした。

친구가 와서 공부를 못했어요.

5

3그룹

雨が 降って、試合が 中止されて しまいました。

비가 와서 시합이 중지(취소)되어 버렸어요.

단어

日記 일기 | 点 점(점수) | 褒める 칭찬하다 | 中止する 중지하다, 취소하다

Track 30-09 천천히   Track 30-10 보통

이민호

さくらさん、待_またせて ❶ごめんなさい。

사쿠라

大丈夫_{だいじょうぶ}です。私_{わたし}も たった今_{いま} 着_つきました。

이민호

よかった。ところで、ちょっと 聞_きいて くださいよ。

사쿠라

どうしたんですか。

이민호

実_{じつ}は、バイト❷先_{さき}で 来月_{らいげつ}から マネージャーを 任_{まか}せられる

ように なりました。

사쿠라

えぇ、それは よかったですね。おめでとうございます。

이민호

いつも ミスして 怒_{おこ}られてたのに。

사쿠라

これからは、怒_{おこ}られないように 頑張_{がんば}って くださいね。

이민호

はい。頑張_{がんば}ってみます。

Track 30-11
한국어>일본어

이민호	사쿠라 씨, 기다리게 해서 미안해요.
사쿠라	괜찮아요. 저도 지금 막 도착했어요.
이민호	다행이다! 그나저나 (제 말) 좀 들어 보세요.
사쿠라	무슨 일 있어요?
이민호	실은 아르바이트하는 곳에서 다음 달부터 매니저를 맡게 되었어요.
사쿠라	우와! 그거 잘 됐네요. 축하해요!
이민호	항상 실수해서 혼났었는데요.
사쿠라	이제부터는 혼나지 않도록 노력하세요.
이민호	네, 열심히 해볼게요.

＋ 더 알아보GO!

❶ 「ごめんなさい」와 「すみません」의 차이

	ごめんなさい	すみません
의미	미안합니다	죄송합니다, 고맙습니다
용법	친한 사이에 주로 사용하며 가볍게 사과할 때 쓰는 표현	상대방에게 정중하게 사과하거나 감사함 또는 무언가를 부탁할 때 쓰는 표현

❷ 「명사＋先」~하는 곳, ~하는 장소

「先」는 '먼저'라는 의미로 자주 쓰이나 앞에 명사가 와서 「명사 ＋ 先」 형태로 쓰일 경우 '~하는 곳, ~하는 장소'라는 의미로 쓰입니다.

連絡先 연락처(연락하는 곳)

단어

ごめんなさい 미안합니다 ㅣ たった今 지금 막, 방금 ㅣ どうしたんですか 무슨 일 있어요? ㅣ バイト先 아르바이트 하는 장소 ㅣ
来月 다음 달 ㅣ マネージャー 매니저 ㅣ 任せる (역할을) 맡기다 ㅣ おめでとうございます 축하해요 ㅣ
ミスする 실수하다 ㅣ ~のに ~인데[놀람 또는 불만의 뉘앙스에도 사용]

본서

부록

부록 ❶ 숫자 표현

1 개수 표현

우리말의 '하나, 둘, 셋'처럼 일본어로도 개수를 세는 방법이 있습니다. 일본어로 '몇 개'는 「いくつ」라고 하며, 몇 개인지 물어볼 때는 「いくつですか 몇 개예요?」라고 합니다.

한 개, 1개	두 개, 2개	세 개, 3개	네 개, 4개	다섯 개, 5개
ひとつ 히토츠	ふたつ 후타츠	みっつ 밋츠	よっつ 욧츠	いつつ 이츠츠
여섯 개, 6개	일곱 개, 7개	여덟 개, 8개	아홉 개, 9개	열 개, 10개
むっつ 뭇츠	ななつ 나나츠	やっつ 얏츠	ここのつ 코코노츠	とお 토-

2 사람을 세는 표현

일본어로 사람을 셀 때는 '명'에 해당하는 조수사 「人」을 붙여서 말합니다. 단, '한 명', '두 명'의 경우 예외적으로 읽기 때문에 주의해야 하며 또 '네 명'의 경우 숫자 '4'를 「よ」로 읽는 것도 주의해야 합니다.

한 명, 1명	두 명, 2명	세 명, 3명	네 명, 4명	다섯 명, 5명
ひとり 히토리	ふたり 후타리	さんにん 산닝	よにん 요닝	ごにん 고닝
여섯 명, 6명	일곱 명, 7명	여덟 명, 8명	아홉 명, 9명	열 명, 10명
ろくにん 로쿠닝	ななにん・ しちにん 나나닝・시치닝	はちにん 하치닝	きゅうにん 큐-닝	じゅうにん 쥬-닝

3 시간을 나타내는 표현

일본어로 '~시'는 「時」이며, 시간을 물어볼 때는 「何時ですか 몇 시예요?」라고 합니다. 시간을 말할 때 4시, 7시, 9시는 읽는 법에 주의합니다.

1시	2시	3시	4시	5시	6시
いちじ 이치지	にじ 니지	さんじ 산지	よじ 요지	ごじ 고지	ろくじ 로쿠지
7시	8시	9시	10시	11시	12시
しちじ 시치지	はちじ 하치지	くじ 쿠지	じゅうじ 쥬-지	じゅういちじ 쥬-이치지	じゅうにじ 쥬-니지

4 분(分)을 나타내는 표현

일본어로 '~분'은 「分」이라고 표기하며, 읽는 법은 「ふん·ぷん」 두 가지가 있습니다. '30분'은 「さんじゅっぷん」 또는 「半 반」이라고 합니다. '몇 분'은 「何分」이라고 합니다.

1분	2분	3분	4분	5분
いっぷん 입풍	にふん 니훙	さんぷん 삼풍	よんぷん 욤풍	ごふん 고훙
6분	**7분**	**8분**	**9분**	**10분**
ろっぷん 롭풍	ななふん 나나훙	はっぷん· はちふん 합풍·하치훙	きゅうふん 큐-훙	じゅっぷん 쥽풍
15분	**20분**	**30분**	**40분**	**50분**
じゅうごふん 쥬-고훙	にじゅっぷん 니쥽풍	さんじゅっぷん = 半 산쥽풍 = 항	よんじゅっぷん 욘쥽풍	ごじゅっぷん 고쥽풍

5 월(月)을 나타내는 표현

일본어로 '월'은 「月」라고 하며 숫자 뒤에 붙여 말합니다. 몇 월인지 물어볼 때는 「何月ですか 몇 월이에요?」라고 합니다. 4월, 7월, 9월은 읽는 법에 주의합니다.

1월	2월	3월	4월	5월	6월
いちがつ 이치가츠	にがつ 니가츠	さんがつ 상가츠	しがつ 시가츠	ごがつ 고가츠	ろくがつ 로쿠가츠
7월	**8월**	**9월**	**10월**	**11월**	**12월**
しちがつ 시치가츠	はちがつ 하치가츠	くがつ 쿠가츠	じゅうがつ 쥬-가츠	じゅういちがつ 쥬-이치가츠	じゅうにがつ 쥬-니가츠

6 일(日)을 나타내는 표현

일본어로 '일'은 「日」로 읽지만 예외로 1일은 「1日」라고 읽고, 2~10일과 14, 20, 24일은 「日」라고 읽어야 합니다. 며칠인지 물어볼 때는 「何日ですか 며칠이에요?」라고 합니다.

1일	2일	3일	4일	5일
ついたち	ふつか	みっか	よっか	いつか
츠이타치	후츠카	믹카	욕카	이츠카
6일	**7일**	**8일**	**9일**	**10일**
むいか	なのか	ようか	ここのか	とおか
무이카	나노카	요-카	코코노카	토-카
11일	**12일**	**13일**	**14일**	**15일**
じゅういちにち	じゅうににち	じゅうさんにち	じゅうよっか	じゅうごにち
쥬-이치니치	쥬-니니치	쥬-산니치	쥬-욕카	쥬-고니치
16일	**17일**	**18일**	**19일**	**20일**
じゅうろくにち	じゅうしちにち	じゅうはちにち	じゅうくにち	はつか
쥬-로쿠니치	쥬-시치니치	쥬-하치니치	쥬-쿠니치	하츠카
21일	**22일**	**23일**	**24일**	**25일**
にじゅういちにち	にじゅうににち	にじゅうさんにち	にじゅうよっか	にじゅうごにち
니쥬-이치니치	니쥬-니니치	니쥬-산니치	니쥬-욕카	니쥬-고니치
26일	**27일**	**28일**	**29일**	**30일**
にじゅうろくにち	にじゅうしちにち	にじゅうはちにち	にじゅうくにち	さんじゅうにち
니쥬-로쿠니치	니쥬-시치니치	니쥬-하치니치	니쥬-쿠니치	산쥬-니치
31일				
さんじゅういち にち				
산쥬-이치니치				

7 화폐 단위를 읽는 법

「円」은 일본의 화폐 단위로 가격 뒤에 붙여서 사용합니다.

1엔	2엔	3엔	4엔	5엔
いち円 이치엥	に円 니엥	さん円 상엥	よ円 요엥	ご円 고엥

6엔	7엔	8엔	9엔	10엔
ろく円 로쿠엥	なな円 나나엥	はち円 하치엥	きゅう円 큐-엥	じゅう円 쥬-엥

20엔	30엔	40엔	50엔	60엔
にじゅう円 니쥬-엥	さんじゅう円 산쥬-엥	よんじゅう円 욘쥬-엥	ごじゅう円 고쥬-엥	ろくじゅう円 로쿠쥬-엥

70엔	80엔	90엔	100엔	200엔
ななじゅう円 나나쥬-엥	はちじゅう円 하치쥬-엥	きゅうじゅう円 큐-쥬-엥	ひゃく円 햐쿠엥	にひゃく円 니햐-쿠엥

300엔	400엔	500엔	600엔	700엔
さんびゃく円 삼뱌쿠엥	よんひゃく円 용햐쿠엥	ごひゃく円 고햐쿠엥	ろっぴゃく円 롭퍄쿠엥	ななひゃく円 나나햐쿠엥

800엔	900엔	1,000엔	2,000엔	3,000엔
はっぴゃく円 합퍄쿠엥	きゅうひゃく円 큐-햐쿠엥	せん円 셍엥	にせん円 니셍엥	さんぜん円 산젱엥

4,000엔	5,000엔	6,000엔	7,000엔	8,000엔
よんせん円 욘셍엥	ごせん円 고셍엥	ろくせん円 록셍엥	ななせん円 나나셍엥	はっせん円 핫셍엥

9,000엔	10,000엔			
きゅうせん円 큐-셍엥	いちまん円 이치망엥			

부록 ② 일본어 문법표

명사

	보통형(반말체)		정중형(존댓말)	
기본형	学生^{がくせい}だ	학생이다	学生^{がくせい}です	학생입니다
과거형	学生^{がくせい}だった	학생이었다	学生^{がくせい}でした	학생이었습니다
부정형	学生^{がくせい}では(じゃ)ない	학생이 아니다	学生^{がくせい}では(じゃ)ない です/ありません	학생이 아닙니다
과거 부정형	学生^{がくせい}では(じゃ)なか った	학생이 아니었다	学生^{がくせい}では(じゃ)なか ったです/ありません でした	학생이 아니었습니다

い형용사

	보통형(반말체)		정중형(존댓말)	
기본형	おもしろい	재미있다	おもしろいです	재미있어요
과거형	おもしろかった	재미있었다	おもしろかったです	재미있었어요
부정형	おもしろくない	재미있지 않다	おもしろくないです/ くありません	재미있지 않아요
과거 부정형	おもしろくなかった	재미있지 않았다	おもしろくなかった です/くありませんで した	재미있지 않았어요

な형용사

	보통형(반말체)		정중형(존댓말)	
기본형	きれいだ	예쁘다	きれいです	예뻐요
과거형	きれいだった	예뻤다	きれいでした	예뻤어요
부정형	きれいでは(じゃ)ない	예쁘지 않다	きれいでは(じゃ)な いです/ありません	예쁘지 않아요

	보통형(반말체)		정중형(존댓말)	
과거 부정형	きれいでは(じゃ)な かった	예쁘지 않았다	きれいでは(じゃ)な かったです/ありませ んでした	예쁘지 않았어요

동사

그룹	보통형(반말체)		정중형(존댓말)	
1그룹	行く	가다	行きます	갑니다
	行った	갔다	行きました	갔습니다
	行かない	가지 않는다	行きません 行かないです	가지 않습니다
	行かなかった	가지 않았다	行きませんでした 行かなったです	가지 않았습니다
2그룹	見る	보다	見ます	봅니다
	見た	봤다	見ました	봤습니다
	見ない	보지 않는다	見ません 見ないです	보지 않습니다
	見なかった	보지 않았다	見ませんでした 見なかったです	보지 않습니다
3그룹	する	하다	します	합니다
	した	했다	しました	했습니다
	しない	하지 않는다	しません しないです	하지 않습니다
	しなかった	하지 않았다	しませんでした しなかったです	하지 않았습니다

부록 ❸ 품사별 활용표

❶ 형용사와 명사의 접속 활용표

품사	표현 유형 접속 형태	기본형	현재 긍정형	현재 부정형
품사	접속 형태	~い	~です	~くないです
い형용사		安い 싸다	安いです	安くないです
		大きい 크다	大きいです	大きくないです
		たのしい 즐겁다	たのしいです	たのしくないです
		いい / よい 좋다	いいです よいです	よくないです
		新しい 새롭다	新しいです	新しくないです
품사	접속 형태	だ	~です	~では(じゃ)ないです ありません
な형용사		きれいだ 예쁘다	きれいです	きれいでは(じゃ)ないです ありません
		好きだ 좋아하다	好きです	好きでは(じゃ)ないです ありません
		静かだ 조용하다	静かです	静かでは(じゃ)ないです ありません
		簡単だ 간단하다	簡単です	簡単では(じゃ)ないです ありません
		親切だ 친절하다	親切です	親切では(じゃ)ないです ありません
명사 + だ		先生だ 선생님이다	先生です	先生では(じゃ)ないです ありません
		休みだ 휴일이다	休みです	休みでは(じゃ)ないです ありません

연결형	과거 긍정형	과거 부정형
~くて	~かったです	~くなかったです
安_{やす}くて	安_{やす}かったです	安_{やす}くなかったです
大_{おお}きくて	大_{おお}きかったです	大_{おお}きくなかったです
たのしくて	たのしかったです	たのしくなかったです
よくて	よかったです	よくなかったです
新_{あたら}しくて	新_{あたら}しかったです	新_{あたら}しくなかったです
~で	~でした	~では(じゃ)なかったです 　　ありませんでした
きれいで	きれいでした	きれいでは(じゃ)なかったです 　　ありませんでした
好_すきで	好_すきでした	好_すきでは(じゃ)なかったです 　　ありませんでした
静_{しず}かで	静_{しず}かでした	静_{しず}かでは(じゃ)なかったです 　　ありませんでした
簡単_{かんたん}で	簡単_{かんたん}でした	簡単_{かんたん}では(じゃ)なかったです 　　ありませんでした
親切_{しんせつ}で	親切_{しんせつ}でした	親切_{しんせつ}では(じゃ)なかったです 　　ありませんでした
先生_{せんせい}で	先生_{せんせい}でした	先生_{せんせい}では(じゃ)なかったです 　　ありませんでした
休_{やす}みで	休_{やす}みでした	休_{やす}みでは(じゃ)なかったです 　　ありませんでした

표현 유형		명사 수식	추측 표현(1)
품사	접속 형태	~い	~い そうだ(です)
い형용사		安い + 명사	安そうだ(です)
		大きい + 명사	大きそうだ(です)
		たのしい + 명사	たのしそうだ(です)
		いい / よい + 명사	よさそうだ(です)
		新しい + 명사	新しそうだ(です)
품사	접속 형태	~な	~だ そうだ(です)
な형용사		きれいな + 명사	きれいそうだ(です)
		好きな + 명사	好(す)きそうだ(です)
		静かな + 명사	静かそうだ(です)
		簡単な + 명사	簡単そうだ(です)
		親切な + 명사	親切そうだ(です)
품사	접속 형태	~の	
명사		先生の + 명사	없음
		休みの + 명사	없음

추측 표현(2)	전문 표현
~い ようだ(です) ~い みたいだ(です)	~い そうだ(です)
安<small>やす</small>いようだ(です) みたいだ(です)	安<small>やす</small>いそうだ(です)
大<small>おお</small>きいようだ(です) みたいだ(です)	大<small>おお</small>きいそうだ(です)
たのしいようだ(です) みたいだ(です)	たのしいそうだ(です)
いい/よいようだ(です) みたいだ(です)	いい/よいそうだ(です)
新<small>あたら</small>しいようだ(です) みたいだ(です)	新<small>あたら</small>しいそうだ(です)
~な ようだ(です) ~だ みたいだ(です)	~だ そうだ(です)
きれいなようだ(です) みたいだ(です)	きれいだそうだ(です)
好<small>す</small>きなようだ(です) みたいだ(です)	好<small>す</small>きだそうだ(です)
静<small>しず</small>かなようだ(です) みたいだ(です)	静<small>しず</small>かだそうだ(です)
簡単<small>かんたん</small>なようだ(です) みたいだ(です)	簡単<small>かんたん</small>だそうだ(です)
親切<small>しんせつ</small>なようだ(です) みたいだ(です)	親切<small>しんせつ</small>だそうだ(です)
~の ようだ(です) ~みたいだ(です)	~だ みうだ(です)
先生<small>せんせい</small>のようだ(です) みたいだ(です)	先生<small>せんせい</small>だそうだ(です)
休<small>やす</small>みのようだ(です) みたいだ(です)	休<small>やす</small>みだそうだ(です)

❷ 동사의 접속 활용표

품사	표현유형 접속형태	기본형 ~う(~하다)	현재 긍정형/부정형 ~ます / ません(~합니다 / ~하지 않습니다)		과거 긍정형/부정형 ~ました / ませんでした(~했습니다 / ~하지 않았습니다)
1그룹		買う 사다	買います / ません		買いました / ませんでした
		行く 가다	行きます / ません		行きました / ませんでした
		泳ぐ 수영하다	泳ぎます / ません		泳ぎました / ませんでした
		話す 이야기하다	話します / ません		話しました / ませんでした
		待つ 기다리다	待ちます / ません		待ちました / ませんでした
		死ぬ 죽다	死にます / ません		死にました / ませんでした
		遊ぶ 놀다	遊びます / ません		遊びました / ませんでした
		飲む 마시다	飲みます / ません		飲みました / ませんでした
		乗る 타다	乗ります / ません		乗りました / ませんでした
예외 1그룹		帰る 돌아가다	帰ります / ません		帰りました / ませんでした
		切る 자르다	切ります / ません		切りました / ませんでした
2그룹		見る 보다	見ます / ません		見ました / ませんでした
		起きる 일어나다	起きます / ません		起きました / ませんでした
		着る 입다	着ます / ません		着ました / ませんでした
		食べる 먹다	食べます / ません		食べました / ませんでした
		捨てる 버리다	捨てます / ません		捨てました / ませんでした
3그룹		来る 오다	来ます / ません		来ました / ませんでした
		する 하다	します / ません		しました / ませんでした

품사	표현유형 접속형태	가능형 ~え단 + る		의지형 ~お단 + う	
1그룹		買える	行ける	買おう	行こう
		泳げる	話せる	泳ごう	話そう
		待てる	死ねる	待とう	死のう
		遊べる	飲める	遊ぼう	飲もう
		乗れる		乗ろう	
예외 1그룹		帰れる	切れる	帰ろう	切ろう

품사	접속형태	~る られる(~할 수 있다)		~る よう(~하자, 해야지)	
2그룹		見られる	起きられる	見よう	起きよう
		着られる	食べられる	着よう	食べよう
		捨てられる		捨てよう	
3그룹		来られる	できる	来よう	しよう

연결형	과거 보통형(반말체)	과거 부정 보통형(반말체)
~て(~하고, ~해서)	~た(~했다)	~ない(~하지 않다)
買って	買った	買わない
行って	行った	行かない
泳いで	泳いだ	泳がない
話して	話した	話さない
待って	待った	待たない
死んで	死んだ	死なない
遊んで	遊んだ	遊ばない
飲んで	飲んだ	飲まない
乗って	乗った	乗らない
帰って	帰った	帰らない
切って	切った	切らない
見て	見た	見ない
起きて	起きた	起きない
着て	着た	着ない
食べて	食べた	食べない
捨てて	捨てた	捨てない
来て	来た	来ない
して	した	しない

수동형		사역형	
~あ단 + れる		~あ단 + せる	
買われる	行かれる	買わせる	行かせる
泳がれる	話される	泳がせる	話させる
待たれる	死なれる	待たせる	死なせる
遊ばれる	飲まれる	遊ばせる	飲ませる
乗られる		乗らせる	
帰られる	切られる	帰らせる	切らせる
る られる(~당하다, ~받다, ~되다)		る させる(~하게 하다, ~하도록 시키다)	
見られる	起きられる	見させる	起きさせる
着られる	食べられる	着させる	食べさせる
捨てられる		捨てさせる	
来られる	される	来させる	させる

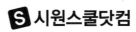

히라가나·가타카나부터
JLPT까지 한 달 완성

GO!독학
일본어
첫걸음

워크북

쓰기 노트

JLPT N5 · N4 실전 모의고사

쓰기노트

❇ 히라가나 써 보GO!

❇ 가타카나 써 보GO!

❇ 탁음 써 보GO!

❇ 반탁음 써 보GO!

다음 제시된 문자를 따라 써 보세요.

💡 우리말의 '아'와 비슷하게 발음하며, 1획과 2획이 직선이 되지 않도록 쓰고, 3획은 둥글게 돌려 줍니다.

[아]

あ	あ			

💡 우리말의 '이'와 비슷하게 발음하며, 입술을 양옆으로 당기지 않도록 가볍게 발음합니다. 왼쪽 획은 길고 오른쪽 획은 짧게 씁니다.

[이]

い	い			

💡 우리말의 '우'와 '으' 중간 발음이며, 입술을 동그랗게 모으지 않은 채 발음합니다. 1획의 점은 중앙에 찍습니다. 2획을 ㄱ처럼 쓰지 않고 둥근 모양으로 씁니다.

[우]

う	う			

💡 우리말의 '에'와 비슷하게 발음하며, 1획의 점은 중앙에 찍습니다. 2획은 끊지 않고 한 번에 이어서 씁니다.

え
[에]

え	え			

💡 우리말의 '오'와 비슷하게 발음하며, 입술이 너무 동그랗게 되지 않도록 가볍게 발음합니다. 1획은 짧게 긋고 2획은 수직선으로 길게 내려 그은 다음 삐쳐 올려 줍니다. 3획은 오른쪽 위에 찍습니다.

お
[오]

お	お			

한 번에 써 보GO!

あ	い	う	え	お
あ	い	う	え	お

💡 우리말의 '카'와 비슷하게 발음하나, '카'보다 약하게 힘을 빼서 발음합니다. 1획을 쓸 때 직각이 되지 않도록
하며 3획은 너무 멀리 떨어지지 않게 씁니다.

[카]

💡 우리말의 '키'와 비슷하게 발음하나, '키'보다 약하게 발음합니다. 1획은 2획보다 짧게 씁니다. 3획은 비스듬히
써 주는데 선 끝에 삐침이 있습니다. 단, 서체에 따라서 「き」로 표기하기도 합니다.

[키]

💡 우리말의 '쿠'와 '크' 중간 정도로 약하고 가볍게 발음합니다. 1획을 힘 있게 눌러쓰다가 가운데 부분에서 힘을
약간 뺀 다음 내려 씁니다.

[쿠]

우리말의 '케'와 비슷하게 발음하나, '케'보다 약하게 힘을 빼서 발음합니다. 1획은 끝부분을 삐쳐 올리며 3획은 옆으로 약간 길게 빼서 씁니다.

け

[케]

け	け				

우리말의 '코'와 비슷하게 발음하며, 입술이 너무 동그랗게 되지 않도록 가볍게 발음합니다. 1획을 2획보다 짧게 씁니다.

こ

[코]

こ	こ				

한 번에 써 보GO!

か	き	く	け	こ
か	き	く	け	こ

💡 우리말의 '사'와 비슷하게 발음합니다. 2획의 끝은 살짝 삐침으로 쓰며 3획이 너무 멀리 떨어지지 않게 씁니다. 서체에 따라서 「さ」로 표기하기도 합니다.

[사]

💡 우리말의 '시'와 비슷하게 발음하며, 입술을 양옆으로 당기지 않도록 가볍게 발음합니다. 한 번에 선을 그어서 쓰고, 아랫부분이 너무 꺾이지 않도록 합니다.

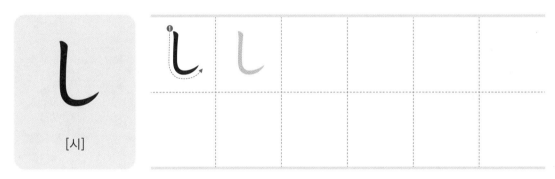

[시]

💡 우리말의 '수'와 '스' 중간 발음이며, 입을 너무 아래로 당기지 않도록 가볍게 발음합니다. 1획을 길게 쓰고 2획은 내려 긋다가 한 바퀴 돌려 뺍니다.

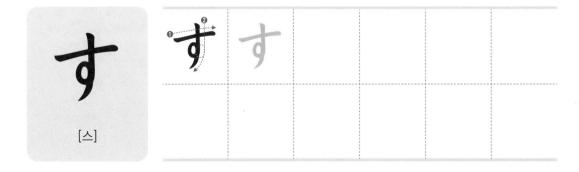

[스]

💡 우리말의 '세'와 비슷하게 발음합니다. 1획은 약간 위로 올려 길게 긋고 3획은 둥글게 쓰다가 멈춥니다.

せ [세]	せ	せ			

💡 우리말의 '소'와 비슷하게 발음하며, 입술이 너무 둥그랗게 되지 않도록 가볍게 발음합니다. 1획을 끊어 쓰지 않고 한 번에 이어서 씁니다. 서체에 따라서 「そ」로 표기하기도 합니다.

そ [소]	そ	そ			

한 번에 써 보GO!

さ	し	す	せ	そ
さ	し	す	せ	そ

💡 우리말의 '타'와 비슷하게 발음하나, '타'보다 약하게 힘을 빼서 발음합니다. 1획을 위로 살짝 올리고 2획은 비스듬히 길게 내려 씁니다. 3획과 4획의 간격이 너무 좁거나 넓지 않도록 합니다.

た
[타]

💡 우리말의 '치'와 비슷하게 발음하며, 입술을 양옆으로 당기지 않도록 가볍게 발음합니다. 2획은 내려 쓰다가 오른쪽 방향으로 돌려 뺍니다.

ち
[치]

💡 우리말의 '추'와 '츠' 중간 발음이며, 입술을 동그랗게 모으지 않은 채 발음합니다. 1획을 끊어 쓰지 않고 한 번에 오른쪽 방향으로 돌려 뺍니다.

つ
[츠]

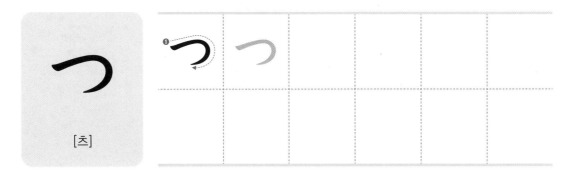

💡 우리말의 '테'와 비슷하지만, '테'보다는 약하게 힘을 빼서 발음합니다. 처음에 약간 위로 올려 쓰다가 반대 방향으로 꺾습니다.

[테]

💡 우리말의 '토'와 비슷하게 발음하며, 입술이 너무 동그랗게 되지 않도록 가볍게 발음합니다. 1획은 약간 비스듬하게 내려 긋고 2획은 왼쪽 방향으로 둥글게 써 주며 1획을 받쳐 줍니다.

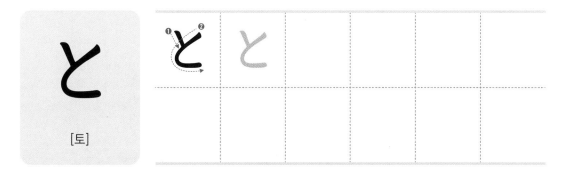

[토]

한 번에 써 보GO!

た	ち	っ	て	と
た	ち	っ	て	と

💡 우리말의 '나'와 비슷하게 발음합니다. 1획과 2획은 비스듬하게 긋고 3획은 짧게 내려 씁니다. 4획은 둥글게 돌려 내려 씁니다.

[나]

💡 우리말의 '니'와 비슷하게 발음하며, 입술을 양옆으로 당기지 않도록 가볍게 발음합니다. 1획은 끝을 삐쳐 올리고 2획과 3획은 간격이 너무 넓거나 좁지 않게 씁니다.

[니]

💡 우리말의 '누'와 '느' 중간 발음이며, 입술을 동그랗게 모으지 않은 채 발음합니다. 1획은 비스듬하게 내려 쓰고 2획은 끝을 둥글게 돌려 내려 씁니다.

[누]

💡 우리말의 '네'와 비슷하게 발음합니다. 1획은 수직으로 내려 긋고 2획은 단숨에 오른쪽 방향으로 둥글게 내려 쓴 다음 끝을 돌려 줍니다.

ね

[네]

💡 우리말의 '노'와 비슷하게 발음하며, 입술이 너무 동그랗게 되지 않도록 가볍게 발음합니다. 처음에 대각선을 긋고 단숨에 오른쪽 방향으로 돌려 빼 줍니다.

の

[노]

한 번에 써 보GO!

な	に	ぬ	ね	の
な	に	ぬ	ね	の

💡 우리말의 '하'와 비슷하게 발음합니다. 조사로 사용할 때는 '와'와 비슷하게 발음합니다. 1획은 너무 직각이 되지 않도록 살짝 곡선으로 긋고 끝부분을 삐쳐 올려주며 3획은 내려 쓴 다음 끝을 돌려 줍니다.

[하]

💡 우리말의 '히'와 비슷하게 발음하며, 입술을 양옆으로 당기지 않도록 가볍게 발음합니다. 1획 시작을 약간 위로 올리다가 시계 반대 방향으로 꺾어 둥글게 써 주고, 시작점과 거의 동일한 높이까지 올라가면 다시 아래로 내려 짧게 그어줍니다.

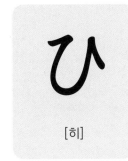

[히]

💡 우리말의 '후'와 '흐' 중간 발음이며, 입술을 동그랗게 모으지 않은 채 발음합니다. 서체에 따라서 「ふ」로 표기하기도 합니다. 1획의 점은 내려 찍고, 2획은 곡선을 그리듯 써 줍니다. 3획과 4획은 2획과 너무 멀리 떨어지지 않게 씁니다.

[후]

우리말의 '헤'와 비슷하게 발음합니다. 조사로 사용할 때는 '에'와 비슷하게 발음합니다. 왼쪽은 짧게 오른쪽은 길게 내려 줍니다.

へ	へ	へ			
[헤]					

우리말의 '호'와 비슷하게 발음하며, 입술이 너무 동그랗게 되지 않도록 가볍게 발음합니다. 1획은 끝부분을 삐쳐 올려주고 2획과 3획은 거의 비슷한 길이로 쓰며, 4획은 2획과 3획의 $2/3$지점에서 내려가다가 아래를 둥글게 돌려 줍니다.

ほ	ほ	ほ			
[호]					

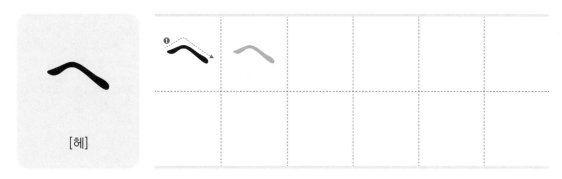

한 번에 써 보GO!

は	ひ	ふ	へ	ほ
は	ひ	ふ	へ	ほ

💡 우리말의 '마'와 비슷하게 발음합니다. 1획은 2획보다 길게 쓰고 3획은 수직으로 내려 긋다가 끝부분을 둥글게 돌려 줍니다.

[마]

💡 우리말의 '미'와 비슷하게 발음하며, 입술을 양옆으로 당기지 않도록 가볍게 발음합니다. 1획 처음 시작은 수직으로 긋다가 비스듬하게 내려 쓴 후 가운데 부분에서 둥글게 돌려 줍니다. 2획은 너무 길지 않게 씁니다.

[미]

💡 우리말의 '무'와 '므' 중간 발음이며, 입술을 동그랗게 모으지 않은 채 발음합니다. 서체에 따라서 「む」로 표기하기도 합니다. 2획은 수직으로 내려 쓰다가 둥글게 돌려 줍니다. 3획은 약간 높은 위치에 찍어 줍니다.

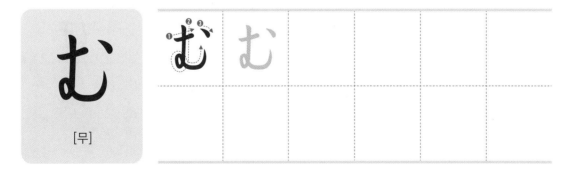

[무]

💡 우리말의 '메'와 비슷하게 발음합니다. 1획은 비스듬하게 짧게 쓰고 2획은 오른쪽 방향으로 돌려 씁니다.

め

[메]

め	め			

💡 우리말의 '모'와 비슷하게 발음하며, 입술이 너무 동그랗게 되지 않도록 가볍게 발음합니다. 1획은 내려 쓰다가 마지막에 삐쳐 올리고 2획과 3획은 비스듬히 짧게 씁니다.

も

[모]

も	も			

한 번에 써 보GO!

ま	み	む	め	も
ま	み	む	め	も

💡 우리말의 '야'와 비슷하게 발음합니다. 1획은 끝부분을 안으로 둥글게 말아주며 2획은 짧게, 3획은 아래로 길게 내려 써 줍니다.

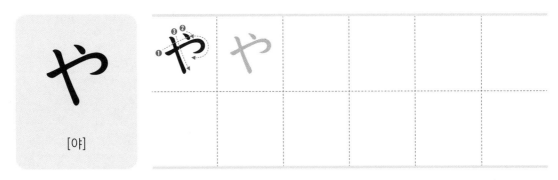

[야]

💡 우리말의 '유'와 '으' 중간 발음이며, 입술을 동그랗게 모으지 않은 채 발음합니다. 서체에 따라서 「ゆ」로 표기하기도 합니다. 1획은 오른쪽 방향으로 둥글게 돌려 주며, 2획은 가운데에서 길게 내려 씁니다.

[유]

💡 우리말의 '요'와 비슷하게 발음하며, 입술이 너무 동그랗게 되지 않도록 가볍게 발음합니다. 1획은 수평으로 짧게 그어주고 2획은 수직으로 내려 긋다가 둥글게 돌려 씁니다.

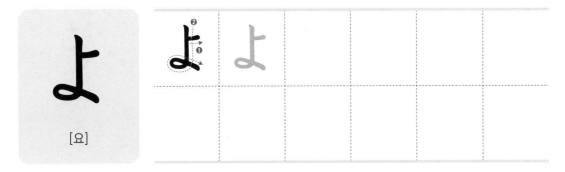

[요]

💡 우리말의 '라'와 비슷하게 발음하며, 1획과 2획을 붙여서 쓰지 않습니다. 서체에 따라서 「ら」로 표기하기도 합니다.

[라]

💡 우리말의 '리'와 비슷하게 발음하며, 입술을 양옆으로 당기지 않도록 가볍게 발음합니다. 1획은 짧고 2획은 길게 씁니다.

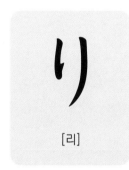

[리]

💡 우리말의 '루'와 '르' 중간 발음이며, 입술을 동그랗게 모으지 않은 채 발음합니다. 1획을 짧게 긋고 꺾어 내리다가 오른쪽 방향으로 돌려 줍니다.

[루]

💡 우리말의 '레'와 비슷하게 발음합니다. 1획은 수직으로 그어주고 2획의 끝부분을 밖으로 뺍니다.

れ [레]	れ れ			

💡 우리말의 '로'와 비슷하게 발음하며, 입술이 너무 동그랗게 되지 않도록 가볍게 발음합니다. 「る」와 비슷하게 쓰다가 끝부분을 뺍니다. 숫자 3처럼 쓰지 않도록 합니다.

ろ [로]	ろ ろ			

💡 우리말의 '와'와 비슷하게 발음합니다. 1획은 내려 그어주고 2획은 오른쪽 방향으로 둥글게 돌려 뺍니다.

わ [와]	わ わ			

우리말의 '오'와 비슷하게 발음하며, 입술이 너무 동그랗게 되지 않도록 가볍게 발음합니다. 「を」는 '~을(를)'이라는 뜻으로 쓰이는 조사입니다. 1획은 짧게 비스듬히 올라가듯 그어주고 2획은 영어 소문자 h자처럼 쓴 다음, 3획은 왼쪽 방향으로 둥글게 씁니다. 끝부분을 너무 길게 빼지 않도록 합니다.

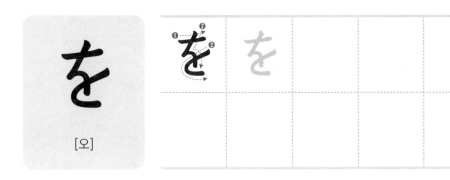

[오]

「ん」 발음은 편의상 '응'으로 표기했지만, 우리말의 'ㄴ', 'ㅁ', 'ㅇ' 받침과 비슷하게 발음됩니다. 받침 같은 역할을 하기 때문에 단어의 경우 보통 맨 앞에 올 수 없습니다. 영어 소문자 h자처럼 쓰지만 끝부분을 위로 올려줍니다.

ん

[응]

한 번에 써 보GO!

다음 제시된 문자를 따라 써 보세요.

우리말의 '아'와 비슷하게 발음합니다. 1획은 수직으로 쓰다가 끝부분을 아래로 비스듬히 짧게 그어 주고 2획은 가운데 중심에서 비스듬히 왼쪽으로 내려 그어 줍니다.

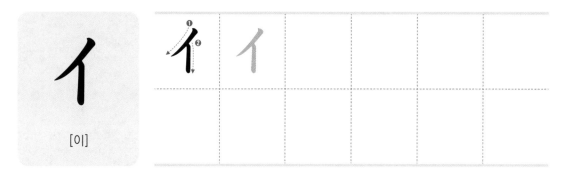

ア

[아]

우리말의 '이'와 비슷하게 발음하며, 입술을 양옆으로 당기지 않도록 가볍게 발음합니다. 1획은 비스듬히 아래로 삐치며 2획은 가운데 중심에서 아래로 내려 씁니다.

イ

[이]

우리말의 '우'와 '으' 중간 발음이며, 입술을 동그랗게 모으지 않은 채 발음합니다. 「ク」와 혼동하지 않도록 하며 3획은 비스듬히 꺾어 내려 그어 줍니다.

ウ

[우]

💡 우리말의 '에'와 비슷하게 발음하며, 세로획이 정중앙에 오게 씁니다.

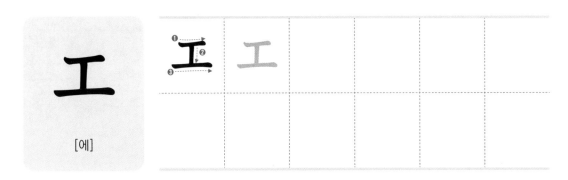

エ

[에]

💡 우리말의 '오'와 비슷하게 발음하며, 입술이 너무 동그랗게 되지 않도록 가볍게 발음합니다. 2획은 수직으로 내려 그은 후 삐쳐 올리고 3획은 비스듬히 내려 그어 줍니다.

オ

[오]

🐱 한 번에 써 보GO!

ア	イ	ウ	エ	オ
ア	イ	ウ	エ	オ

💡 우리말의 '카'와 비슷하게 발음하나, '카'보다 약하게 힘을 빼서 발음합니다. 한자 '힘력(力)'자를 쓰듯이 1획은 끝부분을 삐쳐 올려주고 2획은 비스듬히 내려 그어 줍니다.

力

[카]

💡 우리말의 '키'와 비슷하게 발음하나, '키'보다 약하게 힘을 빼서 발음합니다. 1획과 2획은 약간 사선으로 쓰며 3획은 비스듬히 아래로 내려 긋습니다.

キ

[키]

💡 우리말의 '쿠'와 '크' 중간 발음이며, 입술을 동그랗게 모으지 않은 채 발음합니다. 2획은 길게 비스듬히 내려 긋습니다.

ク

[쿠]

우리말의 '케'와 비슷하게 발음하나, '케'보다 약하게 힘을 빼서 발음합니다. 1획은 짧게, 3획은 길게 비스듬히 내려 씁니다.

ケ	ケ	ケ			
[케]					

우리말의 '코'와 비슷하게 발음하며, 입술이 너무 동그랗게 되지 않도록 가볍게 발음합니다. 1획의 세로 획은 직각으로 내려긋고 2획은 직선으로 그어 줍니다. 우리말의 'ㄱ'자처럼 쓰지 않도록 합니다.

コ	コ	コ			
[코]					

한 번에 써 보GO!

カ	キ	ク	ケ	コ
カ	キ	ク	ケ	コ

💡 우리말의 '사'와 비슷하게 발음합니다. 2획은 똑바로 내려 긋고 3획은 비스듬히 내려 그어 줍니다.

[사]

💡 우리말의 '시'와 비슷하게 발음하며, 입술을 양옆으로 당기지 않도록 가볍게 발음합니다. 1획과 2획은 짧게 내려 찍고 3획은 밑에서 위로 삐쳐 올려 줍니다.

[시]

💡 우리말의 '수'와 '스' 중간 발음이며, 입술을 동그랗게 모으지 않은 채 발음합니다. 우리말의 'ス' 모양과 유사합니다. 1획은 아래로 비스듬히 내려 긋고 2획은 너무 짧지 않게 씁니다.

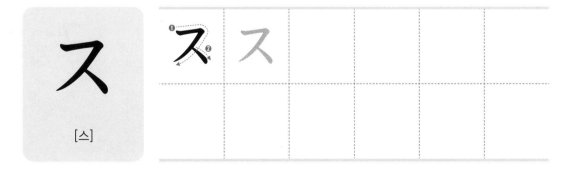

[스]

💡 우리말의 '세'와 비슷하게 발음합니다. 1획은 오른쪽이 조금 올라가도록 쓴 다음 꺾어 줍니다.

セ

[세]

💡 우리말의 '소'와 비슷하게 발음하며, 입술이 너무 동그랗게 되지 않도록 가볍게 발음합니다. 두 획 모두 위쪽 정렬에 맞추어 씁니다. 2획은 위에서 밑으로 비스듬히 내려 씁니다.

ソ

[소]

한 번에 써 보GO!

サ	シ	ス	セ	ソ
サ	シ	ス	セ	ソ

💡 우리말의 '타'와 비슷하게 발음하나, '타'보다 약하게 힘을 빼서 발음합니다. 1획은 짧게 비스듬히 내려 긋고 2획은 길게 비스듬히 내려 긋습니다. 3획은 중앙에 오도록 합니다.

タ

[타]

💡 우리말의 '치'와 비슷하게 발음하며, 입술을 양옆으로 당기지 않도록 가볍게 발음합니다. 1획은 약간 비스듬히 오른쪽에서 왼쪽으로 내려 긋고 2획은 왼쪽에서 오른쪽으로 그어 줍니다. 3획은 비스듬히 세로로 그어 줍니다.

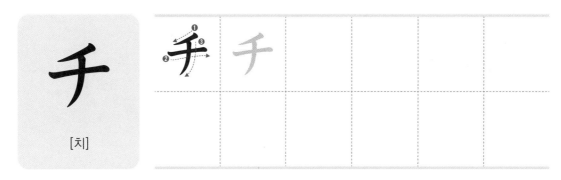

チ

[치]

💡 우리말의 '추'와 '츠' 중간 발음이며, 입술을 동그랗게 모으지 않은 채 발음합니다. 1획과 2획은 점을 찍듯 위에서 아래로 그어 주고 3획은 비스듬히 내려 긋습니다.

ツ

[츠]

💡 우리말의 '테'와 비슷하게 발음합니다. 1획보다 2획을 길게 쓰고 3획은 중앙에서 왼쪽으로 비스듬히 내려 긋습니다.

[테]

テ テ

💡 우리말의 '토'와 비슷하게 발음하며, 입술이 너무 동그랗게 되지 않도록 가볍게 발음합니다. 2획은 위쪽에서 아래로 내려 긋습니다.

[토]

ト ト

🐱 **한 번에 써 보GO!**

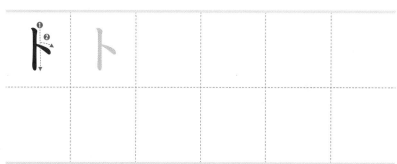

タ	チ	ツ	テ	ト
タ	チ	ツ	テ	ト

💡 우리말의 '나'와 비슷하게 발음하며, 2획은 왼쪽 방향으로 휘도록 내려 긋습니다.

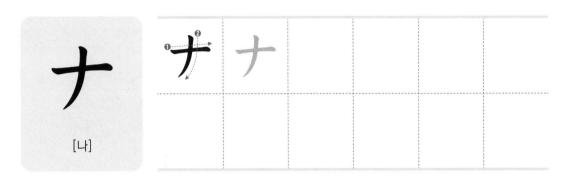

[나]

💡 우리말의 '니'와 비슷하게 발음하며, 입술을 양옆으로 당기지 않도록 가볍게 발음합니다. 2획을 1획보다 약간 길게 그어 줍니다.

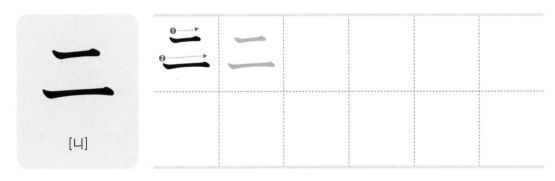

[니]

💡 우리말의 '누'와 '느' 중간 발음이며, 입술을 동그랗게 모으지 않은 채 발음합니다. 2획이 1획을 통과해야 합니다.

[누]

💡 우리말의 '네'와 비슷하게 발음합니다. 1획은 가운데 중앙에서 짧게 내려 그어주고 3획은 2획과 떨어지지 않게 씁니다.

[네]

💡 우리말의 '노'와 비슷하게 발음하며, 입술이 너무 동그랗게 되지 않도록 가볍게 발음합니다. 위에서 아래로 비스듬히 그어줍니다.

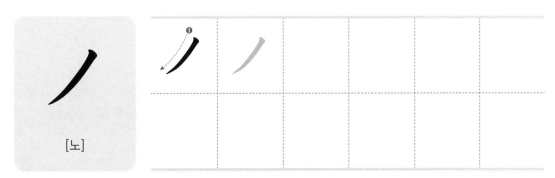

[노]

🐱 **한 번에 써 보GO!**

ナ	二	ヌ	ネ	ノ
ナ	二	ヌ	ネ	ノ

💡 우리말의 '하'와 비슷하게 발음하며, 두 획이 만나지 않게 씁니다.

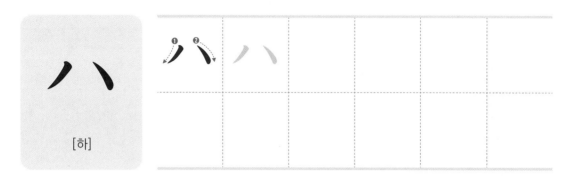

[하]

💡 우리말의 '히'와 비슷하게 발음하며, 입술을 양옆으로 당기지 않도록 가볍게 발음합니다. 1획은 오른쪽으로 약간 올라가도록 비스듬하게 씁니다. 1획과 2획의 순서를 헷갈리지 않도록 합니다.

[히]

💡 우리말의 '후'와 '흐' 중간 발음이며, 입술을 동그랗게 모으지 않은 채 발음합니다. 직선으로 긋다가 아래로 비스듬히 그어 줍니다.

[후]

우리말의 '헤'와 비슷하게 발음하며, 조사로 사용할 때는 '에'와 비슷하게 발음합니다. 히라가나 「へ」와 모양이 거의 비슷하나 가타카나 「ヘ」의 오른쪽 부분이 좀 더 올라가고 뾰족합니다.

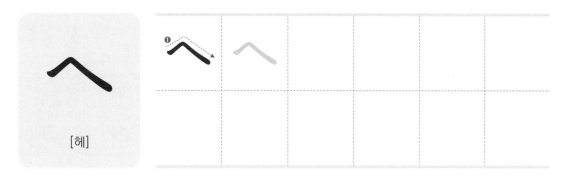

[헤]

우리말의 '호'와 비슷하게 발음하며, 입술이 너무 동그랗게 되지 않도록 가볍게 발음합니다. 3획과 4획이 서로 대칭되도록 씁니다.

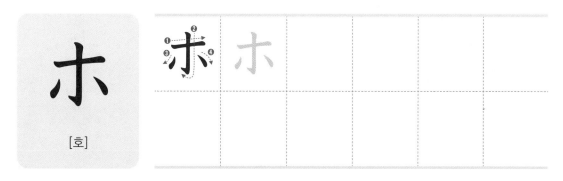

[호]

한 번에 써 보GO!

ハ	ヒ	フ	ヘ	ホ
ハ	ヒ	フ	ヘ	ホ

💡 우리말의 '마'와 비슷하게 발음하며, 2획이 1획에 걸쳐지지 않게 끝부분에 씁니다.

[마]

💡 우리말의 '미'와 비슷하게 발음하며, 입술을 양옆으로 당기지 않도록 가볍게 발음합니다. 세 획을 모두 왼쪽
에서 오른쪽으로 비스듬하게 그어 줍니다.

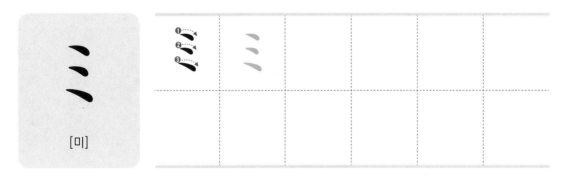

[미]

💡 우리말의 '무'와 '므' 중간 발음이며, 입술을 동그랗게 모으지 않은 채 발음합니다. 두 획 모두 각지게 씁니다.

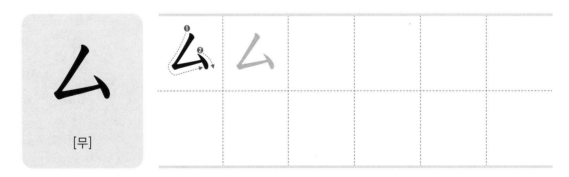

[무]

우리말의 '메'와 비슷하게 발음합니다. 두 획 모두 사선으로 씁니다. 1획은 위에서 아래로 비스듬히 내려 긋고 2획은 중앙을 통과해서 그어 줍니다.

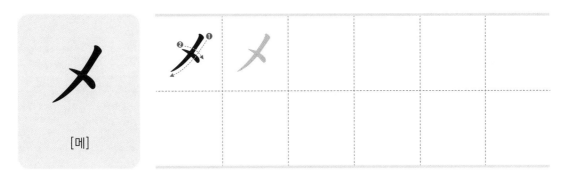

[메]

우리말의 '모'와 비슷하게 발음하며, 입술이 너무 동그랗게 되지 않도록 가볍게 발음합니다. 1획보다 2획을 길게 쓰며 3획은 곧게 내려 쓰다가 꺾어 줍니다.

[모]

한 번에 써 보GO!

マ	ミ	ム	メ	モ
マ	ミ	ム	メ	モ

💡 우리말의 '야'와 비슷하게 발음합니다. 1획은 위쪽으로 약간 올라가도록 쓴 다음 안으로 꺾어 주며, 2획은 비스듬히 교차시켜 내려 씁니다.

[야]

💡 우리말의 '유'와 '으' 중간 발음이며, 입술을 동그랗게 모으지 않은 채 발음합니다. 1획은 직선으로 긋다가 아래로 약간 비스듬히 내려 써 줍니다. 2획은 직선으로 길게 씁니다.

[유]

💡 우리말의 '요'와 비슷하게 발음하며, 입술이 너무 동그랗게 되지 않도록 가볍게 발음합니다. 1획, 2획, 3획의 간격을 균형 있게 하며, 2획과 3획의 순서를 헷갈리지 않도록 합니다.

[요]

💡 우리말의 '라'와 비슷하게 발음합니다. 1획을 2획보다 길게 쓰지 않으며 두 획이 만나지 않게 합니다.

ラ
[라]

💡 우리말의 '리'와 비슷하게 발음하며, 입술을 양옆으로 당기지 않도록 가볍게 발음합니다. 1획과 2획이 평행이 되도록 쓰며 2획을 1획보다 길게 씁니다.

リ
[리]

💡 우리말의 '루' 와 '르' 중간 발음이며, 입술을 동그랗게 모으지 않은 채 발음합니다. 1획을 왼쪽으로 약간 삐치게 쓰고, 2획은 세로로 그었다가 꺾어 올려 줍니다.

ル
[루]

💡 우리말의 '레'와 비슷하게 발음하며, 1획을 수직으로 내려 긋다가 끊지 않고 한 번에 위로 올려 씁니다.

[레]

💡 우리말의 '로'와 비슷하게 발음하며, 입술이 너무 동그랗게 되지 않도록 가볍게 발음합니다. 1획, 2획, 3획을 모두 직선으로 그어 줍니다.

[로]

💡 우리말의 '와'와 비슷하게 발음합니다. 1획은 짧게 내려 긋고, 2획은 안쪽으로 꺾어 줍니다.

[와]

💡 우리말의 '오'와 비슷하게 발음하며, 입술이 너무 동그랗게 되지 않도록 가볍게 발음합니다. 1획과 2획은 서로 평행이 되게 쓰고, 3획은 아래로 비스듬하게 내려 씁니다. 2획과 3획의 순서를 헷갈리지 않도록 합니다.

ヲ

[오]

💡 우리말의 'ㄴ', 'ㅁ', 'ㅇ' 받침과 발음이 비슷합니다. 「ン」은 따라오는 소리에 따라서 다른 소리가 납니다. 1획은 위에서 아래로 짧게 찍어 주며 2획은 아래에서 위로 올려 씁니다.

ン

[응]

🐱 한 번에 써 보GO!

レ	ロ	ワ	ヲ	ン
レ	ロ	ワ	ヲ	ン

다음 제시된 문자를 따라 써 보세요.

💡 우리말의 '가'와 비슷하게 발음하며, 오른쪽 윗부분에 탁점(ﾞ)을 찍어 주며 너무 멀리 찍지 않습니다.

💡 우리말의 '기'와 비슷하게 발음하며, 입술을 양옆으로 당기지 않도록 가볍게 발음합니다. 오른쪽 윗부분에 탁점(ﾞ)을 찍어주며 너무 멀리 찍지 않습니다.

💡 우리말의 '구'와 '그' 중간 발음이며, 입술을 동그랗게 모으지 않은 채 발음합니다. 오른쪽 윗부분에 탁점(ﾞ)을 찍어주며 너무 멀리 찍지 않습니다.

💡 우리말의 '게'와 비슷하게 발음하며, 오른쪽 윗부분에 탁점(ˮ)을 찍어주며 너무 멀리 찍지 않습니다.

[게]

💡 우리말의 '고'와 비슷하게 발음하며, 입술이 너무 동그랗게 되지 않도록 가볍게 발음합니다. 오른쪽 윗부분에 탁점(ˮ)을 찍어주며 너무 멀리 찍지 않습니다.

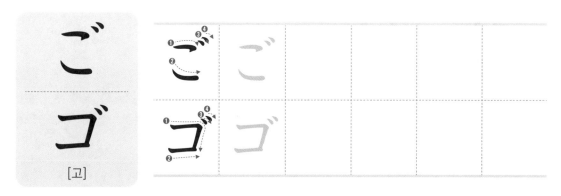

[고]

🐱 한 번에 써 보GO!

が	ガ	ぎ	ギ	ぐ	グ	げ	ゲ	ご	ゴ
が	ガ	ぎ	ギ	ぐ	グ	げ	ゲ	ご	ゴ

💡 우리말의 '자'와 비슷하게 발음하며, 오른쪽 윗부분에 탁점(˝)을 찍어주며 너무 멀리 찍지 않습니다.

💡 우리말의 '지'와 비슷하게 발음하며, 오른쪽 윗부분에 탁점(˝)을 찍어주며 너무 멀리 찍지 않습니다.

💡 우리말의 '주'와 '즈' 중간 발음이며, 입술을 동그랗게 모으지 않은 채 발음합니다. 「ず」자의 2획은 동그라미를
너무 크게 만들지 않으며, 오른쪽 윗부분에 탁점(˝)은 너무 멀리 찍지 않습니다.

💡 우리말의 '제'와 비슷하게 발음합니다. 단 「ぜ・ゼ」 발음은 조금 주의해야 합니다. 편의상 '제'로 표기했지만, 실제로는 영어 [z] 발음이기 때문에 [ze]라고 발음하며, [je]처럼 발음하지 않도록 주의합니다. 「ぜ」는 쓸 때 2획을 너무 길게 그어 3획과 닿지 않도록 합니다.

💡 우리말의 '조'와 비슷하게 발음합니다. 단 「ぞ・ゾ」 발음도 조금 주의해야 합니다. 발음은 편의상 '조'로 표기했지만, 실제로는 영어 [z] 발음이기 때문에 [zo]라고 발음하며, [jo]처럼 발음하지 않도록 주의합니다. 오른쪽 윗부분에 탁점(")은 너무 멀리 찍지 않습니다.

 한 번에 써 보GO!

ざ	ザ	じ	ジ	ず	ズ	ぜ	ゼ	ぞ	ゾ
ざ	ザ	じ	ジ	ず	ズ	ぜ	ゼ	ぞ	ゾ

💡 우리말의 '다'와 비슷하게 발음하며, 오른쪽 윗부분에 탁점(˝)은 너무 멀리 찍지 않습니다.

だ
ダ
[다]

💡 우리말의 '지'와 비슷하게 발음하며, 입술을 양옆으로 당기지 않도록 가볍게 발음합니다. 「ぢ」자와 「ヂ」자 모두 탁점(˝)이 1획에 닿지 않도록 씁니다.

ぢ
ヂ
[지]

💡 우리말의 '즈'와 비슷하게 발음합니다. 단 「づ·ヅ」 발음은 「ず·ズ(즈)」와 같습니다. 발음은 편의상 '즈'로 표기했지만, 실제로는 영어 [z] 발음이기 때문에 [zu]라고 발음하며, [ju]처럼 발음하지 않도록 주의합니다. 「づ」자는 1획의 끝부분을 너무 길게 쓰지 않도록 하며 「ヅ」자는 탁점(˝)이 3획에 닿지 않도록 씁니다.

づ
ヅ
[즈]

우리말의 '데'와 비슷하게 발음합니다. 「で」자는 1획을 약간 올려 쓰다가 반대쪽 방향으로 꺾어 줍니다. 「デ」자는 1획보다 2획을 더 길게 씁니다.

[데]

우리말의 '도'와 비슷하게 발음하며, 입술이 너무 동그랗게 되지 않도록 가볍게 발음합니다. 「ど」자는 1획을 2획의 둥근 부분이 아닌 경사면에 쓰도록 합니다.

[도]

한 번에 써 보GO!

だ	ダ	ぢ	ヂ	づ	ヅ	で	デ	ど	ド
だ	ダ	ぢ	ヂ	づ	ヅ	で	デ	ど	ド

💡 우리말의 '바'와 비슷하게 발음하며, 오른쪽 윗부분에 탁점(˝)을 찍습니다.

[바]

💡 우리말의 '비'와 비슷하게 발음하며, 입술을 양옆으로 당기지 않도록 가볍게 발음합니다. 오른쪽 윗부분에 탁점(˝)을 찍습니다.

[비]

💡 우리말의 '부'와 '브' 중간 발음이며, 입술을 동그랗게 모으지 않은 채 발음합니다. 오른쪽 윗부분에 탁점(˝)을 찍습니다.

[부]

💡 우리말의 '베'와 비슷하게 발음하며, 오른쪽 윗부분에 탁점(˝)을 찍습니다.

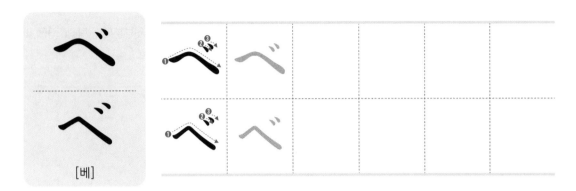

[베]

💡 우리말의 '보'와 비슷하게 발음하며, 입술이 너무 동그랗게 되지 않도록 가볍게 발음합니다. 오른쪽 윗부분에 탁점(˝)을 찍습니다.

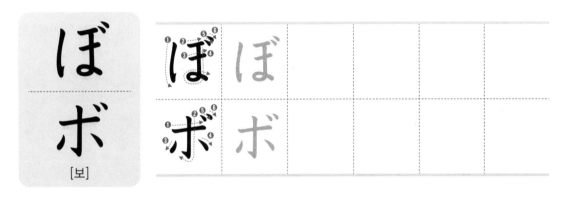

[보]

한 번에 써 보GO!

ば	バ	び	ビ	ぶ	ブ	べ	ベ	ぼ	ボ
ば	バ	び	ビ	ぶ	ブ	べ	ベ	ぼ	ボ

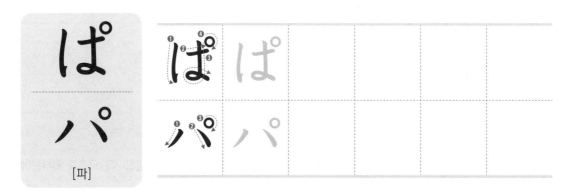

반탁음 써 보GO!

다음 제시된 문자를 따라 써 보세요.

💡 우리말의 '파'와 비슷하게 발음하나, '파'보다 약하게 힘을 빼서 발음합니다. 오른쪽 윗부분에 반탁점(˚)을 찍습니다.

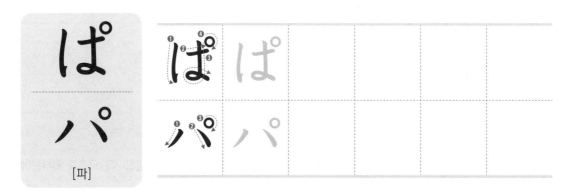

[파]

💡 우리말의 '피'와 비슷하게 발음하며, 입술을 양옆으로 당기지 않도록 가볍게 발음합니다. 오른쪽 윗부분에 반탁점(˚)을 찍습니다.

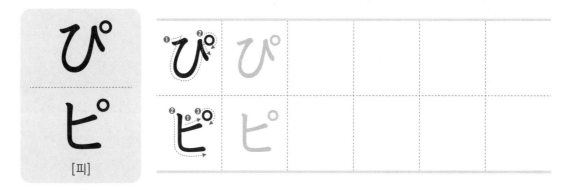

[피]

💡 우리말의 '푸'와 '프' 중간 발음이며, 입술을 동그랗게 모으지 않은 채 발음합니다. 오른쪽 윗부분에 반탁점(˚)을 찍습니다.

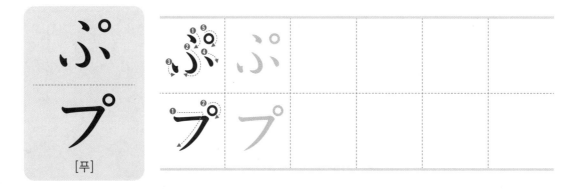

[푸]

💡 우리말의 '페'와 비슷하게 발음하나, '페'보다 약하게 힘을 빼서 발음합니다. 오른쪽 윗부분에 반탁점(°)을 찍습니다.

ぺ
ぺ
[페]

💡 우리말의 '포'와 비슷하게 발음하며, 입술이 너무 동그랗게 되지 않도록 가볍게 발음합니다. 오른쪽 윗부분에 반탁점(°)을 찍습니다.

ぽ
ポ
[포]

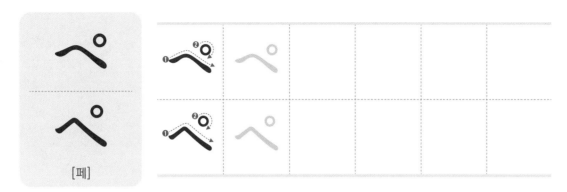

한 번에 써 보GO!

ぱ	パ	ぴ	ピ	ぷ	プ	ぺ	ペ	ぽ	ポ
ぱ	パ	ぴ	ピ	ぷ	プ	ぺ	ペ	ぽ	ポ

워크북

워크북 MP3 음원은 시원스쿨 홈페이지(Japan.siwonschool.com) 접속 ➡ 학습지원센터 ➡ 공부 자료실에서 무료로 다운로드 받으실 수 있습니다.

히라가나/가타카나 청음 1

1 녹음을 잘 듣고 알맞은 발음을 고르세요.　　　　　Track 01-01

❶ あ ┊ え　　　　❷ き ┊ け

❸ シ ┊ ソ　　　　❹ チ ┊ テ

2 녹음을 잘 듣고 빈칸에 알맞은 히라가나/가타카나를 쓰세요.　　　　　Track 01-02

❶ 히라가나

❷ 히라가나

❸ 히라가나

❹ 가타카나

❺ 가타카나

❻ 가타카나

3 다음 제시된 문자와 일치하는 발음에 연결하세요.

❶ し ·

❷ ウ ·

❸ コ ·

· ⓐ 코

· ⓑ 우

· ⓒ 시

4 다음 빈칸에 알맞은 문자를 채워 보세요.

행＼단	あ단	い단	う단	え단	お단
あ행	あ	い	❶	え	お
か행	か	き	く	❷	こ
さ행	❸	し	す	せ	そ
た행	た	ち	つ	て	❹
な행	な	❺	ぬ	ね	の

5 녹음을 잘 듣고 빈칸에 알맞은 문자를 쓰세요. Track 01-03

❶ う ☐

❷ ☐ しき

❸ ☐ ンタ

❹ ケー ☐

6 녹음을 잘 듣고 해당하는 발음에 〇 표시하세요. Track 01-04

❶ | あさ | かさ | さけ | にじ |

❷ | おと | ここ | そと | たこ |

❸ | チケット | トースト | ニット | テスト |

❹ | イタリア | タクシー | ネクタイ | セーター |

7 <보기>를 보고 각 단어의 빈칸에 우리말 발음에 해당하는 글자를 찾아 쓰세요.

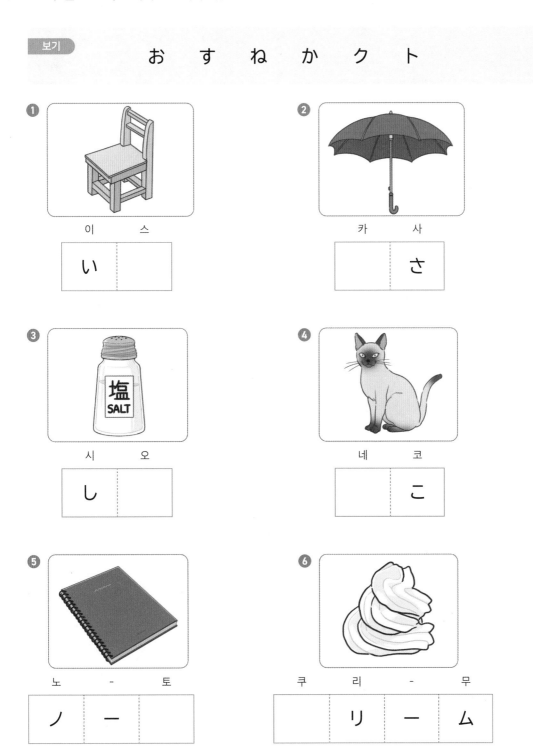

보기

お　す　ね　か　ク　ト

① 　이　　　　스
い

② 　카　　　　사
　　　　さ

③ 　시　　　　오
し

④ 　네　　　　코
　　　　こ

⑤ 　노　　－　　토
ノ　　ー

⑥ 　쿠　　리　　－　　무
　　リ　　ー　　ム

1 녹음을 잘 듣고 알맞은 발음을 고르세요.

Track 02-01

❶ は ┊ ほ

❷ ま ┊ め

❸ ユ ┊ ヨ

❹ ワ ┊ ラ

2 녹음을 잘 듣고 빈칸에 알맞은 히라가나/가타카나를 쓰세요.

Track 02-02

❶ 히라가나

❷ 히라가나

❸ 히라가나

❹ 가타카나

❺ 가타카나

❻ 가타카나

3 다음 제시된 문자와 일치하는 발음에 연결하세요.

① る ・

② マ ・

③ ヨ ・

・ ⓐ 요

・ ⓑ 루

・ ⓒ 마

4 다음 빈칸에 알맞은 문자를 채워 보세요.

행＼단	ア단	イ단	ウ단	エ단	オ단
ハ행	ハ	❶	フ	ヘ	ホ
マ행	マ	ミ	ム	メ	❷
ヤ행	ヤ		❸		ヨ
ラ행	ラ	リ	ル	❹	ロ
ワ행	❺				ヲ
ン	ン				

5 녹음을 잘 듣고 빈칸에 알맞은 문자를 쓰세요. Track 02-03

❶ ☐ ま   ❷ ☐ こ

❸ ☐ ジオ   ❹ ☐ ーロッパ

6 녹음을 잘 듣고 해당하는 발음에 ○ 표시하세요. Track 02-04

❶ はし   ほし   とら   にわ

❷ くるま   ゆき   へや   まち

❸ リボン   レモン   ワイン   メロン

❹ ヒーター   ヘルシー   ムービー   ルビー

7 <보기>를 보고 각 단어의 빈칸에 우리말 발음에 해당하는 글자를 찾아 쓰세요.

보기 ふ　ろ　り　ミ　ホ　む

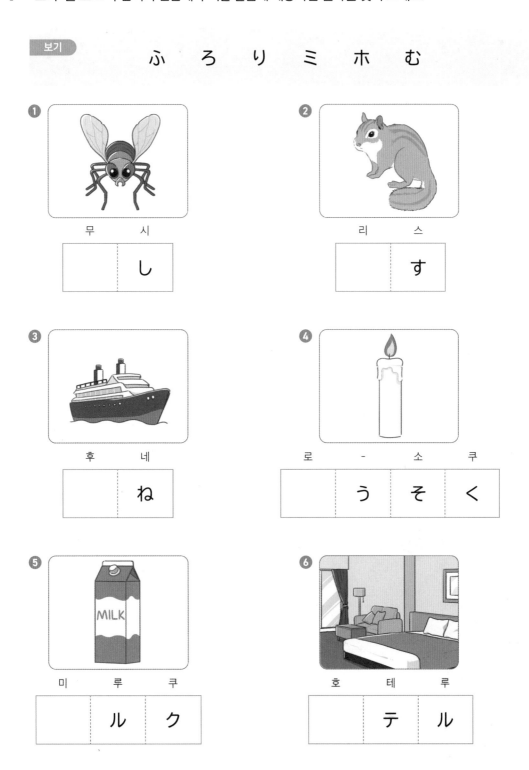

❶
무　시

	し

❷
리　스

	す

❸
후　네

	ね

❹
로　-　소　쿠

	う	そ	く

❺
미　루　쿠

	ル	ク

❻
호　테　루

	テ	ル

1 녹음을 잘 듣고 알맞은 발음을 고르세요.

Track 03-01

❶ が | ぎ

❷ ず | ぞ

❸ ダ | デ

❹ プ | ペ

2 녹음을 잘 듣고 빈칸에 알맞은 탁음/반탁음을 쓰세요.

Track 03-02

❶ 탁음

❷ 탁음

❸ 탁음

❹ 반탁음

❺ 반탁음

❻ 반탁음

3 다음 제시된 문자와 일치하는 발음에 연결하세요.

1 じゃ ·

2 リャ ·

3 ぴょ ·

· **ⓐ** 쟈

· **ⓑ** 표

· **ⓒ** 랴

4 다음 제시된 표에서 '가, 기, 구, 게, 고'와 '바, 비, 부, 베, 보'를 찾아 표시해 보세요.

ざ	が	じ	ず	ば
ぢ	だ	ぎ	び	ぜ
づ	べ	ぶ	ぐ	ぞ
で	ど	げ	ぱ	ぴ
ぼ	ご	ぽ	ぺ	ぷ

5 녹음을 잘 듣고 빈칸에 알맞은 문자를 쓰세요.

Track 03-03

❶ ☐ かん ❷ ☐ ういん

❸ ☐ イク ❹ ☐ ーテイー

6 녹음을 잘 듣고 해당하는 발음에 ○ 표시하세요.

Track 03-04

❶ かぎ　　かぐ　　かげ　　かぜ

❷ ぱくぱく　　ぽかぽか　　ぴかぴか　　ぺこぺこ

❸ ジュース　　ジャム　　ショー　　グッズ

❹ ズボン　　ピュア　　ピアノ　　ポイント

7 사진 속에 적힌 히라가나/가타카나를 따라 쓰면서 읽어 보세요.

❶

❷

❸

❹

❺

❻

촉음/발음/장음/헷갈리기 쉬운 글자

1 녹음을 잘 듣고 알맞은 발음을 고르세요.

Track 04-01

❶ にっき ┆ さっか
❷ さんぽ ┆ さんま

❸ セット ┆ ベッド
❹ しゅうり ┆ きゅうり

2 녹음을 잘 듣고 빈칸에 알맞은 히라가나/가타카나를 쓰세요.

Track 04-02

❶ 히라가나

❷ 히라가나

❸ 히라가나

❹ 가타카나

❺ 가타카나

❻ 가타카나

3 다음 제시된 문자와 일치하는 발음에 연결하세요.

❶ サッカー ・

❷ クッキー ・

❸ コンサート ・

・ **ⓐ** 콘사-토

・ **ⓑ** 쿠키-

・ **ⓒ** 삭카-

4 다음 보기에서 촉음, 발음, 장음을 각각 찾아 쓰세요.

> **보기**
>
> しゅっせき ｜ おとうと ｜ にんき
> どうろ ｜ もんだい ｜ ほっぺ

촉음 **❶** [   ]   **❷** [   ]

발음 **❸** [   ]   **❹** [   ]

장음 **❺** [   ]   **❻** [   ]

5 녹음을 잘 듣고 빈칸에 알맞은 문자를 쓰세요.

❶ ☐ わ

❷ こ ☐ り

❸ ☐ ド

❹ ☐ がく

6 녹음을 잘 듣고 해당하는 발음에 ○ 표시하세요. Track 04-04

❶ きっぷ　　しっぽ　　ざっし　　らっぱ

❷ てんいん　　てんぷら　　かんぱい　　もんだい

❸ がくせい　　おねえさん　　せんせい　　えいが

❹ こおり　　しゅうり　　じゅぎょう　　ぎゅうどん

7 사진 속에 적힌 히라가나/가타카나를 따라 쓰면서 읽어 보세요.

①

②

③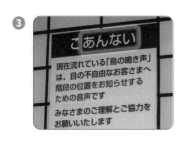

④

⑤

⑥

1 다음 인사말에 해당하는 뜻을 찾아 연결하세요.

❶ こんにちは。 ・

❷ すみません。 ・

❸ ただいま。 ・

❹ いただきます。 ・

・ ⓐ 잘 먹겠습니다.

・ ⓑ 안녕하세요.[점심 인사]

・ ⓒ 죄송합니다.

・ ⓓ 다녀왔습니다.

2 다음 제시된 그림을 보고 개수에 알맞은 숫자를 히라가나로 써 보세요.

❶

❷
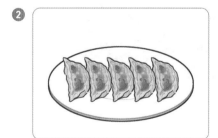

3 다음 빈칸에 들어갈 알맞은 말을 쓰세요.

> **보기**　おやすみ　|　よろしく　|　失礼^{しつれい}します　|　おはよう

❶ (　　　　　　　) ございます。　　　　　안녕하세요.[아침 인사]

❷ (　　　　　　　) なさい。　　　　　안녕히 주무세요.

❸ (　　　　　　　) お願^{ねが}いします。　　　　잘 부탁드립니다.

❹ お先^{さき}に (　　　　　　　)。　　　　먼저 실례하겠습니다.

4 녹음의 내용이 그림과 일치하면 O, 일치하지 않으면 X 표시하세요.　Track 05-01

❶

❷

5 다음 상황에 맞는 인사말을 찾아 쓰세요.

보기

どうぞ ｜ おめでとうございます ｜
はじめまして ｜ ありがとうございます

❶ 처음 만날 때 ➡ _____。

❷ 축하할 때 ➡ _____。

❸ 고마울 때 ➡ _____。

❹ 권할 때 ➡ _____。

6 다음 빈칸에 알맞은 숫자를 히라가나로 써 보세요.

1	2	3	4	5
いち	に	さん	❶	ご

6	7	8	9	10
ろく	❷	はち	❸	じゅう

7 녹음을 잘 듣고 빈칸에 알맞은 말을 쓰세요.

Track 05-02

A お先に 失礼します。

먼저 실례하겠습니다.

B _____。

수고하셨습니다.

A _____。

다녀오겠습니다.

B いってらっしゃい。

잘 다녀와(잘 다녀오세요).

A はじめまして。 よろしく お願いします。

처음 뵙겠습니다. 잘 부탁드립니다.

B _____。

저야말로 잘 부탁드립니다.

A _____。

잘 먹겠습니다.

B ごちそうさまでした。

잘 먹었습니다.

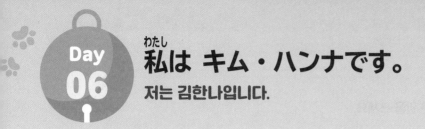

Day 06

私は キム・ハンナです。
わたし

저는 김한나입니다.

1 녹음을 잘 듣고 해당하는 우리말에 ○ 표시한 뒤 일본어를 써 보세요.   Track 06-01

❶ 나, 저   너, 당신   ❷ 일본인   한국인

➡ _____   ➡ _____

❸ 아니요   네   ❹ 회사원   학생

➡ _____   ➡ _____

2 일본어와 우리말 뜻을 바르게 연결해 보세요.

❶ 学生ですか。
がくせい
  ·

❷ 韓国人です。
かんこくじん
  ·

❸ こちらこそ。
  ·

· ⓐ 한국인입니다.

· ⓑ 학생이에요?

· ⓒ 저야말로.

3 다음 빈칸에 들어갈 알맞은 단어를 써 보세요.

① 하루키   씨   는 어디에 있나요? _____

② 그녀는   의사   예요. _____

③ 저는 학생   이 아니에요   . _____

4 녹음을 잘 듣고 대답으로 알맞은 말에 ○ 표시해 보세요. Track 06-02

①

②

わたし かいしゃいん
私は 会社員です。

に ほんじん
日本人です。

わたし
私は ユーチューバー
です。

に ほんじん
日本人じゃ ないです。

5 다음 문장의 ★ 에 들어갈 가장 적당한 것을 1·2·3·4에서 하나 고르세요. JLPT N5 문법대비유형

➊ 彼女（かのじょ） _____ _____ ★_____ _____ です。

    ① じゃ   ② は   ③ アメリカ人（じん）   ④ ない

➋ はるき _____ _____ ★_____ _____ ありません。

    ① では   ② さん   ③ 韓国人（かんこくじん）   ④ は

➌ こちら _____、 _____ _____ ★_____ します。

    ① よろしく   ② お   ③ こそ   ④ 願（ねが）い

6 다음 문장의 빈칸에 들어갈 말로 가장 적당한 것을 1·2·3·4에서 하나 고르세요. JLPT N5 문법대비유형

➊ あなたは（   ）ですか。 당신은 학생이에요?

    ① かくせ   ② がくせい   ③ がくせん   ④ かくせん

➋ 彼女（かのじょ）は（   ）です。 그녀는 작가입니다.

    ① ちゅぶ   ② じゅぶ   ③ さっか   ④ しゅうふ

➌ A 彼（かれ）は 中国人（ちゅうごくじん）ですか。 그는 중국인이에요?

   B いいえ、中国人（ちゅうごくじん）じゃ（   ）です。 아니요, 중국인이 아니에요.

    ① は   ② が   ③ ない   ④ も

                                            * ~ が ~이(가)

7 다음 문장을 제시어에 맞는 문장으로 바꿔 보세요.

①

彼女は タイ人じゃ ないです。 그녀는 태국인이 아니에요.

긍정문 ➡ _____ 。

＊ タイ人 태국인

②

彼は エンジニアです。 그는 엔지니어예요.

의문문 ➡ _____ 。

＊ エンジニア 엔지니어

③

私は 乗務員です。 저는 승무원이에요.

부정문 ➡ _____ 。

④

彼女は 主婦です。 그녀는 주부예요.

의문문 ➡ _____ 。

＊ 主婦 주부

⑤

はるとさんは 日本人ですか。 하루토 씨는 일본인이에요?

부정문 ➡ _____ 。

アイスコーヒーを 2つ ください。

ふた

아이스커피를 두 개 주세요.

---

1 녹음을 잘 듣고 해당하는 우리말에 ◯ 표시한 뒤 일본어를 써 보세요.

Track 07-01

❶ [한 개] [두 개]

➡ _____

❷ [어디, 어느 곳] [저기, 저곳]

➡ _____

❸ [슈퍼마켓] [식당]

➡ _____

❹ [역시] [최고]

➡ _____

---

2 일본어와 우리말 뜻을 바르게 연결해 보세요.

❶ お待たせしました。 ・　　　　　・ **ⓐ** 어서오세요.

❷ かしこまりました。 ・　　　　　・ **ⓑ** 알겠습니다.

❸ いらっしゃいませ。 ・　　　　　・ **ⓒ** 오래 기다리셨습니다.

3 다음 빈칸에 들어갈 알맞은 단어를 써 보세요.

❶　여기　에 주차해도 되나요?　_____

❷　아이스커피　한 잔 마실래?　_____

❸ 떡볶이 2인분　주세요　.　_____

4 녹음을 잘 듣고 대답으로 알맞은 말에 ○ 표시해 보세요.　 Track 07-02

❶

これは　マカロンです。

これは　マカロンじゃ
ないです。

❷

この　メニューです。

あの　メニューです。

> * マカロ 마카롱 ｜ おすすめ 추천, 추천 메뉴

5 다음 문장의 ⭐ 에 들어갈 가장 적당한 것을 1·2·3·4에서 하나 고르세요. JLPT N5 문법 대비 유형

❶ あれ ＿＿＿ ＿＿＿ ⭐ ＿＿＿ です。

    ① の   ② は   ③ 日本   ④ お茶

❷ それ ＿＿＿ ⭐ ＿＿＿ ＿＿＿ です。

    ① じゃ   ② ない   ③ お酒   ④ は

❸ ここの ＿＿＿ ＿＿＿ ＿＿＿ ⭐ です。

    ① は   ② 最高   ③ アイスコーヒー   ④ やっぱり

> * お酒 술

6 다음 문장의 빈칸에 들어갈 말로 가장 적당한 것을 1·2·3·4에서 하나 고르세요. JLPT N5 문법 대비 유형

❶ 私の（　　　　　）です。 제 지갑이에요.

    ① さいふ   ② おかね   ③ おさつ   ④ こぜに

❷ ドーナツ（　　　　　）ください。 도너츠 두 개 주세요.

    ① ひとつ   ② ふたり   ③ ふたつ   ④ にかい

❸ A お酒は、（　　　　　）ですか。 술은 어느 것이에요?

    B これです。 이것이에요.

    ① どの   ② どこ   ③ どちら   ④ どれ

> * さいふ 지갑 | おかね 돈 | おさつ 지폐 | こぜに 잔돈 | ふたり 두 명

7 다음 문장을 제시어에 맞는 문장으로 바꿔 보세요.

❶

これは 和菓子です。 이것은 일본 전통 과자예요.
<small>わ が し</small>

의문문 ➡ _____ 。

❷

それは 彼女のです。 그것은 그녀의 것이에요.
<small>かのじょ</small>

부정문 ➡ _____ 。

❸

ここの レシートじゃ ないです。 이곳의 영수증이 아니에요.

긍정문 ➡ _____ 。

❹

おすすめは この メニューです。 추천 메뉴는 이 메뉴예요.

의문문 ➡ _____ 。

❺

彼の スマホですか。 그의 스마트폰인가요?
<small>かれ</small>

긍정문 ➡ _____ 。

＊スマホ 스마트폰

授業は 何時からですか。
じゅぎょう　なん じ

수업은 몇 시부터예요?

1 녹음을 잘 듣고 해당하는 우리말에 ○ 표시한 뒤 일본어를 써 보세요.　　Track 08-01

❶

역	집

➡ _____

❷

~에서, ~부터	~까지

➡ _____

❸

월요일	수요일

➡ _____

❹

4시	9시

➡ _____

2 일본어와 우리말 뜻을 바르게 연결해 보세요.

❶ 公園　　・
こうえん

・ⓐ 공원

❷ 授業　　・
じゅぎょう

・ⓑ 회의

❸ 会議　　・
かい ぎ

・ⓒ 수업

워크북　**82** | GO! 독학 일본어 첫걸음

3 다음 빈칸에 들어갈 알맞은 단어를 써 보세요.

① 보통 　몇 시　 에 퇴근해요? _____

② 6시 　정도　 에 끝나요. _____

③ 주말 　오후　 에 약속 있어요? _____

4 녹음을 잘 듣고 대답으로 알맞은 말에 ○ 표시해 보세요. Track 08-02

①

<ruby>3分<rt>さんぷん</rt></ruby>くらいです。

<ruby>10分<rt>じゅっぷん</rt></ruby>くらいです。

②

<ruby>今<rt>いま</rt></ruby>、<ruby>2時<rt>に じ</rt></ruby><ruby>15分<rt>じゅうごふん</rt></ruby>です。

<ruby>今<rt>いま</rt></ruby>、<ruby>2時<rt>に じ</rt></ruby><ruby>20分<rt>にじゅっぷん</rt></ruby>です。

> * デパート 백화점

5 다음 문장의 ⭐ 에 들어갈 가장 적당한 것을 1·2·3·4에서 하나 고르세요. `JLPT N5 문법대비유형`

❶ ここ ＿＿＿＿ ＿＿⭐＿＿ ＿＿＿＿ ＿＿＿＿ ですか。

　　① 銀行　　　　② から　　　　　③ までは　　　　④ どのくらい
　　　ぎんこう

❷ 会社 ＿＿＿＿ ＿＿＿＿ ＿＿＿＿ ＿＿⭐＿＿ です。
　　かいしゃ

　　① ９時　　　　② は　　　　　　③ から　　　　　④ 午前
　　　く じ　　　　　　　　　　　　　　　　　　　　　　　ご ぜん

❸ 私 ＿＿＿＿ ＿＿＿＿ ＿＿⭐＿＿ ＿＿＿＿ です。
　　わたし

　　① 韓国人　　　② 大学生　　　　③ は　　　　　　④ で
　　　かんこくじん　　 だいがくせい

> ＊ 銀行 은행
> 　ぎんこう

6 다음 문장의 빈칸에 들어갈 말로 가장 적당한 것을 1·2·3·4에서 하나 고르세요. `JLPT N5 문법대비유형`

❶ ミーティングは（　　　　　）からです。 미팅은 4시부터예요.

　　① よんじ　　　② よじ　　　　　③ ようじ　　　　④ しじ

❷ 面接は（　　　　　）曜日ですか。 면접은 무슨 요일이에요?
　　めんせつ　　　　　　　　ようび

　　① なんの　　　② なに　　　　　③ なん　　　　　④ なんか

❸ A　彼は　誰ですか。 그는 누구예요?
　　　かれ　だれ

　　B　彼は　サッカー　選手（　　　　　）　アメリカ人です。
　　　かれ　　　　　　　せんしゅ　　　　　　　　　　　じん

　　　그는 축구 선수이고 미국인이에요.

　　① で　　　　　② から　　　　　③ まで　　　　　④ の

> ＊ ミーティング 미팅, 회의 ｜ 誰 누구 ｜ サッカー 축구 ｜ 選手 선수
> 　　　　　　　　　　　　だれ　　　　　　　　　　せんしゅ

7 다음 문장을 제시어에 맞는 문장으로 바꿔 보세요.

①

出張は　金曜日です。 출장은 금요일이에요.

의문문 ➡ _____。

②

家から　5分くらいです。 집에서 5분 정도예요.

부정문 ➡ _____。

③

今日は、月曜日じゃ　ないです。 오늘은 월요일이 아니에요.

긍정문 ➡ _____。

④

アルバイトは　午前　9時からです。 아르바이트는 오전 9시부터예요.

의문문 ➡ _____。

⑤

ここから　あそこまでですか。 여기에서부터 저기까지예요?

긍정문 ➡ _____。

わたし
私の

たんじょう び
誕生日は

じゅうはちにち
１８日ですよ。

제 생일은 18일이에요.

---

1 녹음을 잘 듣고 해당하는 우리말에 ○ 표시한 뒤 일본어를 써 보세요.

Track 09-01

❶ | 언제 | 누가

➡ _____

❷ | 회식 | 약속

➡ _____

❸ | 졸업식 | 결혼식

➡ _____

❹ | 9월 | 10월

➡ _____

---

2 일본어와 우리말 뜻을 바르게 연결해 보세요.

❶ チーズ ·

❷ パーティー ·

❸ クリスマスイブ ·

· ⓐ 크리스마스이브

· ⓑ 파티

· ⓒ 치즈

3 다음 빈칸에 들어갈 알맞은 단어를 써 보세요.

❶ 생일 은 몇 월 며칠이야? ______________________

❷ 18일 에 약속있어? ______________________

❸ 아직 퇴근 전이야. ______________________

4 녹음을 잘 듣고 대답으로 알맞은 말에 ○ 표시해 보세요. Track 09-02

❶

10月11日(じゅうがつじゅういちにち)です。

10月12日(じゅうがつじゅうににち)です。

❷

月曜日(げつようび)です。

火曜日(かようび)です。

5 다음 문장의 ___ ⭐ ___ 에 들어갈 가장 적당한 것을 1·2·3·4에서 하나 고르세요. JLPT N5 문법 대비 유형

❶ 彼女〔かのじょ〕 _____ _____ _____ __⭐__ ですか。

① じゃ   ② は   ③ なかった   ④ 出張〔しゅっちょう〕

❷ 試験〔し けん〕 _____ _____ __⭐__ _____ ないです。

① じゃ   ② 6月〔ろくがつ〕   ③ は   ④ 14日〔じゅうよっか〕

❸ 私〔わたし〕 __⭐__ _____ _____ _____ です。

① 誕生日〔たんじょう び〕   ② の   ③ 18日〔じゅうはちにち〕   ④ は

> * 試験〔し けん〕 시험

6 다음 문장의 빈칸에 들어갈 말로 가장 적당한 것을 1·2·3·4에서 하나 고르세요. JLPT N5 문법 대비 유형

❶ 誕生日〔たんじょう び〕は （　　　　　）でした。 생일은 어제였어요.

① きのう   ② あした   ③ きょう   ④ あさって

❷ この　教室〔きょうしつ〕じゃ （　　　　　）。 이 교실이 아니었어요.

① なかったです   ② ないでした   ③ ないです   ④ なかったでした

❸ A　入学式〔にゅうがくしき〕は　いつでしたか。 입학식은 언제였어요?

B　11月〔じゅういちがつ〕 （　　　　　）でした。 11월 5일이었어요.

① ふつか   ② みっか   ③ よっか   ④ いつか

> * あさって 모레 ｜ 教室〔きょうしつ〕 교실 ｜ 入学式〔にゅうがくしき〕 입학식

7 다음 문장을 제시어에 맞는 문장으로 바꿔 보세요.

❶
> <ruby>先週<rt>せんしゅう</rt></ruby>は <ruby>春休<rt>はるやす</rt></ruby>みじゃ なかったです。 지난주는 봄 방학이 아니었어요.

의문문 ➡ _____ 。

> * <ruby>春休<rt>はるやす</rt></ruby>み 봄 방학

❷
> <ruby>今日<rt>きょう</rt></ruby>は <ruby>1月1日<rt>いちがつついたち</rt></ruby>です。 오늘은 1월 1일이에요.

부정문 ➡ _____ 。

❸
> <ruby>出発<rt>しゅっぱつ</rt></ruby>は <ruby>午前<rt>ご ぜん</rt></ruby> <ruby>10時<rt>じゅう じ</rt></ruby>でしたか。 출발은 오전 10시였나요?

긍정문 ➡ _____ 。

❹
> <ruby>彼<rt>かれ</rt></ruby>は <ruby>昨日<rt>きのう</rt></ruby> <ruby>面接<rt>めんせつ</rt></ruby>でした。 그는 어제 면접이었어요.

의문문 ➡ _____ 。

❺
> テストは <ruby>月曜日<rt>げつよう び</rt></ruby>でした。 테스트는 월요일이었어요.

부정문 ➡ _____ 。

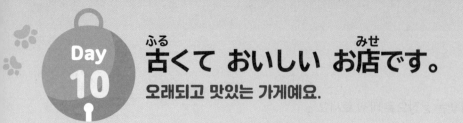
1 녹음을 잘 듣고 해당하는 우리말에 ○ 표시한 뒤 일본어를 써 보세요.   `Track 10-01`

❶ 재미있다   맛있다

➡ _____

❷ 새롭다   오래되다

➡ _____

❸ (값이) 싸다   (값이) 비싸다

➡ _____

❹ 과일   라면

➡ _____

2 일본어와 우리말 뜻을 바르게 연결해 보세요.

❶ やさ
   優しい   •   • ⓐ 아름답다

❷ うつく
   美しい   •   • ⓑ 상냥하다

❸ かな
   悲しい   •   • ⓒ 슬프다

3 다음 빈칸에 들어갈 알맞은 단어를 써 보세요.

❶ 영화 예매했어. _____

❷ 이 가게는 가격 이 저렴해. _____

❸ 우리 타코야키 먹으러 가자. _____

.

4 녹음을 잘 듣고 대답으로 알맞은 말에 ○ 표시해 보세요.   Track 10-02

❶

❷

はい、辛^{から}いです。

いいえ、苦^{にが}いです。

今日^{きょう}は 天気^{てん き}が いい
です。

今日^{きょう}は 天気^{てん き}が よく
ないです。

* 苦^{にが}い (맛이) 쓰다

5 다음 문장의 ⭐ 에 들어갈 가장 적당한 것을 1·2·3·4에서 하나 고르세요. `JLPT N5 문법 대비 유형`

❶ 犬(いぬ) _____ _____ ⭐ _____ です。

① かわいい　　② は　　③ 小(ちい)さ　　④ くて

❷ 韓国(かんこく) _____ ⭐ _____ _____ です。

① ラーメン　　② の　　③ 辛(から)い　　④ は

❸ 私(わたし) _____ _____ _____ ⭐ です。

① く　　② は　　③ 忙(いそが)し　　④ ない

6 다음 문장의 빈칸에 들어갈 말로 가장 적당한 것을 1·2·3·4에서 하나 고르세요. `JLPT N5 문법 대비 유형`

❶ (　　　　　) 料理(りょうり)ですか。 비싼 요리인가요?

① からい　　② あまい　　③ おいしい　　④ たかい

❷ この お店(みせ)は (　　　　　) おいしいです。 이 가게는 싸고 맛있어요.

① やすいくて　　② やすくて　　③ やすで　　④ やすいで

❸ A 今日(きょう)は、天気(てんき)が いいですか。 오늘은 날씨가 좋아요?

　 B いいえ、天気(てんき)が (　　　　　)です。 아니요, 날씨가 좋지 않아요.

① いいじゃ ない　② よいじゃ ない　③ よく ない　　④ いいく ない

> ＊料理(りょうり) 요리

7 다음 문장을 제시어에 맞는 문장으로 바꿔 보세요.

①

この フルーツは 甘^{あま}いです。 이 과일은 달아요.

의문문 ➡ _____ 。

②

今年^{ことし}の 冬^{ふゆ}は 寒^{さむ}いです。 올해 겨울은 추워요.

부정문 ➡ _____ 。

③

これは 新^{あたら}しい ノートパソコンですか。 이것은 새 노트북이에요?

긍정문 ➡ _____ 。

④

彼女^{かのじょ}は 背^せが 高^{たか}いです。 그녀는 키가 커요.

부정문 ➡ _____ 。

*背^せ 키 ┃ 高^{たか}い (키가) 크다

⑤

この パンは 安^{やす}くて おいしいです。 이 빵은 싸고 맛있어요.

의문문 ➡ _____ 。

有名で おしゃれな カフェですよ。
ゆうめい

유명하고 세련된 카페예요.

---

1 녹음을 잘 듣고 해당하는 우리말에 ○ 표시한 뒤 일본어를 써 보세요.

Track 11-01

① 그래서　　　그런데

➡ _____

② 애니메이션　　　영화

➡ _____

③ 좋아하다　　　싫어하다

➡ _____

④ 조용하다　　　깨끗하다

➡ _____

---

2 일본어와 우리말 뜻을 바르게 연결해 보세요.

① 有名だ
ゆうめい
・

・ **ⓐ** 변화하다

② 簡単だ
かんたん
・

・ **ⓑ** 간단하다

③ 賑やかだ
にぎ
・

・ **ⓒ** 유명하다

---

3 다음 빈칸에 들어갈 알맞은 단어를 써 보세요.

❶ 이 　　카페　　 는 분위기가 좋아요. _____

❷ 운동을 　그다지　 좋아하지 않아요. _____

❸ 나는 밥 　보다　 면을 좋아해. _____

4 녹음을 잘 듣고 대답으로 알맞은 말에 ○ 표시해 보세요.

❶

❷

じょうず
上手です。

は<ruby>た<rt></rt></ruby>た
下手です。

はい、<ruby>好<rt>す</rt></ruby>きです。

いいえ、あまり <ruby>好<rt>す</rt></ruby>き
じゃ ないです。

5 다음 문장의 ★ 에 들어갈 가장 적당한 것을 1·2·3·4에서 하나 고르세요. [JLPT N5 문법 대비 유형]

❶ ここ _____ _____ ★ _____ ですね。

① 複雑
ふくざつ
② は
③ が
④ 道
みち

❷ 彼
かれ
_____ _____ ★ _____ です。

① まじめ
② ハンサム
③ で
④ は

❸ 仕事
し ごと
_____ ★ _____ _____ ないです。

① じゃ
② は
③ 大変
たいへん
④ あまり

6 다음 문장의 빈칸에 들어갈 말로 가장 적당한 것을 1·2·3·4에서 하나 고르세요. [JLPT N5 문법 대비 유형]

❶ ( ) 授業です。 지루한 수업이에요.
じゅぎょう

① たいくつな
② たいくつで
③ たいくつに
④ たいくつじゃ

❷ 私は アニメ( ) 大好きです。 저는 애니메이션을 아주 좋아해요.
わたし   だい す

① を
② が
③ は
④ と

❸ A ここの 店員は どうですか。 여기 점원은 어때요?
てんいん

B ( ) 親切です。 매우 친절해요.
しんせつ

① とても
② あまり
③ すこし
④ ちょっと

> *店員 점원 | すこし 조금, 살짝 | ちょっと 좀, 조금
> てんいん

7 다음 문장을 제시어에 맞는 문장으로 바꿔 보세요.

❶

ここの　カフェは　おしゃれですか。 여기 카페는 세련됐나요?

긍정문 ➡ ＿＿＿＿＿＿＿＿＿＿＿＿＿＿＿＿＿＿＿＿＿＿＿＿＿＿＿。

❷

彼は　英語が　上手じゃ　ないです。 그는 영어를 잘하지 않아요.

의문문 ➡ ＿＿＿＿＿＿＿＿＿＿＿＿＿＿＿＿＿＿＿＿＿＿＿＿＿＿＿。

❸

ハンナさんは　わさびが　嫌いですか。
한나 씨는 고추냉이(와사비)를 싫어하나요?

부정문 ➡ ＿＿＿＿＿＿＿＿＿＿＿＿＿＿＿＿＿＿＿＿＿＿＿＿＿＿＿。

> * わさび 고추냉이(와사비)

❹

この　かばんは　便利で　軽いです。 이 가방은 편리하고 가벼워요.

의문문 ➡ ＿＿＿＿＿＿＿＿＿＿＿＿＿＿＿＿＿＿＿＿＿＿＿＿＿＿＿。

❺

この　服、地味です。 이 옷은 밋밋해요.

부정문 ➡ ＿＿＿＿＿＿＿＿＿＿＿＿＿＿＿＿＿＿＿＿＿＿＿＿＿＿＿。

兄弟が いますか。
きょうだい

형제가 있나요?

1 녹음을 잘 듣고 해당하는 우리말에 ○ 표시한 뒤 일본어를 써 보세요.

Track 12-01

① 위 　　　 아래

➡ _____

② 한 명 　　　 두 명

➡ _____

③ 형/오빠 　　　 남동생

➡ _____

④ 휴대 전화 　　　 냉장고

➡ _____

2 일본어와 우리말 뜻을 바르게 연결해 보세요.

① スーパー　　・　　　　・ **ⓐ** 편의점

② コンビニ　　・　　　　・ **ⓑ** 슈퍼마켓

③ 薬局　　　・　　　　・ **ⓒ** 약국
やっきょく

3 다음 빈칸에 들어갈 알맞은 단어를 써 보세요.

❶ 나는 [여동생] 이 한 명 있어. _____

❷ 서둘러요! [시간] 이 없어요. _____

❸ 은행 [앞] 에 세워 주세요. _____

4 녹음을 잘 듣고 대답으로 알맞은 말에 ○ 표시해 보세요.

❶

<ruby>姉<rt>あね</rt></ruby>と <ruby>弟<rt>おとうと</rt></ruby>が います。

<ruby>姉<rt>あね</rt></ruby>と <ruby>妹<rt>いもうと</rt></ruby>が います。

❷
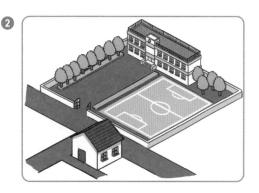

マートの <ruby>横<rt>よこ</rt></ruby>に あります。

<ruby>学校<rt>がっこう</rt></ruby>の <ruby>前<rt>まえ</rt></ruby>に あります。

> * マート 마트

5 다음 문장의 ___★___ 에 들어갈 가장 적당한 것을 1·2·3·4에서 하나 고르세요. `JLPT N5 문법 대비 유형`

❶ 私 _____ _____ _★_ _____ います。
わたし

① 家族は   ② の   ③ に   ④ 韓国
  か ぞく   かんこく

❷ 駅の _★_ _____ _____ _____ あります。
えき

① に   ② 近く   ③ が   ④ コンビニ
               ちか

❸ 猫は _★_ _____ _____ _____ います。
ねこ

① いつも   ② 下   ③ 机の   ④ に
                  した   つくえ

6 다음 문장의 빈칸에 들어갈 말로 가장 적당한 것을 1·2·3·4에서 하나 고르세요. `JLPT N5 문법 대비 유형`

❶ 冷蔵庫の （   )に 牛乳が あります。 냉장고 안에 우유가 있어요.
れいぞう こ   ぎゅうにゅう

① なか   ② そと   ③ うえ   ④ した

❷ 家に （   )が 一匹 います。 집에 강아지가 한 마리 있어요.
いえ   いっぴき

① ねこ   ② いぬ   ③ いめ   ④ いわ

❸ A 兄弟が いますか。 형제가 있나요?
   きょうだい

  B はい、上に 兄(   ) 下に 妹が います。
        うえ   あに   した   いもうと

  네, 위에 형(오빠)이랑 아래에 여동생이 있어요.

① が   ② は   ③ と   ④ の

> * 牛乳 우유 │ 一匹 한 마리
>   ぎゅうにゅう   いっぴき

7 다음 문장을 제시어에 맞는 문장으로 바꿔 보세요.

❶

私は 彼氏が います。 저는 남자 친구가 있어요.

부정문 ➡ _____。

❷

日本語には 興味が あります。 일본어에는 흥미가 있어요.

의문문 ➡ _____。

* 興味 흥미

❸

こちらは あなたの 弟さんですか。 이쪽은 당신의 남동생이에요?

긍정문 ➡ _____。

❹

タクシーは いますか。 택시는 있어요?

긍정문 ➡ _____。

Tip '택시'의 경우 사람이 작동하는 것이기 때문에 생물로 간주하여 「あります」가 아닌 「います」를 사용합니다.

* タクシー 택시

❺

ベッドの 上に ノートが ありますか。 침대 위에 노트가 있어요?

부정문 ➡ _____。

* ノート 노트

1 녹음을 잘 듣고 해당하는 우리말에 ○ 표시한 뒤 일본어를 써 보세요.

Track 13-01

①
| 여름 방학 | 겨울 방학 |

➡ _____

②
| 놀이공원 | 도서관 |

➡ _____

③
| 하지만 | 그래서 |

➡ _____

④
| 정말로 | 매우, 굉장히 |

➡ _____

2 일본어와 우리말 뜻을 바르게 연결해 보세요.

① うれ
嬉しい　・

・ 행복하다

② しあわ
幸せだ　・

・ ⓑ 기쁘다

③ しんぱい
心配だ　・

・ 걱정하다

3 다음 빈칸에 들어갈 알맞은 단어를 써 보세요.

❶ 더우니까　　수영장　　에 가고 싶어.　　_____

❷ 가족들과　　호캉스　　다녀왔어.　　_____

❸ 이번　　여행　　은 너무 즐거웠어요.　　_____

4 녹음을 잘 듣고 대답으로 알맞은 말에 ○ 표시해 보세요. Track 13-02

❶

難_{むずか}しかったです。

難_{むずか}しく なかったです。

❷

交通_{こうつう}が とても 不便_{ふべん}
でした。

交通_{こうつう}が 不便_{ふべん}じゃ
なかったです。

> * 交通_{こうつう} 교통

5 다음 문장의 ⭐ 에 들어갈 가장 적당한 것을 1·2·3·4에서 하나 고르세요. `JLPT N5 문법 대비 유형`

❶ ホカンス ＿＿＿＿ ＿＿＿＿ ＿＿＿＿ ＿⭐＿ です。

　① たのし　　　② は　　　　　③ とても　　　　④ かった

❷ 天気(てんき) ＿＿＿＿ ＿⭐＿ ＿＿＿＿ ＿＿＿＿ です。

　① よく　　　　② なかった　　③ が　　　　　　④ あまり

❸ プール ＿＿＿＿ ＿＿＿＿ ＿⭐＿ ＿＿＿＿ です。

　① なかった　　② じゃ　　　　③ きれい　　　　④ は

6 다음 문장의 빈칸에 들어갈 말로 가장 적당한 것을 1·2·3·4에서 하나 고르세요. `JLPT N5 문법 대비 유형`

❶ (　　　　)の 部屋(へや)は 静(しず)かでした。 호텔 방은 조용했어요.

　① ホカンス　　② ホテル　　　③ ホタル　　　　④ ホイル

❷ サービスが (　　　　) なかったです。 서비스가 좋지 않았어요.

　① よい　　　　② いい　　　　③ よく　　　　　④ よいじゃ

❸ A　日本(にほん)の 列車(れっしゃ)は どうでしたか。 일본 열차는 어땠어요?

　　B　とても (　　　　)でした。 매우 편리했어요.

　① べんり　　　② べんい　　　③ ふべん　　　　④ ふびん

> *ホタル 반딧불이 ｜ ホイル (음식을 싸는) 포일, 은박지 ｜ サービス 서비스 ｜ 列車(れっしゃ) 열차 ｜ どうでしたか 어땠어요?

7 다음 문장을 제시어에 맞는 문장으로 바꿔 보세요.

①

> せんしゅう いそが
> 先週は 忙しかったですか。 지난주는 바빴어요?

긍정문 ➡ _____。

②

> わたし す し きら
> 私は 寿司が 嫌いでした。 저는 초밥을 싫어했어요.

의문문 ➡ _____。

> す し
> * 寿司 초밥

③

> し けん かんたん
> 試験は 簡単でした。 시험은 간단했어요.

부정문 ➡ _____。

④

> しんかんせん べん り
> 新幹線は 便利でしたか。 신칸센은 편리했나요?

긍정문 ➡ _____。

> しんかんせん
> * 新幹線 신칸센

⑤

> だいじょう ぶ
> けがは、 大丈夫でしたか。 다친 곳은 괜찮았어요?

부정문 ➡ _____。

> だいじょうぶ
> * けが 다친 곳, 부상, 상처 | 大丈夫だ 괜찮다, 끄떡없다

Day 13 호캉스는 좋았어요? | 105 워크북

この アイフォーンが ほしいです。

이 아이폰을 갖고 싶어요.

1 녹음을 잘 듣고 해당하는 우리말에 ○ 표시한 뒤 일본어를 써 보세요.　　Track 14-01

| ① | 바지 | 치마 | | ② | 초밥 | 샐러드 |

➡ _____　　　　➡ _____

| ③ | 최신 | 최대 | | ④ | 런치 | 디너 |

➡ _____　　　　➡ _____

2 일본어와 우리말 뜻을 바르게 연결해 보세요.

① タンブラー　　·　　　　·　ⓐ 선글라스

② アイパッド　　·　　　　·　ⓑ 아이패드

③ サングラス　　·　　　　·　ⓒ 텀블러

3 다음 빈칸에 들어갈 알맞은 단어를 써 보세요.

❶ 이건 　얼마　 예요?

_____

❷ 이번 생일 때 무슨 　선물　 받고 싶어요?

_____

❸ 이번에 　아이폰　 으로 바꾸려고 해요.

_____

4 녹음을 잘 듣고 대답으로 알맞은 말에 ◯ 표시해 보세요.　Track 14-02

❶

❷

とても ほしいです。

ななひゃくえん
700円です。

あまり ほしく
ありません。

はっぴゃくえん
800円です。

* アップルウォッチ 애플워치 ｜ Tシャツ 티셔츠 ｜ わりびき割引 할인

5 다음 문장의 ★ 에 들어갈 가장 적당한 것을 1·2·3·4에서 하나 고르세요. JLPT N5 문법 대비 유형

❶ 今(いま) ＿＿＿＿ ＿＿＿＿ ＿＿＿＿ ★ ありません。

　　① が　　　　② は　　　　③ 彼氏(かれし)　　　④ ほしく

❷ この ＿＿＿＿ ＿＿＿＿ ★ 、 ＿＿＿＿ です。

　　① けど　　　② ゲームは　　③ おもしろい　　④ 難(むずか)しいです

❸ 最新(さいしん) ＿＿＿＿ ★ ＿＿＿＿ ＿＿＿＿ ですか。

　　① の　　　　② いくら　　③ アイパッド　　④ は

> * ゲーム 게임

6 다음 문장의 빈칸에 들어갈 말로 가장 적당한 것을 1·2·3·4에서 하나 고르세요. JLPT N5 문법 대비 유형

❶ (　　　　　)は　いくらですか。 아이폰은 얼마예요?

　　① アイフォーン ② ゲーム　　③ パソコン　　④ プレゼント

❷ マグロは　高(たか)いです(　　　　)、おいしいです。 참치는 비싸지만 맛있어요.

　　① し　　　　② から　　　③ けど　　　④ ね

❸ A　誕生日(たんじょうび)に　何(なに)が　ほしいですか。 생일에 무엇을 갖고 싶어요?

　　B　ケータイ(　　　　)　ほしいです。 휴대 전화를 갖고 싶어요.

　　① が　　　　② を　　　　③ は　　　　④ も

> * マグロ 참치

7 다음 문장을 제시어에 맞는 문장으로 바꿔 보세요.

❶
新しい スマホが ほしく ありません。 새 스마트폰을 갖고 싶지 않아요.

긍정문 ➡ _____。

❷
仕事は 楽しいですか。 일은 즐거워요?

부정문 ➡ _____。

❸
これは 最新 カメラですね。 이건 최신 카메라네요.

의문문 ➡ _____。

> * カメラ 카메라

❹
ノートパソコンが ほしいです。 노트북을 갖고 싶어요.

부정문 ➡ _____。

❺
この 食堂は 有名ですけど、おいしく ありません。
이 식당은 유명하지만 맛이 없어요.

의문문 ➡ _____。

Day 15

ともだち　ゆうえん ち　い
友達と 遊園地に 行きます。
친구와 놀이공원에 갈 거예요.

---

1 녹음을 잘 듣고 해당하는 우리말에 ○ 표시한 뒤 일본어를 써 보세요.　Track 15-01

❶ 공부하다　　산책하다

➡ _____

❷ 쉬다　　자다

➡ _____

❸ 전화번호　　(이)메일

➡ _____

❹ 가다　　오다

➡ _____

---

2 일본어와 우리말 뜻을 바르게 연결해 보세요.

❶
の　もの
乗り物
・　　　・ ⓐ 놀이공원

❷
ゆうえん ち
遊園地
・　　　・ ⓑ 놀이기구, 탈 것

❸
べんきょう
勉強する
・　　　・ ⓒ 공부하다

3 다음 빈칸에 들어갈 알맞은 단어를 써 보세요.

① 이번 주말 에 꽃구경 가는 거 어때? _____

② 쉬는 날은 아무것도 하고 싶지 않아요. _____

③ 디저트 는 뭘로 먹지? _____

4 녹음을 잘 듣고 대답으로 알맞은 말에 〇 표시해 보세요. Track 15-02

①

ビールを 飲みます。

アイスコーヒーを
飲みます。

②

パリに 行きます。

ソウルに 行きます。

*ビール 맥주 ｜ パリ 파리[프랑스의 수도]

5 다음 문장의 ⭐ 에 들어갈 가장 적당한 것을 1·2·3·4에서 하나 고르세요.

❶ 彼 ＿＿＿＿ ＿＿⭐＿＿ ＿＿＿＿ ＿＿＿＿ 見ます。

    ① 毎晩   ② は   ③ を   ④ ドラマ

❷ 彼女 ＿＿⭐＿＿ ＿＿＿＿ ＿＿＿＿ ＿＿＿＿ 来ません。

    ① メール   ② まだ   ③ が   ④ から

❸ コーヒーショップ ＿＿⭐＿＿ ＿＿＿＿ ＿＿＿＿ ＿＿＿＿ 飲みます。

    ① と   ② 友達   ③ で   ④ コーヒーを

> *毎晩 매일 밤 | ドラマ 드라마 | コーヒーショップ 커피숍

6 다음 문장의 빈칸에 들어갈 말로 가장 적당한 것을 1·2·3·4에서 하나 고르세요.

❶ 彼は 毎晩 12時(   ) 勉強を します。
그는 매일 밤 12시까지 공부를 해요.

    ① に   ② から   ③ まで   ④ で

❷ 今日は 早く 家に (   )。 오늘은 일찍 집에 돌아가요.

    ① 帰ます   ② 帰ります   ③ 帰れます   ④ 帰るます

❸ A 明日は 何を しますか。 내일은 무엇을 해요?

    B 明日は (   ) しません。 내일은 아무것도 안 해요.

    ① 何か   ② 何も   ③ 何と   ④ 何で

> *早く 일찍

7 다음 문장을 제시어에 맞는 문장으로 바꿔 보세요.

❶

家族が 日本に 来ます。 가족이 일본에 와요.

부정문 ➡ _____。

❷

お肉は 食べません。 고기는 먹지 않아요.

긍정문 ➡ _____。

* 肉 고기

❸

今週末は 遊園地に 行きます。 이번 주말은 놀이공원에 갈 거예요.

의문문 ➡ _____。

❹

あなたは 会社まで バスに 乗りますか。

당신은 회사까지 버스를 타나요?

부정문 ➡ _____。

* バス 버스

❺

私は 毎日 炭酸水を 飲みます。 저는 매일 탄산수를 마셔요.

의문문 ➡ _____。

* 毎日 매일 ｜ 炭酸水 탄산수

• 1그룹 동사 뒤에 「ます」, 「ません」을 붙이고 뜻을 써 보세요.

	ます	ません
예 会(あ)う 만나다	✎ 会(あ)います 만납니다	✎ 会(あ)いません 만나지 않습니다
買(か)う 사다		
行(い)く 가다		
書(か)く (글씨를) 쓰다		
泳(およ)ぐ 수영하다, 헤엄치다		
急(いそ)ぐ 서두르다		
話(はな)す 이야기하다		
貸(か)す 빌려주다		
待(ま)つ 기다리다		
持(も)つ 들다, 가지다		
死(し)ぬ 죽다		
呼(よ)ぶ 부르다		
遊(あそ)ぶ 놀다		
飲(の)む 마시다		
読(よ)む 읽다		
ある 있다		
乗(の)る 타다		

*정답은 본서 p168~169 참고

• 예외 1그룹 동사 뒤에 「ます」, 「ません」을 붙이고 뜻을 써 보세요.

	ます	ません
走る 달리다		
切る 자르다		
帰る 돌아가다, 돌아오다		

• 2그룹 동사 뒤에 「ます」, 「ません」을 붙이고 뜻을 써 보세요.

	ます	ません
見る 보다		
起きる 일어나다		
着る 입다		
食べる 먹다		
寝る 자다		
考える 생각하다		
教える 가르치다		

• 3그룹 동사 뒤에 「ます」, 「ません」을 붙이고 뜻을 써 보세요.

	ます	ません
来る 오다		
する 하다		

Day 16 ユーチューブを 見ながら、家トレしますよ。

유튜브를 보면서 홈트해요.

1 녹음을 잘 듣고 해당하는 우리말에 〇 표시한 뒤 일본어를 써 보세요.   Track 16-01

❶ ~하면서   ~한 후에   ❷ 취소하다   예약하다

➡ _____   ➡ _____

❸ 같이, 함께   혼자서   ❹ 유튜브   홈트

➡ _____   ➡ _____

2 일본어와 우리말 뜻을 바르게 연결해 보세요.

❶ ～ませんか   ·   · ⓐ ~하고 싶다

❷ ～ましょう   ·   · ⓑ ~하지 않을래요?

❸ ～たい   ·   · ⓒ ~합시다

3 다음 빈칸에 들어갈 알맞은 단어를 써 보세요.

❶ ⬜⬜⬜ 요가 ⬜⬜⬜ 배우지 않을래?

_____

❷ 우리 ⬜⬜⬜ 한번 ⬜⬜⬜ 도전해 보자.

_____

❸ ⬜⬜⬜ 동영상 ⬜⬜⬜ 편집할 줄 알아?

_____

4 녹음을 잘 듣고 대답으로 알맞은 말에 〇 표시해 보세요. Track 16-02

❶

普段 家トレします。
ふ だん いえ

ジムに 通います。
かよ

❷

いいですね。

大丈夫です。
だいじょうぶ

> * ジム 헬스장 | 通う 다니다
> かよ

5 다음 문장의 ___★___ 에 들어갈 가장 적당한 것을 1·2·3·4에서 하나 고르세요. JLPT N4 문법 대비 유형

❶ 今日 _____ __★__ _____ _____ ましょう。

① 早く　　　② は　　　③ 家に　　　④ 帰り

❷ 車 _____ __★__ _____ _____ ですか。

① を　　　② 免許　　　③ 取りたい　　　④ の

❸ ここの _____ _____ __★__ _____ ませんか。

① 飲み　　　② で　　　③ カフェ　　　④ お茶でも

6 다음 문장의 빈칸에 들어갈 말로 가장 적당한 것을 1·2·3·4에서 하나 고르세요. JLPT N4 문법 대비 유형

❶ (　　　　)を 見ながら、勉強します。 동영상을 보면서 공부해요.

① えいが　　　② うんどう　　　③ おんがく　　　④ どうが

❷ 一緒に ドラマを (　　　　)か。 같이 드라마를 보지 않을래요?

① 見ます　　　② 見ません　　　③ 見たいです　　　④ 見ましょう

❸ ここから 電車に (　　　　)ましょう。 여기에서 전철을 탑시다.

① 聞き　　　② 行き　　　③ 乗り　　　④ 帰り

> * おんがく 음악　｜　電車 전철

7 우리말 뜻을 보고 다음 빈칸에 들어갈 알맞은 말을 써 보세요.

❶

A　私も　何か　運動したいんですけど。

저도 뭔가 운동을 하고 싶은데요.

B　_____。

같이 운동하지 않을래요?

❷

A　おすすめの　ユーチューブを　教えましょうか。

추천하는 유튜브를 알려줄까요?

B　_____。

네, 부탁해요.

> * 教える 알려주다, 가르치다

❸

A　_____。

어떤 영화를 보고 싶어요?

B　ホラー　映画が　見たいです。

호러 영화를 보고 싶어요.

> * ホラー 호러, 공포

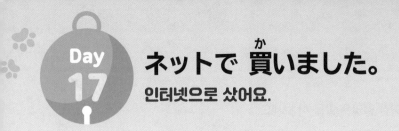

ネットで 買^かいました。

인터넷으로 샀어요.

1 녹음을 잘 듣고 해당하는 우리말에 ○ 표시한 뒤 일본어를 써 보세요.　Track 17-01

❶ | 배웅하다 | 수영하다

➡ _____

❷ | 와이파이 | 인터넷

➡ _____

❸ | 우체국 | 백화점

➡ _____

❹ | 이전, 예전 | 요즘, 최근

➡ _____

2 일본어와 우리말 뜻을 바르게 연결해 보세요.

❶ どこにも　　　・ ・ⓐ 어디에도

❷ 何^{なん}でも　　　・ ・ⓑ 아무도, 누구도

❸ 誰^{だれ}も　　　・ ・ⓒ 무엇이든지

3 다음 빈칸에 들어갈 알맞은 단어를 써 보세요.

❶ 같이　　　쇼핑　　　가지 않을래?　　_____

❷ 이건 내　　어렸을 때　　사진이야.　　_____

❸ 　　아침밥　　은 먹었어?　　_____

4 녹음을 잘 듣고 대답으로 알맞은 말에 ○ 표시해 보세요.　　 Track 17-02

❶

^{なに}何も ^{ちゅうもん}注文しません
でした。

かばんを ^{ちゅうもん}注文しました。

❷

^{うんどうぐつ}運動靴を ^か買いに
^い行きました。

^{け しょうひん}化粧品を ^か買いに
^い行きました。

＊ ^{ちゅうもん}注文 주문 ｜ ^{うんどうぐつ}運動靴 운동화 ｜ ^{け しょうひん}化粧品 화장품

5 다음 문장의 ★ 에 들어갈 가장 적당한 것을 1·2·3·4에서 하나 고르세요. `JLPT N4 문법 대비 유형`

❶ 昨日 〔きのう〕 ＿＿＿＿ ＿＿★＿＿ ＿＿＿＿ ＿＿＿＿ ませんでした。

① を ② は ③ 夜ご飯 〔よるごはん〕 ④ 食べ 〔たべ〕

❷ 郵便局 〔ゆうびんきょく〕 ＿＿＿＿ ＿＿＿＿ ＿＿＿＿ ＿★＿ 行きましたか。〔い〕

① 荷物 〔にもつ〕 ② 送りに 〔おくりに〕 ③ に ④ を

❸ 明日 〔あした〕 ＿＿＿＿ ＿＿＿＿ ＿＿★＿ ＿＿＿＿ します。

① あります ② テストが ③ 勉強 〔べんきょう〕 ④ から

> *夜ご飯 〔よるごはん〕 저녁밥

6 다음 문장의 빈칸에 들어갈 말로 가장 적당한 것을 1·2·3·4에서 하나 고르세요. `JLPT N4 문법 대비 유형`

❶ ネット（　　　　）買いましたか。〔か〕 인터넷으로 샀어요?

① に ② って ③ で ④ を

❷ 昨日、先輩に　（　　　　）ませんでした。〔きのう〕〔せんぱい〕 어제 선배를 만나지 않았어요.

① 会き 〔あ〕 ② 会う 〔あ〕 ③ 会り 〔あ〕 ④ 会い 〔あ〕

❸ この　お店は、何でも　あります（　　　　）便利です。〔みせ〕〔なん〕〔べんり〕

이 가게는 뭐든지 있으니까 편리해요.

① から ② けど ③ が ④ まで

> *先輩 〔せんぱい〕 선배

7 우리말 뜻을 보고 다음 빈칸에 들어가는 알맞을 말을 써 보세요.

❶

A 彼は 誰に 会いに 行きましたか。
　　그는 누구를 만나러 갔어요?

B _____。

　　애인을 만나러 갔어요.

❷

A 記念日に 何を しましたか。
　　기념일에 무엇을 했나요?

B _____。

　　기념일이니까 레스토랑에서 식사를 했어요.

❸

A _____。

　　아침밥은 먹었어요?

B まだ 食べませんでした。
　　아직 먹지 않았어요.

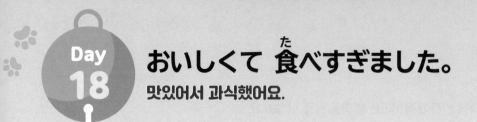

おいしくて 食（た）べすぎました。

맛있어서 과식했어요.

---

1 녹음을 잘 듣고 해당하는 우리말에 ○ 표시한 뒤 일본어를 써 보세요.　　　Track 18-01

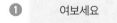

❶ 　여보세요　　　여기요(드세요)　　　❷ 　과식하다　　　소식하다

➡ _____　　　➡ _____

❸ 　읽다　　　사용하다　　　❹ 　꼭, 부디　　　별로, 그다지

➡ _____　　　➡ _____

---

2 일본어와 우리말 뜻을 바르게 연결해 보세요.

❶ 一口（ひとくち）サイズ　　・　　　・ ⓐ 이해하기 어렵다

❷ 食（た）べやすい　　・　　　・ ⓑ 먹기 편하다

❸ 分（わ）かりにくい　　・　　　・ ⓒ 한입 사이즈

---

3 다음 빈칸에 들어갈 알맞은 단어를 써 보세요.

❶ 당고   만드는 방법   좀 알려주세요.   _____

❷   김밥   두 줄만 포장해 주세요.   _____

❸   티켓   예매했어요?   _____

4 녹음을 잘 듣고 대답으로 알맞은 말에 ○ 표시해 보세요.   Track 18-02

❶

この スニーカーは
<ruby>歩<rt>ある</rt></ruby>きやすいです。

でも、<ruby>履<rt>は</rt></ruby>きにくいです。

❷

<ruby>難<rt>むずか</rt></ruby>しく なかったです。

<ruby>漢字<rt>かんじ</rt></ruby>の <ruby>書<rt>か</rt></ruby>き<ruby>方<rt>かた</rt></ruby>が
<ruby>難<rt>むずか</rt></ruby>しかったです。

> *スニーカー 운동화, 스니커

5 다음 문장의 ⭐ 에 들어갈 가장 적당한 것을 1·2·3·4에서 하나 고르세요. `JLPT N4 문법 대비 유형`

❶ 内容(ないよう) ＿＿＿＿ ＿＿＿＿ ＿＿＿＿ ⭐＿＿＿＿ です。

 ① 少(すこ)し   ② にくい   ③ 分(わ)かり   ④ が

❷ 東京(とうきょう) ＿＿＿＿ ＿＿＿＿ ＿＿＿＿ ⭐＿＿＿＿ すぎます。

 ① 地下鉄(ちかてつ) ② の   ③ は   ④ 複雑(ふくざつ)

❸ パソコン ＿＿＿＿ ⭐＿＿＿＿ ＿＿＿＿ ＿＿＿＿ ありませんよ。

 ① の   ② 難(むずか)しく   ③ 使(つか)い方(かた)   ④ は

> * 内容(ないよう) 내용 ｜ 地下鉄(ちかてつ) 지하철

6 다음 문장의 빈칸에 들어갈 말로 가장 적당한 것을 1·2·3·4에서 하나 고르세요. `JLPT N4 문법 대비 유형`

❶ この 車(くるま)は とても （   ）です。이 자동차는 매우 타기 편해요.

 ① 履(は)きやすい ② 歩(ある)きやすい ③ 乗(の)りやすい ④ 座(すわ)りやすい

❷ この 靴(くつ)は サイズが （   ）すぎます。

이 구두는 사이즈가 지나치게 작아요.

 ① 小(ちい)さ   ② 少(すく)な   ③ 大(おお)き   ④ 難(むずか)し

❸ 書類(しょるい)の （   ）が 分(わ)かりますか。서류 쓰는 방법을 알아요?

 ① 使(つか)い方(かた) ② 書(か)き方(かた) ③ 買(か)い方(かた) ④ 読(よ)み方(かた)

> * 少(すく)ない (수량이) 적다 ｜ 書類(しょるい) 서류

7 우리말 뜻을 보고 다음 빈칸에 들어갈 알맞은 말을 써 보세요.

❶

A どうしましたか。

무슨 일이에요?

B _____。

어제 과식했어요.

> * どうしましたか 무슨 일이에요?

❷

A どうして キンパが 好(す)きですか。

왜 김밥을 좋아해요?

B _____。

먹기 편하기 때문에 좋아해요.

> * どうして 왜, 어째서

❸

A _____。

이 한자는 어떻게 읽나요?

B この 漢字(かんじ)の 読(よ)み方(かた)は 「薬(くすり)」です。

이 한자의 읽는 방법은 '쿠스리'예요.

> * どうやって 어떻게

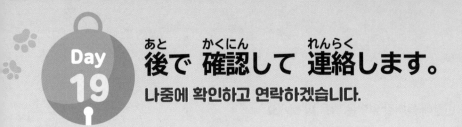

1 녹음을 잘 듣고 해당하는 우리말에 ○ 표시한 뒤 일본어를 써 보세요.

Track 19-01

① 숙제　　　자료

➡ _____

② 출근하다　　　퇴근하다

➡ _____

③ 나중에, 후에　　　또, 다시

➡ _____

④ ~(으)므로, ~때문에　　　~부터, ~에서

➡ _____

2 일본어와 우리말 뜻을 바르게 연결해 보세요.

① お疲れ様です
　　つか さま

・　　　・ ⓐ 수고하십니다

② 右に曲がる
　　みぎ ま

・　　　・ ⓑ 인사하다

③ あいさつする

・　　　・ ⓒ 우회전하다

3 다음 빈칸에 들어갈 알맞은 단어를 써 보세요.

❶ 프레젠테이션 준비는 잘 돼 가나요?

_____

❷ 저희는 단골 손님 이 많아요.

_____

❸ 여보세요 , 다나카 씨입니까?

_____

4 녹음을 잘 듣고 대답으로 알맞은 말에 ○ 표시해 보세요.   Track 19-02

❶

_{べんきょうちゅう}
勉強中です。

_{かい ぎ}
会議中です。

❷

_{くすり} _の
薬を 飲んで ください。

_{まいにち いち じ かん}
毎日 １時間ずつ
_{うんどう}
運動して ください。

5 다음 문장의 ⭐ 에 들어갈 가장 적당한 것을 1·2·3·4에서 하나 고르세요. JLPT N4 문법 대비 유형

❶ 友達 ＿＿＿ ＿＿＿ ⭐ 、 ＿＿＿ ＿＿＿ しました。
とも だち

① 来て　　　　② 宿題を　　　　③ 一緒に　　　　④ が
き　　　　　　しゅくだい　　　　いっしょ

❷ 私は ＿＿＿ ＿＿＿ ＿＿＿ ⭐ います。
わたし

① を　　　　② 今　　　　③ 手紙　　　　④ 書いて
　　　　　　いま　　　　て がみ　　　　か

❸ 明日 ＿＿＿ ＿＿＿ ⭐ 、 ＿＿＿ ください。
あした

① 来て　　　　② パーティーが　　③ あります　　④ ので
き

> * 手紙 편지
> て がみ

6 다음 문장의 빈칸에 들어갈 말로 가장 적당한 것을 1·2·3·4에서 하나 고르세요. JLPT N4 문법 대비 유형

❶ 私は　毎日　（　　　　）運動して　います。
わたし　　まいにち　　　　　　　　うんどう

저는 매일 꼭 운동하고 있어요.

① かならず　　② ずっと　　③ ゆっくり　　④ すこし

❷ 暑いので　エアコンを（　　　　）ください。더우니까 에어컨을 켜 주세요.
あつ

① ついて　　　② つけて　　③ つって　　④ つんで

❸ 試験に　（　　　　）して、　とても　嬉しいです。
し けん　　　　　　　　　　　　　　　　　　うれ

시험에 합격해서 매우 기뻐요.

① でんわ　　　② れんらく　　③ ごうかく　　④ しゅくだい

> * ずっと 쭉, 줄곧 | ゆっくり 푹, 충분히

7 우리말 뜻을 보고 다음 빈칸에 들어갈 알맞은 말을 써 보세요.

❶

A　週末<small>しゅうまつ</small>には　何<small>なに</small>を　しましたか。
주말에는 무엇을 했나요?

B　_____。
도서관에 가서 책을 읽었습니다.

❷

A　今<small>いま</small>、運転中<small>うんてんちゅう</small>ですので、後<small>あと</small>で　電話<small>でんわ</small>します。
지금 운전 중이니, 나중에 전화하겠습니다.

B　_____。
네, 그러면 연락 기다리고 있겠습니다.

❸

A　_____。
유카타를 입고 어디에 갔어요?

B　浴衣<small>ゆかた</small>を　着<small>き</small>て、祭<small>まつ</small>りに　行<small>い</small>きました。
유카타를 입고 마쓰리에 갔어요.

> * 祭<small>まつ</small>り 마쓰리[일본 축제]

• 1그룹 동사를 「~て」형으로 바꿔서 써 본 후 뜻을 쓰세요.

기본형	て형	뜻
예 会う 만나다	✎ 会って	✎ 만나고, 만나서
待つ 기다리다		
終わる 끝나다		
帰る 돌아가다, 돌아오다		
しゃべる 수다 떨다		
死ぬ 죽다		
呼ぶ 부르다		
飲む 마시다		
聞く 듣다, 묻다		
泳ぐ 수영하다, 헤엄치다		
話す 이야기하다		
返す 돌려주다, 반납하다		

• 예외 동사를 「~て」형으로 바꿔서 써 본 후 뜻을 쓰세요.

기본형	て형	뜻
行く 가다		

*정답은 본서 p214~215 참고

• 2그룹 동사를 「~て」형으로 바꿔서 써 본 후 뜻을 쓰세요.

기본형	て형	뜻
見る 보다		
起きる 일어나다		
着る 입다		
借りる 빌리다		
出る 나가다		
寝る 자다		
食べる 먹다		
開ける 열다		
教える 가르치다		
考える 생각하다		
忘れる 잊다		
遅れる 늦다		

• 3그룹 동사를 「~て」형으로 바꿔서 써 본 후 뜻을 쓰세요.

기본형	て형	뜻
来る 오다		
する 하다		

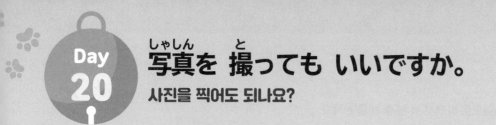

Day 20 写真を 撮っても いいですか。
사진을 찍어도 되나요?

1 녹음을 잘 듣고 해당하는 우리말에 ○ 표시한 뒤 일본어를 써 보세요. `Track 20-01`

① 웃다 | 떠들다

→ _____

② 준비하다 | 신청하다

→ _____

③ 우리(들) | 모두

→ _____

④ 플래시 | 피아노

→ _____

2 일본어와 우리말 뜻을 바르게 연결해 보세요.

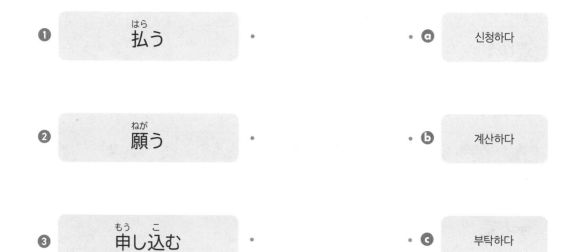

① 払う ・   ・ ⓐ 신청하다

② 願う ・   ・ ⓑ 계산하다

③ 申し込む ・   ・ ⓒ 부탁하다

3 다음 빈칸에 들어갈 알맞은 단어를 써 보세요.

❶ ［체중］ 이 점점 늘고 있어.　　　　＿＿＿＿＿＿＿＿＿＿＿＿＿＿＿＿

❷ 아이돌 ［굿즈］ 는 어디서 사나요?　＿＿＿＿＿＿＿＿＿＿＿＿＿＿＿＿

❸ ［콘서트］ 티켓이 30분 만에 매진되었어.　＿＿＿＿＿＿＿＿＿＿＿＿＿＿

4 녹음을 잘 듣고 대답으로 알맞은 말에 ◯ 표시해 보세요.

❶

だめです。

<ruby>英語<rt>えいご</rt></ruby>で <ruby>話<rt>はな</rt></ruby>しても
いいです。

❷

あ、すみません。

あ、どうぞ。

5 다음 문장의 ⭐ 에 들어갈 가장 적당한 것을 1·2·3·4에서 하나 고르세요. `JLPT N4 문법 대비 유형`

❶ もう少し ＿＿＿ ＿＿＿ ＿＿＿ ⭐＿ いいですか。

① メニュー   ② 見て   ③ 頼んでも   ④ を

❷ 運転し ⭐＿ ＿＿＿ ＿＿＿ ＿＿＿ いけません。

① 通話   ② ながら   ③ しては   ④ を

❸ 子供の ＿＿＿、＿＿＿ ＿＿＿ ⭐＿ きました。

① を   ② 頃から   ③ ギター   ④ 習って

> * もう少し 조금만 더 | 頼む 부탁하다, 청하다 | ギター 기타

6 다음 문장의 빈칸에 들어갈 말로 가장 적당한 것을 1·2·3·4에서 하나 고르세요 `JLPT N4 문법 대비 유형`

❶ ラインで メッセージを (   ) きました。

라인으로 메시지를 보내왔어요.

① 呼んで   ② 待って   ③ 送って   ④ 歩いて

❷ この ズボン (   )しても いいですか。 이 바지 교환해도 되나요?

① こうかん   ② よやく   ③ へんこう   ④ つうわ

❸ 炭水化物を たくさん 食べ(   )。 탄수화물을 많이 먹으면 안 돼요.

① て みませんか   ② て みます   ③ ても いいです   ④ ては いけません

> * メッセージ 메시지 | へんこう 변경 | 炭水化物 탄수화물

7 우리말 뜻을 보고 다음 빈칸에 들어갈 알맞은 말을 써 보세요.

❶

A いつも 甘い物が 食べたいです。

항상 단 것이 먹고 싶어요.

B _____。

단 것을 많이 먹으면 안 돼요.

❷

A ここに お名前を 書いて ください。

여기에 성함을 써 주세요.

B _____。

알파벳으로 써도 되나요?

> * お名前 성함 | ローマ字 알파벳, 로마자

❸

A _____。

매일 학교까지 어떻게 가나요?

B 毎日、学校まで 歩いて いきます。

매일 학교까지 걸어 가요.

Day 21

<ruby>新<rt>あたら</rt></ruby>しい <ruby>化粧品<rt>け しょうひん</rt></ruby>を <ruby>買<rt>か</rt></ruby>う つもりです。

새 화장품을 살 생각이에요.

---

1 녹음을 잘 듣고 해당하는 우리말에 ○ 표시한 뒤 일본어를 써 보세요.   Track 21-01

① | 고백하다 | 결혼하다 |

➡ _____

② | 피부 | 알레르기 |

➡ _____

③ | 공부하다 | 복습하다 |

➡ _____

④ | ~하기 전에 | ~한 후에 |

➡ _____

2 일본어와 우리말 뜻을 바르게 연결해 보세요.

① <ruby>辞<rt>や</rt></ruby>める   ·

· **ⓐ** 그만두다

② <ruby>貯<rt>た</rt></ruby>める   ·

· **ⓑ** 이사하다

③ <ruby>引<rt>ひ</rt></ruby>っ<ruby>越<rt>こ</rt></ruby>す   ·

· **ⓒ** (돈을) 모으다, 저축하다

3 다음 빈칸에 들어갈 알맞은 단어를 써 보세요.

❶ 이 가방은 출시 하루 만에 품절되었대. _____

❷ 메모 좀 남겨 주세요. _____

❸ 내일 회의 자료를 복사 해 주세요. _____

4 녹음을 잘 듣고 대답으로 알맞은 말에 ◯ 표시해 보세요. Track 21-02

❶

いえ やす
家で 休む
つもりです。

と しょかん べんきょう
図書館で 勉強する
つもりです。

❷

ぜん ぶ の
全部 飲んで
しまいました。

のこ
たくさん 残って
います。

のこ
*残る 남다

5 다음 문장의 ⭐ 에 들어갈 가장 적당한 것을 1·2·3·4에서 하나 고르세요. JLPT N4 문법 대비 유형

❶ 週末、＿＿＿ ＿＿＿ ⭐＿＿＿ ＿＿＿ です。

① 友達と ② 見に ③ 行く つもり ④ 映画を

❷ 彼氏 ＿＿＿ ＿＿＿ ＿＿＿ ⭐＿＿＿ おきました。

① 買って ② の ③ を ④ プレゼントを

❸ 旅行に ＿＿＿ ⭐＿＿＿ ＿＿＿ ＿＿＿ します。

① パスポートを ② 行く ③ 準備 ④ 前に

6 다음 문장의 빈칸에 들어갈 말로 가장 적당한 것을 1·2·3·4에서 하나 고르세요. JLPT N4 문법 대비 유형

❶ 私は 来年、留学(   ) つもりです。 저는 내년에 유학할 생각이에요.

① する ② して ③ したい ④ している

❷ 指輪を (   ) しまいました。 반지를 잃어버렸어요.

① 忘れて ② 失くして ③ 壊して ④ 辞めて

❸ テストを 受ける 前に 復習(   )。 시험을 보기 전에 복습해 두었어요.

① しました ② して しまいました

③ して おきました ④ して みました

> * 指輪 반지

7 우리말 뜻을 보고 다음 빈칸에 들어갈 알맞은 말을 써 보세요.

➊

A テストの 勉強_{べんきょう}は いつ しましたか。

시험 공부는 언제 했나요?

B _____。

주말에 시험 공부를 해 두었어요.

➋

A 彼_{かれ}と とこで 会_あいますか。

그와 어디에서 만나나요?

B _____。

카페에서 만날 생각이에요.

➌

A _____。

학교에 왜 지각했나요?

B お腹_{なか}が 痛_{いた}くて 学校_{がっこう}に 遅刻_{ちこく}して しまいました。

배가 아파서 학교에 지각해 버렸어요.

Day 22

<ruby>北海道<rt>ほっかいどう</rt></ruby>に <ruby>行<rt>い</rt></ruby>った ことが ありますか。

홋카이도에 가 본 적이 있나요?

---

1 녹음을 잘 듣고 해당하는 우리말에 ◯ 표시한 뒤 일본어를 써 보세요.

Track 22-01

❶　학원　　병원

➡ _____

❷　시원하다　　후덥지근하다

➡ _____

❸　신문　　뉴스

➡ _____

❹　특기　　취미

➡ _____

---

2 일본어와 우리말 뜻을 바르게 연결해 보세요.

❶ <ruby>決<rt>き</rt></ruby>まる　　　　　　　　　　　　 • ⓐ 맞이하다, 마중하다

❷ <ruby>過<rt>す</rt></ruby>ごす　　　　　　　　　　　　 • ⓑ 결정되다

❸ <ruby>迎<rt>むか</rt></ruby>える　　　　　　　　　　　　 • ⓒ 지내다, 보내다

3 다음 빈칸에 들어갈 알맞은 단어를 써 보세요.

❶ 나는 오늘 컨디션 이 안 좋아.

_____

❷ 추워서 겉옷 을 입었어.

_____

❸ 주차장 은 어디에 있나요?

_____

4 녹음을 잘 듣고 대답으로 알맞은 말에 〇 표시해 보세요. Track 22-02

❶

にかい
2回 あります。

い
行きませんでした。

❷

か もの い
買い物に 行ったり
します。

えい が み
映画を 見に
い
行ったり します。

かい
* 回 ~번, ~회

5 다음 문장의 ⭐ 에 들어갈 가장 적당한 것을 1·2·3·4에서 하나 고르세요. `JLPT N4 문법 대비 유형`

❶ 夜は ＿＿＿＿ ＿⭐＿ ＿＿＿＿ ＿＿＿＿ しましたよ。

　① 夜景　　　② 小樽の　　　③ を　　　④ 見たり

❷ この ＿＿＿＿ ＿＿＿＿ ＿＿＿＿ ＿⭐＿ ありますか。

　① 使った　　　② を　　　③ ことが　　　④ アプリ

❸ 体の ＿＿＿＿ ＿＿＿＿ ＿⭐＿ ＿＿＿＿ 休んだ。

　① が　　　② 調子　　　③ 学校を　　　④ 悪かったので

6 다음 문장의 빈칸에 들어갈 말로 가장 적당한 것을 1·2·3·4에서 하나 고르세요. `JLPT N4 문법 대비 유형`

❶ 遅れたので、走って （　　　　　）。 늦었으니 뛰어갔다.

　① 行くた　　　② 行きた　　　③ 行った　　　④ 行いた

❷ 休日は　猫と　遊んだり （　　　　　）を　見たり　します。

　휴일에는 고양이랑 놀거나 애니메이션을 보거나 해요.

　① アプリ　　　② アニメ　　　③ テレビ　　　④ スマホ

❸ 私は　剣道を （　　　　　）が　あります。 저는 검도를 배운 적이 있어요.

　① 習って　いる　② 習った　こと　③ 習って　みる　④ 習って　おく

> ＊休日 휴일 ｜ 剣道 검도

7 우리말 뜻을 보고 다음 빈칸에 들어갈 알맞은 말을 써 보세요.

❶

A　彼女は　ヨーロッパに　行った　ことが　ありますか。
かのじょ　　　　　　　　　　　い

그녀는 유럽에 간 적이 있어요?

B　_____。

그녀는 유럽에 간 적이 없어요.

❷

A　カフェで　何を　しますか。
　　　　　　なに

카페에서 무엇을 해요?

B　_____。

카페에서 일본어 공부를 하거나 책을 읽거나 해요.

❸

A　_____。

반려동물을 키운 적이 있나요?

B　いいえ、ありません。

아니요, 없어요.

동사 활용 테스트

• 1그룹 동사를 「~た」형으로 바꿔서 써 본 후 뜻을 쓰세요.

기본형	た형	뜻
買う 사다	✎ 買った	✎ 샀다
待つ 기다리다		
ある 있다		
死ぬ 죽다		
呼ぶ 부르다		
飲む 마시다		
歩く 걷다		
聞く 듣다, 묻다		
泳ぐ 수영하다, 헤엄치다		
脱ぐ 벗다		
話す 이야기하다		
返す 돌려주다		

• 예외 동사를 「~た」형으로 바꿔서 써 본 후 뜻을 쓰세요.

기본형	た형	뜻
行く 가다		

*정답은 본서 p252~253 참고

• 2그룹 동사를 「~た」형으로 바꿔서 써 본 후 뜻을 쓰세요.

기본형	た형	뜻
見る 보다		
起きる 일어나다		
着る 입다		
借りる 빌리다		
食べる 먹다		
寝る 자다		
開ける 열다		
始める 시작하다		
止める 멈추다, 세우다		
遅れる 늦다		

• 3그룹 동사를 「~た」형으로 바꿔서 써 본 후 뜻을 쓰세요.

기본형	た형	뜻
来る 오다		
する 하다		

Day 23

地下鉄に 乗った方が いいですよ。

지하철을 타는 편이 좋겠어요.

1 녹음을 잘 듣고 해당하는 우리말에 〇 표시한 뒤 일본어를 써 보세요.　Track 23-01

①

루트, 경로	내비게이션

➡ _____

②

조식	야식

➡ _____

③

참가하다	결석하다

➡ _____

④

서두르다	(속도가) 빠르다

➡ _____

2 일본어와 우리말 뜻을 바르게 연결해 보세요.

① 〜た方が いいです ・

・**ⓐ** ~하면 어때요?

② 〜かもしれません ・

・**ⓑ** ~할지도 몰라요

③ 〜たら どうですか ・

・**ⓒ** ~하는 편이 좋아요

3 다음 빈칸에 들어갈 알맞은 단어를 써 보세요.

❶ 주말이어서 　대기 시간　 이 길지도 몰라요.　＿＿＿＿＿＿＿＿＿＿＿＿＿＿＿＿

❷ 이 　루트　 로 가는 게 훨씬 빨라요.　＿＿＿＿＿＿＿＿＿＿＿＿＿＿＿＿

❸ 지하철로 　몇 정거장　 이에요?　＿＿＿＿＿＿＿＿＿＿＿＿＿＿＿＿

4 녹음을 잘 듣고 대답으로 알맞은 말에 ○ 표시해 보세요.　Track 23-02

❶

そうしましょう。

この ルートで
行ったら 遠いです。

❷

今 すぐ、
会いましょう。

試験が 終わってから
会いましょう。

5 다음 문장의 ⭐ 에 들어갈 가장 적당한 것을 1·2·3·4에서 하나 고르세요. JLPT N4 문법 대비 유형

❶ 手を ＿＿⭐＿＿ ＿＿＿＿ ＿＿＿＿ ＿＿＿＿ 食べます。

① ご飯　　　　② を　　　　③ 洗って　　　　④ から

❷ 風邪薬 ＿＿＿＿ ＿＿⭐＿＿ ＿＿＿＿ ＿＿＿＿ いいです。

① 飲んだ　　　② を　　　　③ 方　　　　④ が

❸ 今日 ＿＿＿＿ ＿＿＿＿ ＿＿＿＿ ＿＿⭐＿＿ どうですか。

① 高速バス　　② は　　　　③ で　　　　④ 行ったら

> * 高速バス 고속버스

6 다음 문장의 빈칸에 들어갈 말로 가장 적당한 것을 1·2·3·4에서 하나 고르세요. JLPT N4 문법 대비 유형

❶ メニューを（　　　　）注文したら　どうですか。

메뉴를 정하고 나서 주문하면 어때요?

① 決めてから　② 決めて　みて　③ 決める　前に　④ 決めて　おく

❷ 試験の　前に　復習（　　　　）ですよ。 시험 보기 전에 복습하는 편이 좋겠어요.

① したら　いい　② しても　いい　③ しやすい　④ した方が　いい

❸ ソウルより　気温が　（　　　　）かも　しれませんよ。

서울보다 기온이 높을지도 몰라요.

① ながい　　　② やすい　　　③ たかい　　　④ はやい

> * 気温 기온

7 우리말 뜻을 보고 다음 빈칸에 들어갈 알맞은 말을 써 보세요.

❶

A お土産は どれが いいですか。

기념품은 어느 것이 좋아요?

B _____。

기념품은 이것을 사는 편이 좋아요.

> * お土産 기념품

❷

A バスと 地下鉄、どっちが 速いですか。

버스와 지하철, 어느 쪽이 빠른가요?

B _____。

저녁때라 버스는 길이 막힐지도 모르겠네요.

❸

A _____。

더 공부하면 어때요?

B はい、そうします。

네, 그렇게 할게요.

1 녹음을 잘 듣고 해당하는 우리말에 ○ 표시한 뒤 일본어를 써 보세요. `Track 24-01`

❶ | 앞으로, 나중에 | 이전에, 요전에

➡ _____

❷ | 긴장하다 | 무리하다

➡ _____

❸ | 면허증 | 졸업증

➡ _____

❹ | 체크인하다 | 체크아웃하다

➡ _____

2 일본어와 우리말 뜻을 바르게 연결해 보세요.

❶ かえ
返す　　　　·

· ⓐ 갈아타다, 환승하다

❷ の か
乗り換える　　·

· ⓑ 반납하다, 돌려주다

❸ け
消す　　　　·

· ⓒ (스위치를) 끄다

3 다음 빈칸에 들어갈 알맞은 단어를 써 보세요.

① 여권을 [갱신] 해야 해요.

_____

② 공연 중에는 [자리, 좌석] 에서 일어나지 마세요.

_____

③ [블로그] 운영해요?

_____

4 녹음을 잘 듣고 대답으로 알맞은 말에 ○ 표시해 보세요.

 Track 24-02

①

②

でん わ
電話しても いいです。

いや、しないで
ください。

はい、それが いい
ですね。

よ やく
予約しなくても
だいじょう ぶ
大丈夫です。

> * いや 아니요[부정의 대답]

5 다음 문장의 ⭐ 에 들어갈 가장 적당한 것을 1·2·3·4에서 하나 고르세요. JLPT N4 문법대비유형

❶ ここ ___⭐___ _____ _____ _____ なりません。

① 脱がなければ　　② で　　　　　③ 靴　　　　　④ を

❷ 名前 _____ _____ _____ ___⭐___ いいです。

① で　　　　　② は　　　　　③ 漢字　　　　④ 書かなくても

❸ 部屋 _____ ___⭐___ _____ _____ ください。

① の　　　　　② 消さないで　　③ 電気　　　　④ を

6 다음 문장의 빈칸에 들어갈 말로 가장 적당한 것을 1·2·3·4에서 하나 고르세요. JLPT N4 문법대비유형

❶ 明日、会議に 出席(　　　　)。내일 회의에 참석하지 않아도 돼요.

① しなければ　なりません　　② しなくても　いいです

③ しないで　ください　　　　④ しないです

❷ 飲み物を 持ち込み(　　　) ください。음료수를 가져오지 마세요.

① して　　　　② してから　　③ しないで　　　④ しなくて

❸ 4時までに (　　　　)しなければ　なりません。

4시까지 체크인하지 않으면 안 돼요.

① ゲーム　　　② チェックイン　③ チェックアウト　④ ネット

┌───┐
│ * 出席する 참석하다 ┃ 持ち込みする 가지고 오다, 반입하다 ┃ チェックイン 체크인 │
└───┘

7 우리말 뜻을 보고 다음 빈칸에 들어갈 알맞은 말을 써 보세요.

❶

A　切符を 買わなくても いいですか。

표를 사지 않아도 되나요?

B　_____。

네, 사지 않아도 돼요.

＊切符 표, 티켓

❷

A　チェックアウトは 何時までですか。

체크아웃은 몇 시까지인가요?

B　_____。

10시까지 체크아웃하지 않으면 안 돼요.

❸

A　_____。

약속 시간에 늦지 말아 주세요.

B　はい。心配しないで ください。

네, 걱정하지 마세요.

Day 24 전화로 예약하지 않으면 안되겠네요. | **155** 워크북

동사 활용 테스트

• 1그룹/예외 1그룹 동사를 「~ない」형으로 바꿔서 써 본 후 뜻을 쓰세요.

기본형	ない 정중형	뜻
예 会う 만나다	✎ 会わないです	✎ 만나지 않습니다
言う 말하다		
行く 가다		
急ぐ 서두르다		
返す 반납하다, 돌려주다		
立つ 일어나다, 일어서다		
遊ぶ 놀다		
飲む 마시다		
乗る 타다		
帰る 돌아가다, 돌아오다		
知る 알다		

• 2그룹 동사를 「~ない」형으로 바꿔서 써 본 후 뜻을 쓰세요.

기본형	ない 정중형	뜻
見る 보다		
食べる 먹다		
起きる 일어나다		
寝る 자다		

*정답은 본서 p278 참고

기본형	ない 정중형	뜻
借^かりる 빌리다		
着^きる 입다		
教^{おし}える 가르치다		
覚^{おぼ}える 외우다		
捨^すてる 버리다		

• 3그룹 동사를 「~ない」형으로 바꿔서 써 본 후 뜻을 쓰세요.

기본형	ない 정중형	뜻
来^くる 오다		
する 하다		

中国語を 話すことが できますか。
ちゅうごく ご / はな

중국어를 말하는 것이 가능한가요?

1 녹음을 잘 듣고 해당하는 우리말에 ○ 표시한 뒤 일본어를 써 보세요. `Track 25-01`

❶ 이용하다 　　 변경하다

➡ _____

❷ 매운 것 　　 단 것

➡ _____

❸ ~만, ~뿐 　　 ~니까, ~때문에

➡ _____

❹ 대단하다, 굉장하다 　　 다행이다, 잘됐다

➡ _____

2 일본어와 우리말 뜻을 바르게 연결해 보세요.

❶ 借りる（か）　　　　　　・　　　　・ⓐ 대답하다

❷ 預ける（あず）　　　　　・　　　　・ⓑ 빌리다

❸ 答える（こた）　　　　　・　　　　・ⓒ (짐을) 맡기다

3 다음 빈칸에 들어갈 알맞은 단어를 써 보세요.

❶ 그는 　　中国語　　 뿐만 아니라 일본어도 할 줄 알아. ＿＿＿＿＿＿＿＿＿＿＿

❷ 이 책은 　　일주일간　　 대여할 수 있어요. ＿＿＿＿＿＿＿＿＿＿＿

❸ 운동으로 5 　　킬로그램　　 이나 감량했어요. ＿＿＿＿＿＿＿＿＿＿＿

4 녹음을 잘 듣고 대답으로 알맞은 말에 ○ 표시해 보세요. Track 25-02

❶
ピアノを 弾くことが
できます。

ピアノを 弾くことが
できません。

❷
読めますよ。

全然 読めません。

> ＊ 全然 전혀

5 다음 문장의 ⭐ 에 들어갈 가장 적당한 것을 1·2·3·4에서 하나 고르세요. JLPT N4 문법 대비 유형

❶ 私は ＿＿＿ ＿＿＿ ⭐ ＿＿＿ できます。

　① 作る　　　② 料理を　　　③ ことが　　　④ 日本の

❷ 手荷物 ＿＿＿ ＿＿＿ ⭐ ＿＿＿ ますか。

　① 預けられ　　② は　　　③ まで　　　④ 何キロ

❸ 予約 ＿＿＿ ⭐ ＿＿＿ ＿＿＿ できませんか。

　① ことは　　② 延期　　③ する　　　④ を

> * **手荷物** 수하물 ｜ **延期** 연기

6 다음 문장의 빈칸에 들어갈 말로 가장 적당한 것을 1·2·3·4에서 하나 고르세요. JLPT N4 문법 대비 유형

❶ カフェで　パソコンを　使うことが　（　　　　）か。

카페에서 컴퓨터를 사용할 수 있나요?

　① あります　　② います　　③ します　　④ できます

❷ 私は　自転車に　（　　　　）ません。 저는 자전거를 탈 수 없어요.

　① 乗り　　　② 乗られ　　　③ 乗れ　　　④ 乗る

❸ これを　他の　色に　（　　　　）できますか。

이것을 다른 색상으로 교환할 수 있어요?

　① こうかん　　② よやく　　③ こうしん　　④ へんこう

> * **色** 색상

7 우리말 뜻을 보고 다음 빈칸에 들어갈 알맞은 말을 써 보세요.

❶

A 今日は、早く 家に 帰れますか。
오늘은 일찍 집에 돌아갈 수 있어요?

B ＿＿＿＿＿＿＿＿＿＿＿＿＿＿＿＿＿＿＿＿＿。
오늘도 일찍 집에 돌아갈 수 없어요.

❷

A この 服を 試着することが できますか。
이 옷 입어 볼 수 있나요?

B ＿＿＿＿＿＿＿＿＿＿＿＿＿＿＿＿＿＿＿＿＿。
죄송합니다만, 입어 볼 수 없어요(입어 보는 것은 불가능해요).

> * 試着 입어 봄, 시착

❸

A ＿＿＿＿＿＿＿＿＿＿＿＿＿＿＿＿＿＿＿＿＿。
당신은 어느 정도 수영할 수 있어요?

B 少し 泳げます。
조금 수영할 수 있어요.

동사 활용 테스트

• 1그룹 동사를 가능형으로 바꿔서 써 본 후 뜻을 쓰세요.

기본형	가능형	뜻
예 会_あう 만나다	会_あえる	만날 수 있다
歩_{ある}く 걷다		
脱_ぬぐ 벗다		
出_だす 꺼내다		
待_まつ 기다리다		
死_しぬ 죽다		
学_{まな}ぶ 배우다		
読_よむ 읽다		
乗_のる 타다		

• 예외 1그룹 동사를 가능형으로 바꿔서 써 본 후 뜻을 쓰세요.

기본형	가능형	뜻
走_{はし}る 달리다		
切_きる 자르다		
帰_{かえ}る 돌아가다, 돌아오다		

*정답은 본서 p294, 296 참고

• 2그룹 동사를 가능형으로 바꿔서 써 본 후 뜻을 쓰세요.

기본형	가능형	뜻
見る 보다		
起きる 일어나다		
着る 입다		
借りる 빌리다		
食べる 먹다		
教える 가르치다		
考える 생각하다		
寝る 자다		
答える 대답하다		
捨てる 버리다		

• 3그룹 동사를 가능형으로 바꿔서 써 본 후 뜻을 쓰세요.

기본형	가능형	뜻
来る 오다		
する 하다		

Day 26

英会話教室に 通う ように なりました。

えいかい わ きょうしつ　　かよ

영어 회화 학원에 다니게 되었어요.

---

1 녹음을 잘 듣고 해당하는 우리말에 ◯ 표시한 뒤 일본어를 써 보세요.　Track 26-01

❶
| 혼자서 | 다같이 |

➡ _____

❷
| 얼굴 | 몸, 신체 |

➡ _____

❸
| 노력하다 | 연습하다 |

➡ _____

❹
| 나중에, 후에 | 꽤, 좀처럼 |

➡ _____

---

2 일본어와 우리말 뜻을 바르게 연결해 보세요.

❶ 貯金する　ちょきん　·

❷ 節約する　せつやく　·

❸ 立てる　た　·

· ⓐ 저금하다

· ⓑ (계획을) 세우다

· ⓒ 절약하다

3 다음 빈칸에 들어갈 알맞은 단어를 써 보세요.

❶ 영어   자막   없이 영화를 볼 수 있어요.   _____

❷ 건강   을 위해서   일찍 자도록 해요.   _____

❸   영어 회화 학원   에 다닌지 얼마나 됐어요?   _____

4 녹음을 잘 듣고 대답으로 알맞은 말에 〇 표시해 보세요.   Track 26-02

❶

❷

<ruby>塾<rt>じゅく</rt></ruby>で <ruby>習<rt>なら</rt></ruby>いました。

<ruby>英語<rt>えい ご</rt></ruby>が だんだん
<ruby>難<rt>むずか</rt></ruby>しく なりました。

<ruby>料理<rt>りょう り</rt></ruby>が <ruby>全然<rt>ぜんぜん</rt></ruby>
できません。

えぇ、<ruby>少<rt>すこ</rt></ruby>しだけです
けど。

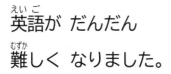

* だんだん 점점

5 다음 문장의 <u>★</u> 에 들어갈 가장 적당한 것을 1·2·3·4에서 하나 고르세요. JLPT N3 문법 대비 유형

❶ 字幕なしで ＿＿＿ ＿＿＿ ＿＿＿ <u>★</u> なりました。

① 見られる　　　② を　　　③ ドラマ　　　④ ように

❷ 掃除を <u>★</u>、＿＿＿ ＿＿＿ ＿＿＿ なりました。

① して　　　② が　　　③ 部屋　　　④ きれいに

❸ 体 ＿＿＿ <u>★</u> ＿＿＿ ＿＿＿ なりました。

① の　　　② よく　　　③ 調子　　　④ が

6 다음 문장의 빈칸에 들어갈 말로 가장 적당한 것을 1·2·3·4에서 하나 고르세요. JLPT N3 문법 대비 유형

❶ 毎月、お金を 貯める（　　　）なりました。

매달 돈을 저축할 수 있게 되었어요.

① ことに　　　② ように　　　③ つもりに　　　④ まえに

❷ 毎日、少し（　　　）単語を 覚える ように して います。

매일 조금씩 단어를 외우도록 하고 있어요.

① だけ　　　② ずつ　　　③ でも　　　④ けど

❸ 来年、図書館が（　　　）なりますよ。 내년에 도서관이 새로워져요.

① 新しく　　　② 楽しく　　　③ 難しく　　　④ 易しく

> ＊毎月 매달, 매월 ｜ 単語 단어 ｜ 覚える 외우다 ｜ 易しい 쉽다

7 다음 제시된 문장을 바르게 고쳐 보세요.

❶

私は 日本語を 話せる ように なりました。
저는 일본어를 말할 수 있게 되었어요.

➡ _____ 。

❷

一日の 計画を 立てる ように なりました。
하루의 계획을 세우도록 하고 있어요.

➡ _____ 。

❸

彼は 背が 大きく なりました。 그는 키가 커졌어요.

➡ _____ 。

❹

私は おこのみやきが 大好きだに なりました。
저는 오코노미야키를 무척 좋아하게 되었어요.

➡ _____ 。

> * おこのみやき 오코노미야키[일본식 부침개]

❺

最近、暖かい なりましたね。 요즘 날씨가 따뜻해졌어요.

➡ _____ 。

ひつよう　しょるい　　おし
必要な 書類を 教えましょうか。
필요한 서류를 알려줄까요?

1 녹음을 잘 듣고 해당하는 우리말에 〇 표시한 뒤 일본어를 써 보세요.　Track 27-01

① 워킹홀리데이　　　여권　　　② 그래서　　　그러나

➡ _____　　➡ _____

③ 생각하다　　　이야기하다　　　④ 복잡하다　　　간단하다

➡ _____　　➡ _____

2 일본어와 우리말 뜻을 바르게 연결해 보세요.

① おうえん
応援する　　　•　　　•ⓐ　알아보다

② しゅうしょく
就職する　　　•　　　•ⓑ　응원하다

③ しら
調べて みる　　　•　　　•ⓒ　취직하다

3 다음 빈칸에 들어갈 알맞은 단어를 써 보세요.

❶ | 비자 | 발급 받았어요? _____

❷ 요즘 | 물가 | 가 많이 올랐어요. _____

❸ | 사실은 | 저도 오늘 처음 들었어요. _____

4 녹음을 잘 듣고 대답으로 알맞은 말에 ○ 표시해 보세요. Track 27-02

❶

❷

来年、行こうと
思っています。

ネットで 調べて
見ようと 思っています。

ワーホリに
行きません。

まだ 計画が
ありません。

5 다음 문장의 ★ 에 들어갈 가장 적당한 것을 1·2·3·4에서 하나 고르세요. JLPT N3 문법 대비 유형

❶ ワーホリ ＿＿＿ ＿＿＿ ＿＿＿ ＿★＿ ありますか。

① 取<small>と</small>った　　② を　　③ ビザ　　④ ことが

❷ 語学留学<small>ご がくりゅうがく</small> ＿＿＿ ＿★＿ ＿＿＿ ＿＿＿ います。

① に　　② 思<small>おも</small>って　　③ 行<small>い</small>こう　　④ と

❸ 彼女<small>かのじょ</small>は ＿＿＿ ＿＿＿ ＿＿＿ ＿★＿ 思<small>おも</small>います。

① 留学<small>りゅうがく</small>する　　② と　　③ アメリカ　　④ に

> * 語学留学<small>ご がくりゅうがく</small> 어학연수 ｜ 留学<small>りゅうがく</small>する 유학하다 ｜ アメリカ 미국

6 다음 문장의 빈칸에 들어갈 말로 가장 적당한 것을 1·2·3·4에서 하나 고르세요. JLPT N3 문법 대비 유형

❶ 待<small>ま</small>ち合<small>あ</small>わせの　時間<small>じ かん</small>に　少<small>すこ</small>し　（　　　）と　思<small>おも</small>います。

약속 시간에 조금 늦을거라고 생각해요.

① 遅<small>おそ</small>くて　　② 遅<small>おそ</small>いそう　　③ 遅<small>おく</small>れる　　④ 遅<small>おく</small>れそう

❷ 日本語<small>に ほん ご</small>の　勉強<small>べんきょう</small>を　一緒<small>いっしょ</small>に（　　　）。

일본어 공부를 같이 열심히 하자(열심히 해야지).

① 頑張<small>がん ば</small>ろう　　② 話<small>はな</small>そう　　③ 考<small>かんが</small>えよう　　④ 応援<small>おうえん</small>しよう

❸ 来年<small>らいねん</small>から　一人暮<small>ひとり ぐ</small>らしを　（　　　）と　思<small>おも</small>っています。

내년부터 자취를 시작하려고 생각하고 있어요(시작하려고 해요).

① 始<small>はじ</small>めたい　　② 始<small>はじ</small>めてから　　③ 始<small>はじ</small>めよう　　④ 始<small>はじ</small>められる

> * 待<small>ま</small>ち合<small>あ</small>わせ 약속하여 만나기로 함 ｜ 遅<small>おそ</small>い (속도가) 느리다 ｜ 一人暮<small>ひとり ぐ</small>らし 자취 생활

7 다음 제시된 문장을 바르게 고쳐 보세요.

❶

駅の 改札口に 会おう。 역 개찰구에서 만나자(만나야지).

➡ _____ 。

> * 改札口 개찰구

❷

今晩、家で サッカーの 試合を 見よう 思っています。

오늘밤은 집에서 축구 경기를 보려고 생각하고 있어요.

➡ _____ 。

❸

皆で 一生懸命 応援します。 모두 열심히 응원하자(응원해야지).

➡ _____ 。

> * 皆で 모두, 다 같이

❹

バイトを 探そうと 思いました。 아르바이트를 찾으려고 생각하고 있어요.

➡ _____ 。

❺

週末に 花見に 行こよと 思っています。

주말에 꽃구경을 가려고 생각하고 있어요.

➡ _____ 。

• 1그룹 동사를 의지형으로 바꿔서 써 본 후 뜻을 쓰세요.

기본형	의지형	뜻
예 会う 만나다	会おう	만나자, 만나야지
行く 가다		
泳ぐ 수영하다, 헤엄치다		
話す 이야기하다		
引っ越す 이사하다		
待つ 기다리다		
死ぬ 죽다		
遊ぶ 놀다		
飲む 마시다		
頑張る 열심히하다		

• 예외 1그룹 동사를 의지형으로 바꿔서 써 본 후 뜻을 쓰세요.

기본형	의지형	뜻
入る 들어가다		
切る 자르다		
走る 달리다		
帰る 돌아가다, 돌아오다		

*정답은 본서 p314, 316 참고

• 2그룹 동사를 의지형으로 바꿔서 써 본 후 뜻을 쓰세요.

기본형	의지형	뜻
見^みる 보다		
起^おきる 일어나다		
食^たべる 먹다		
考^{かんが}える 생각하다		
捨^すてる 버리다		
辞^やめる 그만두다		
集^{あつ}める 모으다		
始^{はじ}める 시작하다		

• 3그룹 동사를 의지형으로 바꿔서 써 본 후 뜻을 쓰세요.

기본형	의지형	뜻
来^くる 오다		
する 하다		

充電器 貸して あげましょうか。
じゅうでん き か

충전기 빌려줄까요?

1 녹음을 잘 듣고 해당하는 우리말에 ○ 표시한 뒤 일본어를 써 보세요.   Track 28-01

❶   카메라   충전기

➡ _____

❷   간식   선물(기념품)

➡ _____

❸   빌리다, 빌려주다   교환하다

➡ _____

❹   월급   용돈

➡ _____

2 일본어와 우리말 뜻을 바르게 연결해 보세요.

❶ 案内する
あんない   ·   · **ⓐ** 한턱내다, 대접하다

❷ 紹介する
しょうかい   ·   · **ⓑ** 소개하다

❸ ごちそうする   ·   · **ⓒ** 안내하다

3 다음 빈칸에 들어갈 알맞은 단어를 써 보세요.

❶ ⬜어머⬜, 오랜만이야. _____

❷ 약속을 ⬜깜빡⬜ 잊었어. _____

❸ 이것은 제 ⬜명함⬜ 입니다. _____

4 녹음을 잘 듣고 대답으로 알맞은 말에 ○ 표시해 보세요. Track 28-02

❶

❷

<ruby>充電器<rt>じゅうでん き</rt></ruby>が ありません。 ☐

サングラスを もらい
たいです。 ☐

<ruby>今<rt>いま</rt></ruby>、<ruby>使<rt>つか</rt></ruby>っていて……。 ☐

スニーカーを もらい
たいです。 ☐

5 다음 문장의 ★ 에 들어갈 가장 적당한 것을 1·2·3·4에서 하나 고르세요. JLPT N3 문법 대비 유형

❶ 私は ＿＿＿ ＿＿＿ ＿＿＿ ★＿＿ あげました。

　① クッキー　　　② を　　　③ 友達に　　　④ 作って

❷ 子供の頃 ＿＿＿ ＿＿＿ ＿＿＿ ★＿＿ くれました。

　① 母が　　　② 教えて　　　③ ピアノ　　　④ を

❸ 私は ＿＿＿ ★＿＿ ＿＿＿ ＿＿＿ もらいました。

　① から　　　② 彼女　　　③ を　　　④ ギフト券

> * クッキー 쿠키

6 다음 문장의 빈칸에 들어갈 말로 가장 적당한 것을 1·2·3·4에서 하나 고르세요. JLPT N3 문법 대비 유형

❶ 私は 彼(　　　) 弁当を 作って あげました。

저는 그에게 도시락을 만들어 주었습니다.

　① に　　　② を　　　③ が　　　④ と

❷ 後輩が 私に この (　　　)を くれました。

후배가 저에게 이 과자를 주었습니다.

　① おもちゃ　　　② お菓子　　　③ お茶　　　④ お土産

❸ 彼は 彼女に 仕事を 手伝って (　　　)。

그는 그녀에게 일 도움을 받았습니다(그녀는 그의 일을 도와주었습니다).

　① くれました　　② あげました　　③ もらいました　　④ しまいました

> * おもちゃ 장난감

7 다음 제시된 문장을 바르게 고쳐 보세요.

❶

僕が 話を 聞て あげるよ。 내가 (너의) 이야기를 들어줄게.

➡ _____ 。

❷

父は 私に 服を 買て くれました。 아빠는 저에게 옷을 사 주었어요.

➡ _____ 。

❸

私が 充電器 貸して あげますか。 제가 충전기 빌려줄까요?

➡ _____ 。

❹

私は 駅員さんから 道を 教えて くれました。
저는 역무원으로부터 길을 안내받았어요(역무원이 저에게 길을 가르쳐 주었어요).

➡ _____ 。

❺

両親が 私に お小遣いを もらいました。
부모님이 저에게 용돈을 주었어요.

➡ _____ 。

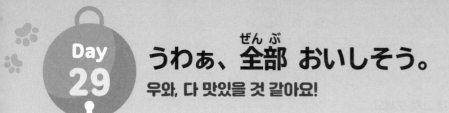

うわぁ、全部 おいしそう。

우와, 다 맛있을 것 같아요!

1 녹음을 잘 듣고 해당하는 우리말에 ○ 표시한 뒤 일본어를 써 보세요.   Track 29-01

① (배가) 고프다   (배가) 부르다   ② 봄   가을

➡ _____   ➡ _____

③ 출발하다   도착하다   ④ 마치   왠지, 어쩐지

➡ _____   ➡ _____

2 일본어와 우리말 뜻을 바르게 연결해 보세요.

① 天気予報 ·   · ⓐ 일기예보

② 時間制限 ·   · ⓑ (음식) 무한 리필

③ 食べ放題 ·   · ⓒ 시간 제한

3 다음 빈칸에 들어갈 알맞은 단어를 써 보세요.

❶ [오케이], 이날 출발합시다!   _____

❷ 아무래도 [감기] 에 걸린 것 같아.   _____

❸ 어떤 [스포츠] 를 제일 좋아해?   _____

4 녹음을 잘 듣고 대답으로 알맞은 말에 〇 표시해 보세요.

❶

<ruby>傘<rt>かさ</rt></ruby>が あります。

<ruby>傘<rt>かさ</rt></ruby>は ありません。

❷

でも <ruby>私<rt>わたし</rt></ruby>は お<ruby>腹<rt>なか</rt></ruby>が
いっぱいです。

<ruby>本当<rt>ほんとう</rt></ruby>、お<ruby>腹<rt>なか</rt></ruby> すいた。

> * いっぱい (배가) 가득차다

5 다음 문장의 ___★___ 에 들어갈 가장 적당한 것을 1·2·3·4에서 하나 고르세요. `JLPT N3 문법대비유형`

❶ この _____ _____ ___★___ _____ そうです。

① 体_{からだ}に   ② 食_たべ物_{もの}   ③ は   ④ よさ

❷ 彼_{かれ}は ___★___ _____ _____ _____ そうです。

① さっき   ② 行_いった   ③ に   ④ 病院_{びょういん}

❸ あの _____ _____ _____ ___★___ ようです。

① 2人_{ふたり}   ② 今年   ③ は   ④ 結婚_{けっこん}する

6 다음 문장의 빈칸에 들어갈 말로 가장 적당한 것을 1·2·3·4에서 하나 고르세요. `JLPT N3 문법대비유형`

❶ 会社_{かいしゃ}の　前_{まえ}の　牛丼屋_{ぎゅうどんや}は　おいしい(　　　　　)です。

회사 앞의 규동집은 맛있는 것 같아요.

① だよう   ② みたい   ③ なよう   ④ のみたい

❷ 新幹線_{しんかんせん}は、とても　速_{はや}くて (　　　　　)です。

신칸센은 매우 빠르고 편리하다고 해요.

① 便利_{べんり}なそう   ② 便利_{べんり}そう   ③ 便利_{べんり}だそう   ④ 便利_{べんり}のそう

❸ 週末_{しゅうまつ}は　雨_{あめ}が (　　　　　)です。　주말에는 비가 내릴 것 같아요.

① 降_ふるそう   ② 降_ふりそう   ③ 降_ふってそう   ④ 降_ふったそう

---

*牛丼屋_{ぎゅうどんや} 규동[쇠고기덮밥]집　|　新幹線_{しんかんせん} 신칸센[일본의 고속 철도]

7 다음 제시된 문장을 바르게 고쳐 보세요.

①

あの 人は 弁護士そうです。 저 사람은 변호사래요.

➡ _____ 。

* 弁護士 변호사

②

この 荷物は 重いそうです。 이 짐은 무거울 것 같아요.

➡ _____ 。

* 重たい 무겁다

③

天気予報では 明日は 雨が 降るないそうです。

일기예보에서는 내일은 비가 내리지 않는다고 해요.

➡ _____ 。

④

お腹が とても すきます。 배가 너무 고파요.

➡ _____ 。

⑤

この スマホは 新品だようです。 이 스마트폰은 새것인 것 같아요.

➡ _____ 。

マネージャーを 任せられる ように なりました。

매니저를 맡게 되었어요.

1 녹음을 잘 듣고 해당하는 우리말에 〇 표시한 뒤 일본어를 써 보세요.

Track 30-01

① 곤란하다　　실수하다 　　　② 이번 달　　다음 달

➡ _____ 　　　➡ _____

③ 지금 막, 방금　　꽤, 좀처럼 　　④ 아시아　　하와이

➡ _____ 　　　➡ _____

2 일본어와 우리말 뜻을 바르게 연결해 보세요.

① 中止する（ちゅうし） ・ 　　　・ ⓐ 초대하다

② お遣いする（つか） ・ 　　　・ ⓑ 심부름하다

③ 招待する（しょうたい） ・ 　　　・ ⓒ 중지하다, 취소하다

3 다음 빈칸에 들어갈 알맞은 단어를 써 보세요.

❶ 　대회　 가 연기되었어요. _____

❷ 아르바이트 하는 장소 가 어디예요? _____

❸ 요즘도 매일 　일기　 를 쓰나요? _____

4 녹음을 잘 듣고 대답으로 알맞은 말에 ○ 표시해 보세요.
Track 30-02

❶
分(わ)かりません。

はい、褒(ほ)められました。

私(わたし)が 取引先(とりひきさき)に
行(い)かせました。

いいえ、怒(おこ)られました。

5 다음 문장의 ___⭐___ 에 들어갈 가장 적당한 것을 1·2·3·4에서 하나 고르세요. JLPT N3 문법 대비 유형

❶ テスト ___⭐___ _____ _____ _____ 褒められました。

① 母に　　　　　② で　　　　　③ 100点を　　　④ 取って

❷ 沖縄は _____ _____ ___⭐___ _____ 知られています。

① ハワイとして　② アジア　　　③ の　　　　　④ よく

❸ 先生が _____ _____ _____ ___⭐___ くれました。

① 日本の　　　　② 私に　　　　③ 歌を　　　　④ 聞かせて

6 다음 문장의 빈칸에 들어갈 말로 가장 적당한 것을 1·2·3·4에서 하나 고르세요. JLPT N3 문법 대비 유형

❶ 子供に　水泳を（　　　　　　）。 아이에게 수영을 배우게 해요.

① 習います　　② 習わせます　　③ 習われます　　④ 習えます

❷ 先生は　学生たちに　漢字を（　　　　）ました。

선생님은 학생들에게 한자를 쓰게 했어요.

① 書けさせ　　② 書きさせ　　　③ 書かせ　　　　④ 書こせ

❸ この　建物は、100年前に（　　　　　　）そうです。

이 건물은 100년 전에 지어졌다고 해요.

① 建てられた　　② 壊された　　③ 開かれた　　④ 呼ばれた

> * 子供 아이 ｜ 建物 건물 ｜ 建てる 세우다, 짓다

7 다음 제시된 문장을 바르게 고쳐 보세요.

①

会議は 釜山へ 開かれます。 회의는 부산에서 열려요.
かい ぎ　　　プ サン　　　ひら

➡ _____ 。

> * 釜山 부산[지명]
>   プ サン

②

遅くなったので、みんなを 家に 帰られました。
おそ　　　　　　　　　　　　　　うち　　かえ
늦었으니까 모두를 집으로 돌아가게 했어요.

➡ _____ 。

③

私が 皆で 知らせました。 제가 모두에게 알렸어요(알게 했어요).
わたし　みんな　し

➡ _____ 。

④

雨が 降て、試合が 中止されました。
あめ　ふ　　し あい　ちゅう し
비가 와서 시합이 중지(취소)되었어요.

➡ _____ 。

⑤

買っておいた ケーキを 妹に 食べるて しまいました。
か　　　　　　　　　　いもうと　た
사 둔 케이크를 여동생이 먹어버렸어요.

➡ _____ 。

동사 활용 테스트

• 1그룹 동사를 사역형으로 바꿔서 써 본 후 뜻을 써 보세요.

기본형	사역형	뜻
예 習^{なら}う 배우다	習^{なら}わせる	배우게 하다
行^いく 가다		
急^{いそ}ぐ 서두르다		
出^だす 꺼내다, 내다		
待^まつ 기다리다		
死^しぬ 죽다		
運^{はこ}ぶ 옮기다		
読^よむ 읽다		
怒^{おこ}る 화내다		
困^{こま}る 곤란하다		

• 예외 1그룹 동사를 사역형으로 바꿔서 써 본 후 뜻을 써 보세요.

기본형	사역형	뜻
知^しる 알다		
走^{はし}る 달리다		
帰^{かえ}る 돌아가다, 돌아오다		

*정답은 본서 p352, 354 참고

• 2그룹 동사를 사역형으로 바꿔서 써 본 후 뜻을 써 보세요.

기본형	사역형	뜻
見る 보다		
食べる 먹다		
起きる 일어나다		
考える 생각하다		
覚える 외우다		
やめる (술·담배를) 끊다, 그만두다		

• 3그룹 동사를 사역형으로 바꿔서 써 본 후 뜻을 써 보세요.

기본형	사역형	뜻
来る 오다		
する 하다		

동사 활용 테스트

• 1그룹 동사를 수동형으로 바꿔서 써 본 후 뜻을 써 보세요.

기본형	수동형	뜻
(예) 言う 말하다	言われる	말을 듣게 되다
使う 사용하다		
開く 열다		
急ぐ 서두르다		
壊す 망가뜨리다		
打つ 치다, 때리다		
死ぬ 죽다		
呼ぶ 부르다		
踏む 밟다		
噛む (깨)물다		
怒る 화내다, 꾸짖다		

• 예외 1그룹 동사를 수동형으로 바꿔서 써 본 후 뜻을 써 보세요.

기본형	수동형	뜻
知る 알다		
切る 자르다		

*정답은 본서 p356, 358 참고

• 2그룹 동사를 수동형으로 바꿔서 써 본 후 뜻을 써 보세요.

기본형	수동형	뜻
見^みる 보다		
食^たべる 먹다		
褒^ほめる 칭찬하다		
考^{かんが}える 생각하다		
捨^すてる 버리다		
建^たてる 세우다, 짓다		

• 3그룹 동사를 수동형으로 바꿔서 써 본 후 뜻을 써 보세요.

기본형	수동형	뜻
来^くる 오다		
する 하다		

Day 01

p54

듣기대본

1 ❶ え ❷ き ❸ ソ ❹ テ

1 ❶ え ❷ き ❸ ソ ❹ テ

듣기대본

2 ❶ お ❷ く ❸ ぬ ❹ ス ❺ ト ❻ ニ

2 ❶ お ❷ く ❸ ぬ ❹ ス ❺ ト ❻ ニ

3 ❶ ⓒ ❷ ⓑ ❸ ⓐ

4 ❶ う ❷ け ❸ さ ❹ と ❺ に

듣기대본

5 ❶ うち ❷ けしき ❸ サンタ ❹ ケーキ

5 ❶ ち ❷ け ❸ サ ❹ キ

듣기대본

6 ❶ あさ ❷ そと ❸ テスト ❹ タクシー

6 ❶ あさ ❷ そと ❸ テスト ❹ タクシー

7 ❶ す ❷ か ❸ お ❹ ね ❺ ト ❻ ク

Day 02

p58

듣기대본

1 ❶ ほ ❷ め ❸ ユ ❹ ラ

1 ❶ ほ ❷ め ❸ ユ ❹ ラ

듣기대본

2 ❶ ふ ❷ み ❸ れ ❹ ホ ❺ ヤ ❻ ル

2 ❶ ふ ❷ み ❸ れ ❹ ホ ❺ ヤ ❻ ル

3 ❶ ⓑ ❷ ⓒ ❸ ⓐ

4 ❶ ヒ ❷ モ ❸ ユ ❹ レ ❺ ワ

듣기대본

5 ❶ やま ❷ よこ ❸ ラジオ ❹ ヨーロッパ

5 ❶ や ❷ よ ❸ ラ ❹ ヨ

듣기대본

6 ❶ はし ❷ まち ❸ レモン ❹ ムービー

6 ❶ はし ❷ まち ❸ レモン ❹ ムービー

7 ❶ む ❷ り ❸ ふ ❹ ろ ❺ ミ ❻ ホ

Day 03

p62

듣기대본

1 ❶ ぎ ❷ ぞ ❸ ダ ❹ ペ

1 ❶ ぎ ❷ ぞ ❸ ダ ❹ ペ

듣기대본

2 ❶ ご ❷ ぜ ❸ ざ ❹ パ ❺ ピ ❻ プ

2 ❶ ご ❷ ぜ ❸ ざ ❹ パ ❺ ピ ❻ プ

3 ❶ ⓐ ❷ ⓒ ❸ ⓑ

4

ざ	が	じ	ず	ば
ぢ	だ	ぎ	び	ぜ
づ	べ	ぶ	ぐ	ぞ
で	ど	げ	ぱ	ぴ
ぼ	ご	ぽ	ぺ	ぷ

듣기대본

5 ❶ じかん ❷ びょういん ❸ バイク ❹ ビューティー

5 ❶ じ ❷ びょ ❸ バ ❹ ビュ

듣기대본

6 ❶ かぐ ❷ ぴかぴか ❸ ジャム ❹ ポイント

6 ❶ かぐ ❷ ぴかぴか ❸ ジャム ❹ ポイント

7 ❶ おでん ❷ どんぶり ❸ きょうと ❹ こんにゃく

❺ ボタン ❻ スポーツ

Day 04

p66

듣기대본

1 ❶ にっき ❷ さんぽ ❸ セット ❹ しゅうり

1 ❶ にっき ❷ さんぽ ❸ セット ❹ しゅうり

듣기대본

2 ❶ おかあさん ❷ いっぱい ❸ かんこく ❹ パン
❺ コーヒー ❻ ソース

2 ❶ おかあさん ❷ いっぱい ❸ かんこく ❹ パン

❺ コーヒー ❻ ソース

3 ❶ ⓒ ❷ ⓑ ❸ ⓐ

4 ❶ しゅっせき ❷ ほっぺ ❸ にんき ❹ もんだい

❺ おとうと ❻ どうろ

듣기대본

5 ❶ でんわ ❷ こおり ❸ ベッド ❹ つうがく

5 ❶ でん ❷ お ❸ ベッ ❹ つう

듣기대본

6 ❶ らっぱ ❷ かんぱい ❸ せんせい ❹ しゅうり

6 ❶ らっぱ ❷ かんぱい ❸ せんせい ❹ しゅうり

7 ❶ きっぷ ❷ さっぽろ ❸ あんない ❹ カレー

❺ ラーメン ❻ レストラン

1　❶ ⓑ　　　　　❷ ⓒ　　　　❸ ⓓ　　　　❹ ⓐ

2　❶ さん　　　　　❷ ご

3　❶ おはよう　　　❷ おやすみ　　❸ よろしく　　❹ 失礼^{しつれい}します

듣기대본

4　❶ A: じゃあね。안녕(잘가).
　　 B: また明日^{あした}。내일 또 만나.
　❷ A: ごめんなさい。미안해요.
　　 B: 気^きにしないで　ください。신경쓰지 마세요.

4　❶ O　　　　❷ X

5　❶ はじめまして　　❷ おめでとうございます
　❸ ありがとうございます　❹ どうぞ

6　❶ よん・し　　　❷ なな・しち　　❸ きゅう・く

듣기대본

7　❶ A: お先^{さき}に　失礼^{しつれい}します。먼저 실례하겠습니다.
　　 B: お疲^{つか}れさまでした。수고하셨습니다.
　❷ A: いってきます。다녀오겠습니다.
　　 B: いってらっしゃい。잘 다녀와(잘 다녀오세요).
　❸ A: はじめまして。よろしく　お願^{ねが}いします。
　　　처음 뵙겠습니다. 잘 부탁드립니다.
　　 B: こちらこそ、よろしく　お願^{ねが}いします。
　　　저야말로 잘 부탁드립니다.
　❹ A: いただきます。잘 먹겠습니다.
　　 B: ごちそうさまでした。잘 먹었습니다.

7　❶ お疲^{つか}れさまでした
　❷ いってきます
　❸ こちらこそ、よろしく　お願^{ねが}いします
　❹ いただきます

듣기대본

1　❶ 私（わたし）　❷ 韓国人（かんこくじん）　❸ いいえ　❹ 学生（がくせい）

1　❶ 나, 저 / 私（わたし）　　　　❷ 한국인 / 韓国人（かんこくじん）

　　❸ 아니요 / いいえ　　　　　❹ 학생 / 学生（がくせい）

2　❶ ⓑ　　❷ ⓐ　　❸ ⓒ

3　❶ さん　❷ 医者（いしゃ）　❸ じゃ（では）　ないです。/ ありません。

듣기대본

4　❶ あなたは　ユーチューバーですか。당신은 유튜버인가요?

　　❷ 日本人（にほんじん）ですか。일본인인가요?

4　❶ 私（わたし）は　ユーチューバーです。

　　❷ 日本人（にほんじん）じゃ　ないです。

5　❶ 1　　❷ 3　　　❸ 4

6　❶ 2　　❷ 3　　　❸ 3

7　❶ 彼女（かのじょ）は　タイ人（じん）です。

　　❷ 彼（かれ）は　エンジニアですか。

　　❸ 私（わたし）は　乗務員（じょうむいん）じゃ（では）　ないです。/ ありません。

　　❹ 彼女（かのじょ）は　主婦（しゅふ）ですか。

　　❺ はるとさんは　日本人（にほんじん）じゃ（では）　ないです。/ ありません。

듣기대본

1　❶ 1つ（ひと）　❷ あそこ　❸ 食堂（しょくどう）　❹ やっぱり

1　❶ 한 개 / 1つ（ひと）　　　　❷ 저기, 저곳 / あそこ

　　❸ 식당 / 食堂（しょくどう）　　❹ 역시 / やっぱり

2　❶ ⓒ　　❷ ⓑ　　❸ ⓐ

3　❶ ここ　❷ アイスコーヒー　　❸ ください

4 ❶ これは　マカロンじゃ　ないですか。 이것은 마카롱이 아닌가요?

　　❷ おすすめは　どの　メニューですか。 추천 메뉴는 어떤 메뉴인가요?

4 ❶ これは　マカロンじゃ　ないです。

　　❷ この　メニューです。

5 ❶ 1　　　❷ 3　　　❸ 2

6 ❶ 1　　　❷ 3　　　❹ 4

7 ❶ これは　和菓子(わがし)ですか。

　　❷ それは　彼女(かのじょ)の　じゃ(では)　ないです。 / ありません。

　　❸ ここの　レシートです。

　　❹ おすすめは　この　メニューですか。

　　❺ 彼(かれ)の　スマホです。

Day 08　　　　　　　　　　　　　　　　　　　　p82

1 ❶ 駅(えき)　❷ から　❸ 水曜日(すいようび)　❹ 9時(くじ)

1 ❶ 역 / 駅(えき)　❷ ~에서, ~부터 / から　❸ 수요일 / 水曜日(すいようび)　❹ 9시 / 9時(くじ)

2 ❶ ⓐ　　❷ ⓒ　　❸ ⓑ

3 ❶ 何時(なんじ)　❷ くらい　❸ 午後(ごご)

4 ❶ デパートまでは　何分(なんぷん)くらいですか。 백화점까지는 몇 분 정도인가요?

　　❷ 今(いま)、何時(なんじ)ですか。 지금 몇 시인가요?

4 ❶ 3分(さんぷん)くらいです。　❷ 今(いま)、2時20分(にじにじゅっぷん)です。

5 ❶ 1　　❷ 3　　❸ 4

6 ❶ 2　　❷ 3　　❸ 1

7 ❶ 出張(しゅっちょう)は　金曜日(きんようび)ですか。

　　❷ 家(いえ)から　5分(ごふん)くらいじゃ(では)　ないです。 / ありません。

③ 今日は、月曜日です。

④ アルバイトは　午前　9時からですか。

⑤ ここから　あそこまでです。

Day 09

p86

듣기대본

1　❶ いつ　　❷ 約束　　❸ 卒業式　　❹ 9月

1　❶ 언제 / いつ　　　　❷ 약속 / 約束　❸ 졸업식 / 卒業式　　❹ 9월 / 9月

2　❶ ⓒ　　　❷ ⓑ　　❸ ⓐ

3　❶ お誕生日　❷ 18日　❸ まだ

듣기대본

4　❶ 明日は　何月何日ですか。내일은 몇 월 며칠이에요?

　　❷ お誕生日は　いつですか。생일은 언제예요?

4　❶ 10月12日です。　　　❷ 火曜日です。

5　❶ 3　　❷ 4　　　❸ 2

6　❶ 1　　❷ 1　　　❸ 4

7　❶ 先週は　春休みじゃ(では)　なかったですか。

　　❷ 今日は　1月1日じゃ(では)　ないです。/ ありません。

　　❸ 出発は　午前　10時でした。

　　❹ 彼は　昨日　面接でしたか。

　　❺ テストは　月曜日じゃ(では)　なかったです。/ ありませんでした。

Day 10

p90

듣기대본

1　❶ おいしい　❷ 新しい　❸ 高い　　❹ フルーツ

1　❶ 맛있다 / おいしい　　　　❷ 새롭다 / 新しい

③ (값이) 비싸다 / 高^{たか}い　　　④ 과일 / フルーツ

2　❶ ⓑ　　　❷ ⓐ　　　❸ ⓒ

3　❶ 映画^{えいが}　　　❷ 値段^{ねだん}　　　❸ たこ焼^やき

4　❶ これは　辛^{から}いですか。 이것은 매워요?

　　❷ 今日^{きょう}は　天気^{てんき}が　いいですか。 오늘은 날씨가 좋나요?

4　❶ はい、辛^{から}いです。

　　❷ 今日^{きょう}は　天気^{てんき}が　よく　ないです。

5　❶ 4　　　❷ 1　　　❸ 4

6　❶ 4　　　❷ 2　　　❸ 3

7　❶ この　フルーツは　甘^{あま}いですか。

　　❷ 今年^{ことし}の　冬^{ふゆ}は　寒^{さむ}く　ないです。/ ありません。

　　❸ これは　新^{あたら}しい　ノートパソコンです。

　　❹ 彼女^{かのじょ}は　背^せが　高^{たか}く　ないです。/ ありません。

　　❺ この　パンは　安^{やす}くて　おいしいですか。

Day 11

p94

1　❶ ところで　❷ アニメ　❸ 好^すきだ　❹ きれいだ

1　❶ 그런데 / ところで　　　❷ 애니메이션 / アニメ

　　❸ 좋아하다 / 好^すきだ　　　❹ 깨끗하다 / きれいだ

2　❶ ⓒ　　　❷ ⓑ　　　❸ ⓐ

3　❶ カフェ　　　❷ あまり　　　❸ より

듣기대본

4　❶ 日本語が　上手ですか。일본어를 잘하나요?

　　❷ あなたは　コーヒーが　好きですか。당신은 커피를 좋아하나요?

4　❶ 下手です。　❷ はい、好きです。

5　❶ 3　　　　❷ 3　　　❸ 4

6　❶ 1　　　　❷ 2　　　❸ 1

7　❶ ここの　カフェは　おしゃれです。

　　❷ 彼は　英語が　上手じゃ　ないですか。

　　❸ ハンナさんは　わさびが　嫌いじゃ(では)　ないです。/ ありません。

　　❹ この　かばんは　便利で　軽いですか。

　　❺ この　服、地味じゃ(では)　ないです。/ ありません。

Day 12　　　　　　　　　　　　　　　　　　　　p98

듣기대본

1　❶ 下　❷ 2人　❸ 弟　❹ 携帯

1　❶ 아래 / 下　　　　❷ 두 명 / 2人

　　❸ 남동생 / 弟　　　❹ 휴대 전화 / 携帯

2　❶ ⓑ　　❷ ⓐ　　❸ ⓒ

3　❶ 妹　❷ 時間　❸ 前

듣기대본

4　❶ 兄弟が　いますか。형제가 있나요?

　　❷ 家は　どこに　ありますか。집은 어디에 있나요?

4　❶ 姉と　弟が　います。

　　❷ 学校の　前に　あります。

5　❶ 4　　❷ 2　　❸ 1

6　❶ 1　　❷ 2　　❸ 3

7 ❶ 私は　彼氏が　いません。

❷ 日本語には　興味が　ありますか。

❸ こちらは　私の　弟です。

❹ タクシーは　います。

❺ ベッドの　上に　ノートが　ありません。

Day 13   p102

듣기대본

1 ❶ 夏休み   ❷ 図書館   ❸ でも   ❹ すごく

1 ❶ 여름 방학 / 夏休み   ❷ 도서관 / 図書館

   ❸ 하지만 / でも   ❹ 매우, 굉장히 / すごく

2 ❶ ⓑ   ❷ ⓓ   ❸ ⓒ

3 ❶ プール   ❷ ホカンス   ❸ 旅行

듣기대본

4 ❶ テストは　難しかったですか。 시험은 어려웠나요?

❷ 交通が　不便じゃ　なかったですか。 교통이 불편하지 않았나요?

4 ❶ 難しかったです。

❷ 交通が　不便じゃ　なかったです。

5 ❶ 4   ❷ 4   ❸ 2

6 ❶ 2   ❷ 3   ❸ 1

7 ❶ 先週は　忙しかったです。

❷ あなたは　寿司が　嫌いでしたか。

❸ 試験は　簡単じゃ(では)　なかったです。 / ありませんでした。

❹ 新幹線は　便利でした。

❺ けがは　大丈夫じゃ(では)　なかったです。 / ありませんでした。

듣기대본

1 ❶ ズボン ❷ サラダ ❸ 最新 ❹ ランチ

1 ❶ 바지 / ズボン ❷ 샐러드 / サラダ

　 ❸ 최신 / 最新 ❹ 런치 / ランチ

2 ❶ ⓒ ❷ ⓑ ❸ ⓐ

3 ❶ いくら ❷ プレゼント ❸ アイフォーン

듣기대본

4 ❶ アップルウォッチが　ほしいですか。애플워치를 갖고 싶나요?

❷ この　Tシャツは　割引で　いくらですか。

　　이 티셔츠는 할인해서 얼마예요?

4 ❶ とても　ほしいです。 ❷ 800円です。

5 ❶ 4 ❷ 1 ❸ 3

6 ❶ 1 ❷ 3 ❸ 1

7 ❶ 新しい　スマホが　ほしいです。

❷ 仕事は　楽しく　ないです。/ ありません。

❸ これは　最新　カメラですか。

❹ ノートパソコンが　ほしく　ないです。/ ありません。

❺ この　食堂は　有名ですけど、おいしく　ありませんか。

듣기대본

1 ❶ 散歩する ❷ 休む ❸ メール ❹ 行く

1 ❶ 산책하다 / 散歩する ❷ 쉬다 / 休む

　 ❸ (이)메일 / メール ❹ 가다 / 行く

2 ❶ ⓑ ❷ ⓐ ❸ ⓒ

3 ❶ 今週末 ❷ 何も ❸ デザート

4 ❶ 何を 飲みますか。무엇을 마실 거예요?

❷ どこに 行きますか。어디에 갈 거예요?

4 ❶ アイスコーヒーを 飲みます。

❷ ソウルに 行きます。

5 ❶ 1　　　　❷ 4　　　　❸ 3

6 ❶ 3　　　　❷ 2　　　　❸ 2

7 ❶ 家族が 日本に 来ません。

❷ お肉は 食べます。

❸ 今週末は 遊園地に 行きますか。

❹ 私は 会社まで バスに 乗りません。

❺ あなたは 毎日 炭酸水を 飲みますか。

Day 16

p116

1 ❶ ながら　❷ 予約する　❸ 一緒に　❹ ユーチューブ

1 ❶ ~하면서 / ながら　　　❷ 예약하다 / 予約する

❸ 같이, 함께 / 一緒に　　　❹ 유튜브 / ユーチューブ

2 ❶ ⓑ　　　　❷ ⓒ　　　　❸ ⓐ

3 ❶ ヨガ　　　❷ 一度　　　❸ 動画

4 ❶ 何か 運動しますか。무슨 운동하나요?

❷ 一度 一緒に 動画を 見ませんか。한번 같이 동영상을 보지 않을래요?

4 ❶ ジムに 通います。　❷ いいですね。

5 ❶ 1　　　　❷ 2　　　　❸ 4

6 ❶ 4　　　　❷ 2　　　　❸ 3

7 ❶ 一緒に 運動しませんか。

❷ はい、お願いします。

❸ どんな 映画が 見たいですか。

Day 17   p120

p120

듣기대본

1 ❶ 送る   ❷ ネット   ❸ 郵便局   ❹ 最近

1 ❶ 배웅하다 / 送る   ❷ 인터넷 / ネット

   ❸ 우체국 / 郵便局   ❹ 요즘, 최근 / 最近

2 ❶ ⓐ   ❷ ⓒ   ❸ ⓑ

3 ❶ 買い物   ❷ 子供の頃   ❸ 朝ご飯

듣기대본

4 ❶ ネットで 何を 注文しましたか。 인터넷으로 무엇을 주문했나요?

   ❷ 何を 買いに 行きましたか。 무엇을 사러 갔나요?

4 ❶ かばんを 注文しました。   ❷ 運動靴を 買いに 行きました。

5 ❶ 3   ❷ 2   ❸ 4

6 ❶ 3   ❷ 4   ❸ 1

7 ❶ 恋人に 会いに 行きました。

   ❷ 記念日ですから、レストランで 食事を しました。

   ❸ 朝ご飯は 食べましたか。

Day 18   p124

p124

듣기대본

1 ❶ どうぞ   ❷ 食べすぎる   ❸ 使う   ❹ ぜひ

1 ❶ 여기요(드세요) / どうぞ   ❷ 과식하다 / 食べすぎる

   ❸ 사용하다 / 使う   ❹ 꼭, 부디 / ぜひ

2 ❶ ⓒ   ❷ ⓑ   ❸ ⓐ

3 ❶ 作り方   ❷ キンパ   ❸ チケット

4 ❶ その　スニーカー、かわいいですね。 이 운동화 귀엽네요.

❷ 漢字　テストは　どうでしたか。 한자 시험은 어땠나요?

4 ❶ でも、履きにくいです。

❷ 漢字の　書き方が　難しかったです。

5 ❶ 2　　　　❷ 4　　　　❸ 3

6 ❶ 3　　　　❷ 1　　　　❸ 2

7 ❶ 昨日、食べすぎました。

❷ 食べやすいですから、好きです。

❸ この　漢字は　どうやって　読みますか。

Day 19　　　　　　　　　　　　　　　　　　p128

1 ❶ 宿題　❷ 出勤する　❸ 後で　❹ ので

1 ❶ 숙제 / 宿題　　　　❷ 출근하다 / 出勤する

❸ 나중에, 후에 / 後で　❹ ~(으)므로, ~때문에 / ので

2 ❶ ⓐ　　　❷ ⓒ　　　❸ ⓑ

3 ❶ プレゼン ❷ お客さん　❸ もしもし

4 ❶ 今、何を　して　いますか。 지금 무엇을 하고 있나요?

❷ 頭が　痛いです。 머리가 아파요.

4 ❶ 勉強中です。　　　❷ 薬を　飲んで　ください。

5 ❶ 1　　　❷ 4　　　❸ 4

6 ❶ 1　　　❷ 2　　　❸ 3

7 ❶ 図書館に　行って、本を　読みました。

❷ はい。じゃあ、連絡　待って　います。

❸ 浴衣を　着て、どこに　行きましたか。

듣기대본

1 ❶ 笑う   ❷ 準備する   ❸ 私たち   ❹ ピアノ

1 ❶ 웃다 / 笑う   ❷ 준비하다 / 準備する

  ❸ 우리(들) / 私たち   ❹ 피아노 / ピアノ

2 ❶ ⓑ   ❷ ⓒ   ❸ ⓐ

3 ❶ 体重   ❷ グッズ   ❸ コンサート

듣기대본

4 ❶ 英語で 話しても いいですか。영어로 이야기해도 되나요?

  ❷ ここに 入っては いけませんよ。여기에 들어가면 안 돼요.

4 ❶ 英語で 話しても いいです。

  ❷ あ、すみません。

5 ❶ 3   ❷ 2   ❸ 4

6 ❶ 3   ❷ 1   ❸ 4

7 ❶ 甘い物を たくさん 食べては いけません。

  ❷ ローマ字で 書いても いいですか。

  ❸ 毎日、学校まで どうやって いきますか。

Day 21   p138

듣기대본

1 ❶ 結婚する   ❷ 肌   ❸ 復習する   ❹ 前に

1 ❶ 결혼하다 / 結婚する   ❷ 피부 / 肌

  ❸ 복습하다 / 復習する   ❹ ~하기 전에 / 前に

2 ❶ ⓐ   ❷ ⓒ   ❸ ⓑ

3 ❶ 一日で   ❷ メモ   ❸ コピー

4
① 週末は 何を する つもりですか。 주말은 무엇을 할 생각이에요?

② コーヒーが 残って いますか。 커피가 남아 있나요?

4
① 図書館で 勉強する つもりです。

② 全部 飲んで しまいました。

5　① 2　　② 1　　③ 4

6　① 1　　② 2　　③ 3

7
① 週末に テストの 勉強を して おきました。

② カフェで 会う つもりです。

③ 学校に どうして 遅刻して しましたか。

Day 22　　　　　　　　　　　　　　　　　p142

1　① 病院　② 涼しい　③ 新聞　④ 趣味

1
① 병원 / 病院　　② 시원하다 / 涼しい

③ 신문 / 新聞　　④ 취미 / 趣味

2　① ⓑ　　② ⓒ　　③ ⓐ

3　① 調子　② 上着　③ 駐車場

4
① 日本に 行った ことが ありますか。 일본에 간 적이 있나요?

② 友達に 会って 何を しますか。 친구를 만나서 무엇을 하나요?

4
① 2回 あります。

② 映画を 見に 行ったり します。

5　① 1　② 3　③ 4

6　① 3　② 2　③ 2

7
① 彼女は ヨーロッパに 行った ことが ありません。

② カフェで 日本語の 勉強を したり 本を 読んだりします。

③ ペットを 飼った ことが ありますか。

듣기대본

1 ① ナビ　② 夜食（やしょく）　③ 参加（さんか）する　④ 急（いそ）ぐ

1 ① 내비게이션 / ナビ　② 야식 / 夜食（やしょく）

　　③ 참가하다 / 参加（さんか）する　④ 서두르다 / 急（いそ）ぐ

2 ① ⓒ　② ⓑ　③ ⓐ

3 ① 待（ま）ち時間（じかん）　② ルート　③ 何駅（なんえき）

듣기대본

4 ① この　ルートで　行（い）ったら　どうですか。이 루트로 가면 어때요?

　　② いつ　時間（じかん）が　ありますか。언제 시간이 있나요?

4 ① この　ルートで　行（い）ったら　遠（とお）いです。

　　② 試験（しけん）が　終（お）わってから　会（あ）いましょう。

5 ① 3　② 1　③ 4

6 ① 1　② 4　③ 3

7 ① お土産（みやげ）は　これを　買（か）った方（ほう）が　いいです。

　　② 夕方（ゆうがた）ですので　バスは　道（みち）が　混（こ）む　かもしれませんね。

　　③ もっと　勉強（べんきょう）したら　どうですか。

듣기대본

1 ① この前（まえ）　② 緊張（きんちょう）する　③ 免許証（めんきょしょう）　④ チェックアウトする

1 ① 이전에, 요전에 / この前（まえ）　② 긴장하다 / 緊張（きんちょう）する

　　③ 면허증 / 免許証（めんきょしょう）　④ 체크아웃하다 / チェックアウトする

2 ① ⓑ　② ⓐ　③ ⓒ

3 ① 更新（こうしん）　② 席（せき）　③ ブログ

듣기대본

4
① 電話しても いいですか。 전화해도 되나요?

② 今日の レストラン、予約しましょう。 오늘 레스토랑 예약합시다.

4
① いや、しないで ください。

② はい、それが いいですね。

5
① 2　　　② 4　　　③ 3

6
① 2　　　② 3　　　③ 2

7
① はい、買わなくても いいです。

② 10時までに チェックアウトしなければ なりません。

③ 約束の 時間に 遅れないで ください。

Day 25

p158

듣기대본

1
① 利用する　② 辛い物　③ ~だけ　④ よかった

1
① 이용하다 / 利用する　　　② 매운 것 / 辛い物

③ ~만, ~뿐 / ~だけ　　　④ 다행이다, 잘됐다 / よかった

2
① ⓑ　　　② ⓒ　　　③ ⓐ

3
① 中国語　② 一週間　③ キロ

듣기대본

4
① あなたは ピアノを 弾くことが できますか。
당신은 피아노를 칠 수 있나요?

② この 漢字も 読めますか。 이 한자도 읽을 수 있나요?

4
① ピアノを 弾くことが できます。

② 全然 読めません。

5
① 1　　　② 3　　　③ 2

6
① 4　　　② 3　　　③ 1

7
① 今日も、早く 家に 帰れません。

② すみませんが、試着することは　できません。/ 試着は　できません。

③ あなたは　どのくらい　泳げますか。

Day 26
p164

듣기대본

1 **①** 一人で　**②** 顔　**③** 練習する　**④** なかなか

1 **①** 혼자서 / 一人で　　　　　　**②** 얼굴 / 顔

　③ 연습하다 / 練習する　　　　**④** 꽤, 좀처럼 / なかなか

2 **①** ⓓ　　**②** ⓒ　**③** ⓑ

3 **①** 字幕　**②** ~の ために　　**③** 英会話教室

듣기대본

4 **①** あなたは　英語が　上手ですね。どうやって　勉強したんですか。
　　당신은 영어를 잘하네요. 어떻게 공부했나요?

　② あなたは　料理が　できますか。당신은 요리를 할 수 있나요?

4 **①** 塾で　習いました。

　② えぇ、少しだけですけど。

5 **①** 4　　　**②** 1　　**③** 3

6 **①** 2　　　**②** 2　　**③** 1

7 **①** 私は　日本語が　話せる　ように　なりました。

　② 一日の　計画を　立てる　ように　して　います。

　③ 彼は　背が　高く　なりました。

　④ 私は　おこのみやきが　大好きに　なりました。

　⑤ 最近、暖かく　なりましたね。

Day 27
p168

듣기대본

1 **①** ワーホリ　**②** それで　**③** 思う　**④** 簡単だ

워크북 **208** | GO! 독학 일본어 첫걸음

1 ❶ 워킹홀리데이 / ワーホリ ❷ 그래서 / それで

  ❸ 생각하다 / 思^{おも}う ❹ 간단하다 / 簡単^{かんたん}だ

2 ❶ ⓑ ❷ ⓒ ❸ ⓐ

3 ❶ ビザ ❷ 物価^{ぶっか} ❸ 実^{じつ}は

듣기대본

4 ❶ ワーホリに　行^いくんですか。워킹홀리데이에 가나요?

  ❷ 今年^{ことし}　どこに　旅行^{りょこう}に　行^いく　つもりですか。

   올해 어디에 여행 갈 생각이에요?

4 ❶ 来年^{らいねん}、行^いこうと　思^{おも}っています。

  ❷ ネットで　調^{しら}べて　見^みようと　思^{おも}っています。

5 ❶ 4 ❷ 3 ❸ 2

6 ❶ 3 ❷ 1 ❸ 3

7 ❶ 駅^{えき}の　改札口^{かいさつぐち}で　会^あおう。

  ❷ 今晩^{こんばん}、家^{うち}で　サッカーの　試合^{しあい}を　見^みようと　思^{おも}っています。

  ❸ 皆^{みな}で　一生懸命^{いっしょうけんめい}　応援^{おうえん}しよう。

  ❹ バイトを　探^{さが}そうと　思^{おも}っています。

  ❺ 週末^{しゅうまつ}に　花見^{はなみ}に　行^いこうと　思^{おも}っています。

Day 28

p174

듣기대본

1 ❶ 充電器^{じゅうでんき} ❷ おやつ ❸ 貸^かす ❹ お小遣^{こづか}い

1 ❶ 충전기 / 充電器^{じゅうでんき} ❷ 간식 / おやつ

  ❸ 빌리다, 빌려주다 / 貸^かす ❹ 용돈 / お小遣^{こづか}い

2 ❶ ⓒ ❷ ⓑ ❸ ⓐ

3 ❶ あら ❷ うっかり ❸ 名刺^{めいし}

4　❶ 充電器を　貸して　くれませんか。충전기를 빌려 주시면 안 돼요?

❷ 誕生日プレゼントに　何を　もらいたいですか。
생일 선물로 무엇을 받고 싶나요?

4　❶ 今、使っていて……。

❷ サングラスを　もらいたいです。

5　❶ 4　　　❷ 2　　　❸ 1

6　❶ 1　　　❷ 2　　　❸ 3

7　❶ 僕が　話を　聞いて　あげるよ。

❷ 父は　私に　服を　買って　くれました。

❸ 私が　充電器　貸して　あげましょうか。

❹ 私は　駅員さんから　道を　教えて　もらいました。

❺ 両親が　私に　お小遣いを　くれました。

Day 29　　　　　　　　　　　　　　p178

1　❶ すく　❷ 春　❸ 着く　❹ なんだか

1　❶ (배가) 고프다 / すく　❷ 봄 / 春　❸ 도착하다 / 着く

❹ 왠지, 어쩐지 / なんだか

2　❶ ⓐ　　❷ ⓒ　　❸ ⓑ

3　❶ オッケー　❷ 風邪　❸ スポーツ

4　❶ なんだか　雨が　降りそうです。　傘、持ってますか。
왠지 비가 내릴 것 같아요. 우산 가지고 있나요?

❷ うわぁ、全部　おいしそう。우와, 전부 맛있을 것 같아요.

4　❶ 傘が　あります。　❷ 本当、お腹　すいた。

5　❶ 1　　❷ 1　　❸ 4

6　❶ 2　　❷ 3　　❸ 2

7　❶ あの　人は　弁護士だそうです。
ひと　べんごし

❷ この　荷物は　重そうです。
にもつ　おも

❸ 天気予報では　明日は　雨が　降らないそうです。
てんきよほう　あした　あめ　ふ

❹ お腹が　とても　すきました。
なか

❺ この　スマホは　新品みたいです。/ 新品のようです。
しんぴん　しんぴん

듣기대본

1　❶ ミスする　❷ 来月　❸ たった今　❹ アジア
らいげつ　いま

1　❶ 실수하다 / ミスする　❷ 다음 달 / 来月
らいげつ

❸ 지금 막, 방금 / たった今　❹ 아시아 / アジア
いま

2　❶ ⓒ　❷ ⓑ　❸ ⓐ

3　❶ 大会　❷ バイト先　❸ 日記
たいかい　さき　にっき

듣기대본

4　❶ はるとさんは　どこに　いますか。하루토 씨는 어디에 있나요?

❷ 先生に　褒められましたか。선생님께 칭찬 받았나요?
せんせい　ほ

4　❶ 私が　取引先に　行かせました。
わたし　とりひきさき　い

❷ はい、褒められました。
ほ

5　❶ 2　❷ 1　❸ 4

6　❶ 2　❷ 3　❸ 1

7　❶ 会議は　釜山で　開かれます。
かいぎ　ブサン　ひら

❷ 遅くなったので、みんなを　家に　帰らせました。
おそ　うち　かえ

❸ 私が　皆に　知らせました。
わたし　みんな　し

❹ 雨が　降って、試合が　中止されました。
あめ　ふ　しあい　ちゅうし

❺ 買っておいた　ケーキを　妹に　食べられて　しまいました。
か　いもうと　た

JLPT N5
실전 모의고사

1교시	언어지식(문자·어휘) 20분
1교시	언어지식(문법)·독해 40분
2교시	청해 30분

테스트 전 확인 사항

☐ 해답 용지 준비하셨나요?   ☐ 연필과 지우개 챙기셨나요?   ☐ 청해 음성 들을 준비하셨나요?

JLPT N5 청해
MP3

JLPT N5 문자·어휘·문법
무료 동영상

JLPT N5 독해·청해
무료 동영상

MP3 음원은 시원스쿨 홈페이지(Japan.siwonschool.com) > 학습지원센터 > 공부 자료실에서도 무료 다운로드 가능합니다.

시험 시간: 1교시 60분 | 2교시 30분

목표 점수:	점			
시작 시간:	시	분 ~ 종료 시간:	시	분

문자 · 어휘 · 독해

		문제유형	문항 및 배점	점수	총점
문자 · 어휘	문제1	한자 읽기	7문제 × 1점	7	21점
	문제2	표기	5문제 × 1점	5	
	문제3	문맥 규정	6문제 × 1점	6	
	문제4	유의 표현	3문제 × 1점	3	
문법	문제1	문법 형식 판단	9문제 × 1점	9	17점
	문제2	문장 만들기	4문제 × 1점	4	
	문제3	글의 문법	4문제 × 1점	4	
독해	문제4	내용 이해(단문)	2문제×6점	12	30점
	문제5	내용 이해(중문)	2문제×6점	12	
	문제6	정보 검색	1문제×6점	6	
합계					68점

★ 득점환산법(120점 만점) [득점] ÷ 68 × 120=[   ]점

🎧 청해

		문제유형	문항 및 배점	점수	총점
청해	문제1	과제 이해	7문제 × 3점	21	55점
	문제2	포인트 이해	6문제 × 3점	18	
	문제3	발화 표현	5문제 × 2점	10	
	문제4	즉시 응답	6문제 × 1점	6	
합계					55점

★ 득점환산법(60점 만점) [득점] ÷ 55 × 60=[   ]점

※ 위 배점표는 시원스쿨어학연구소가 작성한 것으로 실제 시험과는 다소 오차가 있을 수 있습니다.

N 5

げんごちしき(もじ・ごい)
(20ぷん)

ちゅうい
Notes

1. しけんが　はじまるまで、この　もんだいようしを　あけない
   で　ください。
   Do not open this question booklet until the test begins.

2. この　もんだいようしを　もって　かえる　ことは　できません。
   Do not take this question booklet with you after the test.

3. じゅけんばんごうと　なまえを　したの　らんに、じゅけんひ
   ょうと　おなじように　かいて　ください。
   Write your examinee registration number and name clearly in each
   box below as written on your test voucher.

4. この　もんだいようしは、　ぜんぶで　4ページ　あります。
   This question booklet has 4 pages.

5. もんだいには　かいとうばんごうの　［1］、［2］、［3］…が　あり
   ます。かいとうは、かいとうようしに　ある　おなじ　ばんご
   うの　ところに　マークして　ください。
   One of the row numbers［1］,［2］,［3］… is given for each question. Mark
   your answer in the same row of the answer sheet.

じゅけんばんごう　Examinee Registration Number	
なまえ　Name	

もんだい1　　　＿＿＿＿の　ことばは　ひらがなで　どう　かきますか。

소요시간 4분

1・2・3・4から　いちばん　いい　ものを　ひとつ　えらんで　ください。

(れい)　かばんは　つくえの　下に　あります。

　　　　1　ちた　　　　　2　した　　　　　3　ちだ　　　　　4　しだ

(かいとうようし)　｜　れい　｜　① ● ③ ④　｜

1　つくえの　前に　いぬが　います。

　　1　うえ　　　　　2　した　　　　3　まえ　　　　4　よこ

2　ここで　お待ち　ください。

　　1　もち　　　　　2　たち　　　　3　まち　　　　4　うち

3　父は　まいにち　7じに　かいしゃに　いきます。

　　1　ちち　　　　　2　はは　　　　3　あに　　　　4　あね

4　よく　たべて　たくさん　動いた。

　　1　はたらいた　　2　あいた　　　3　かいた　　　4　うごいた

5　きょうは　天気が　いいですね。

　　1　でんき　　　　2　でんぎ　　　3　てんき　　　4　てんぎ

6　バスに　ひとが　多いです。

　　1　おおい　　　　2　すくない　　3　おおきい　　4　ちいさい

7　りんご　九つ　ください。

　　1　よっつ　　　　2　ここのつ　　3　むっつ　　　4　ななつ

もんだい2 ＿＿＿の ことばは ひらがなで どう かきますか。
1・2・3・4から いちばん いい ものを ひとつ えらんで ください。

(れい) わたしの へやには ほんが おおいです。

　　　　　1 山　　　　　2 川　　　　　3 花　　　　　4 本

(かいとうようし)　　| れい | ① ② ③ ● |

---

8 きんようびに ともだちと いっしょに あそびます。

　　1 月よう日　　　　2 火よう日　　　3 水よう日　　　4 金よう日

9 わたしは くだものを かいます。

　　1 作い　　　　　2 会い　　　　　3 買い　　　　　4 入い

10 きのうは あさから あめが ふって います。

　　1 雪　　　　　　2 雨　　　　　　3 空　　　　　　4 風

11 それ ひとつ かして ください。

　　1 話して　　　　2 借して　　　　3 押して　　　　4 貸して

12 この ケータイは おもいです。

　　1 重い　　　　　2 安い　　　　　3 古い　　　　　4 近い

もんだい3　(　　　)に　なにが　はいりますか。

⏱소요시간 7분

　　　　　　1・2・3・4から　いちばん　いい　ものを　ひとつ　えらんで　ください。

(れい)　あそこで　バスに　(　　　)。

　　　　　1　あがりました　　　　　　　2　のりました

　　　　　3　つきました　　　　　　　　4　はいりました

　　　　(かいとうようし)　　│　れい　│　①　●　③　④　│

13　あつくて　(　　　　)を　あびたいです。

　　　1　シャワー　　　　2　エアコン　　　3　アパート　　　4　ラジオ

14　あには　いつも　めがねを　(　　　　)　います。

　　　1　はいて　　　　　2　かけて　　　　3　きて　　　　　4　かぶって

15　うちは　ねこが　2(　　　　)　います。

　　　1　さい　　　　　　2　まい　　　　　3　さつ　　　　　4　ひき

16　へやが　(　　　　)ので、　そうじを　した。

　　　1　くらい　　　　　2　さむい　　　　3　きたない　　　4　ながい

17　この　でんしゃは　よる　11じに　えきを　(　　　　)。

　　　1　おります　　　　2　かえります　　3　でます　　　　4　のぼります

18　おきて　すぐ　(　　　　)を　みがきます。

　　　1　は　　　　　　　2　め　　　　　　3　みみ　　　　　4　かみ

もんだい4 ＿＿＿の　ぶんと　だいたい　おなじ　いみの　ぶんが　あります。

1・2・3・4から　いちばん　いい　ものを　ひとつ　えらんで　ください。

(れい)　けさ　しゅくだいを　しました。

      1　おとといの　あさ　しゅくだいを　しました。

      2　おとといの　よる　しゅくだいを　しました。

      3　きょうの　あさ　しゅくだいを　しました。

      4　きょうの　よる　しゅくだいを　しました。

      (かいとうようし)　| れい | ① ② ● ④ |

19　あしたは　ははの　たんじょうびです。

    1　あしたは　ははが　うまれた　ひです。

    2　あしたは　ははが　はたらいた　ひです。

    3　あしたは　ははが　つくった　ひです。

    4　あしたは　ははが　いきた　ひです。

20　わたしは　うたを　うたうのが　へたです。

    1　わたしは　うたを　うたうのが　すきです。

    2　わたしは　うたを　うたうのが　じょうずじゃ　ありません。

    3　わたしは　うたを　うたうのが　じょうずです。

    4　わたしは　うたを　うたうのが　かんたんです。

21　おばは　まいとし　かいがい　りょこうを　します。

    1　ははの　あには　まいとし　かいがい　りょこうを　します。

    2　ちちの　あには　まいとし　かいがい　りょこうを　します。

    3　ははの　おとうとは　まいとし　かいがい　りょこうを　します。

    4　ちちの　いもうとは　まいとし　かいがい　りょこうを　します。

N5

言語知識（文法）・読解
(40ぷん)

受験番号　Examinee Registration Number	
名前　Name	

もんだい1 (　　　)に 何<ruby>何<rt>なに</rt></ruby>を 入<ruby>入<rt>い</rt></ruby>れますか。

　　　　　1・2・3・4から いちばん いい ものを 一<ruby>一<rt>ひと</rt></ruby>つ えらんで ください。

(れい)　　これ(　　　　　) ざっしです。

　　　　　1　に　　　　2　を　　　　　3　は　　　　　4　や

　　　(かいとうようし)　　| れい | ① ② ● ④ |

1　あそこに ある くろい かさは 田中<ruby>田中<rt>たなか</rt></ruby>さん(　　　　　)です。

　　1　が　　　　　2　の　　　　　3　は　　　　　4　も

2　週末<ruby>週末<rt>しゅうまつ</rt></ruby>は ずっと としょかん(　　　　) べんきょうしました。

　　1　に　　　　　2　を　　　　　3　と　　　　　4　で

3　石田<ruby>石田<rt>いしだ</rt></ruby>さんが わたし(　　　　　) 花<ruby>花<rt>はな</rt></ruby>を くれました。

　　1　で　　　　　2　や　　　　　3　へ　　　　　4　に

4　田中<ruby>田中<rt>たなか</rt></ruby>　「沖縄<ruby>沖縄<rt>おきなわ</rt></ruby>は あついですか。」
　　リュウ「きのう (　　　　　) あつかったですが、 きょう (　　　　　) あつくない
　　　　　　です。」

　　1　も/も　　　　2　に/に　　　　3　は/は　　　　4　が/が

5 先生「みなさん、　テストは　（　　　　）でしたか。」

学生「難しかったです。」

1　いくら　　　　　　2　どのぐらい　　3　いかが　　　　4　どちら

6 渡辺「冬休みは　（　　　　　）　はじまりましたか。」

森　「いいえ、来月からです。」

1　まだ　　　　　　2　もう　　　　　　3　ずっと　　　　4　また

7 森田「リーさんは、　家で　りょうりを　しますか。」

リー「いいえ、　（　　　　　）しません。」

1　あまり　　　　　2　だんだん　　　3　もっと　　　　4　ときどき

8 田辺　「リュウさんは　いつも　会社に　（　　　　　）　行きますか。」

リュウ「地下鉄です。」

1　どこで　　　　　2　なにで　　　　3　なにかで　　　4　どなた

9 小さい　ときは、　うんどうするのが　好き（　　　　　）でした。

1　じゃなくて　　　　　　　　　　2　じゃありません

3　じゃない　　　　　　　　　　　4　ません

もんだい2 ___★___に 入る ものは どれですか。

1・2・3・4から いちばん いい ものを 一つ えらんで ください。

소요시간 4분

(もんだいれい)

あの _____ _____ ___★___ _____ ですか。

1 くるま 　　　　2 の 　　　　3 だれ 　　　　4 は

(こたえかた)

1. ただしい 文を つくります。

> あの _____ _____ ___★___ _____ ですか。
>
> 　　1 くるま 　　　4 は 　　　　3 だれ 　　　2 の

2. ___★___に 入る ばんごうを くろく ぬります。

(かいとうようし) | れい | ① ② ● ④

---

10 友だちが _____ _____ _____ ___★___に 見せました。

1 プレゼント 　　2 を 　　　　3 くれた 　　　4 母

11 (ダンス教室で)

先生「_____ ___★___ _____ _____ くださいね。

一日 ３０分ぐらいで いいです。」

1 れんしゅう 　　2 でも 　　　　3 して 　　　4 家

12　わたしより ____★____ _____ _____ _____ せが 高い。
^{たか}

　　1　の　　　　　　2　おとうと　　　3　ほう　　　　　4　が

13　その _____ _____ ____★____ _____ ないです。

　　1　おいしく　　　2　は　　　　　　3　あまり　　　　4　カレー

もんだい3　14 から 17 に 何を 入れますか。ぶんしょうの いみを かんがえて、1・2・3・4から いちばん いい ものを 一つ えらんで ください。

소요시간 7분

　ジミさんと　カリノさんが　書いた　「わたしが　好きな　こと」という　さくぶんです。　明日　クラスの　みんなの　前で　読みます。

(1)ジミさんの　さくぶん

　私は　毎日　朝　早く　起きて　ジョギングを　します。　1時間ぐらい　走ります。　朝ご飯を　食べて　家に　かえります。　学校が　終わって 14 、アルバイトを　します。　日本の　子どもに　英語を 15 。　子どもと　いろいろな　話が　できて　面白いです。　アルバイトが　ない　日は　友だちと　夜ごはんを　いっしょに　食べます。　ジョギングする　ことと　話す　ことが　好きです。

　みなさんも　わたしと　いっしょに　ジョギングしませんか。

---

(2)カリノさんの　さくぶん

　私は　図書館で　本を　読む　ことが　好きです。　本屋で　新しい　本を　買う　ことも　ありますが、　図書館に　ある　古い　本の 16 好きです。　毎日　行って　本を　読みます。　休みの　日は　朝から　図書館に　行きます。私が　好きな　映画の　本から、　料理の　本まで　いろいろな　本が　あります。　休みの　日は、　遠い　ところに　ある　図書館へ　本を　読みに 17 。

　みなさんは　どんな　本が　好きですか。

14

1　からは　　　　　　　　　　2　までは

3　では　　　　　　　　　　　4　あとは

15

1　教えました　　　　　　　　2　教えて　みます

3　教えて　います　　　　　　4　教えて　いました

16

1　ほうが　　　　　　　　　　2　よりは

3　には　　　　　　　　　　　4　どちらが

17

1　行きます　　　　　　　　　2　来ます

3　います　　　　　　　　　　4　あります

もんだい4 つぎの (1)から (2)の ぶんしょうを 読んで、しつもんに こたえて
ください。 こたえは、 1・2・3・4から いちばん いい ものを 一つ
えらんで ください。

소요시간
8분

(1)

　昨日 先生の 家に 遊びに 行きました。 先生の 家は 駅から とおかったで
す。 先生と たのしく 話しながら、先生が 作った カレーを 食べました。 そ
して、 くだものも 食べました。 でも、 先生の 話を 聞いて びっくりしまし
た。 先生が 「しおを かけて 食べて みて ください」と 言ったからです。 先
生に なぜ しおを かけるんですかと 聞きました。 先生は、 「すいかに しおを
かけて 食べると、 もっと あまくて おいしく なりますよ。」と いいました。
本当に あまくて おいしかったです。

18 「私」はどうしてびっくりしましたか。

1 先生の 家が 駅から とおかったから

2 先生が 作って くれた りょうりを 食べる ことが できたから

3 先生が くだものに しおを かけて 食べると 言ったから

4 すいかに しおを かけると あまく なる ことを 知ったから

(2)

森さんの　つくえの　上に、　しりょうと　メモが　あります。

森さん

昼やすみの　前に　ゆうびんきょくに　行って　きて　ください。　今日の　会議は
ごご　4時からです。　のみものは　わたしが　買って　おきます。　郵便局に　行って
きてから　この　しりょうを　10枚　コピーして　ください。　ゆうびんきょくに　行
く　前に　田中さんにも　会議の　時間を　言って　ください。

鈴木

19　森さんは、　これから　まず　何を　しますか。

1　ゆうびんきょくに　行く。
2　のみものを　買いに　行く。
3　しりょうを　10枚　コピーする。
4　会議の　時間を　知らせる。

もんだい5　つぎの　ぶんしょうを　読んで、　しつもんに　こたえて　ください。　こたえ
は、　1・2・3・4から　いちばん　いい　ものを　一つ　えらんで　ください。

소요시간
8분

東京は　冬にも　あまり　寒く　ありません。　でも、　きのうの　夜は　雪が　たくさん　ふりました。　東京では　雪が　ふると、　電車が　うごかなく　なります。　きのうも　電車が　とまりました。　歩いて　行くと　2時間は　かかりますから、　<u>いえに　かえる　ことが　できません。</u>

かさを　買いに　コンビニに　行きましたが、　コンビニにも　かさが　なかったです。だから、　駅の　近くの　<u>コーヒーショップの　前に　立って</u>　いました。　それを　見て　店の人が　私に　「これ、　使って　ください。」と　言いました。　わたしは　「あっ、お金　はらいます。」と　言いましたが、　その人は、「大丈夫ですよ。　また　近くに　来たとき　かえして　ください」と　言いました。　おそい　じかんに　家に　かえってきて少し　つかれましたが、　やさしい　人に　会って　うれしかったです。　明日　しごとが　終わってから　その　店に　かさを　かえしに　行って　もう　一度　「ありがとう」と　言いたいです。

20 わたしは　なぜ　いえに　かえる　ことが　できませんか。

　1　冬は　雪が　あまり　ふらないから

　2　歩く　ことが　できなかったから

　3　電車が　とまって　かえることが　できなかったから

　4　かさを　売っている　ところが　なかったから

21 あした　しごとの　あと、わたしは　どうしますか。

　1　コンビニに　コーヒーを　買いに　行く。

　2　駅の　人に　かさを　かえしに　行く

　3　店の　人に　お金を　かえしに　行く。

　4　ありがとうと　言って　かさを　かえす。

もんだい6　右の　ページを　見て、　下の　しつもんに　こたえて　ください。　こたえは、　1・2・3・4から　いちばん　いい ものを　一つ　えらんで　ください。

소요시간 4분

22　大学生の　もりいさんは　新しい　ノートパソコンと　プリンタを　買いたいです。いつが　いちばん　安いですか。

1　12月1日　12:00〜14:00
2　12月2日　 9:00〜14:00
3　12月3日　14:00〜22:00
4　12月4日　14:00〜22:00

ラストチャンス

しあわせでんき

朝9：00〜夜10：00

やすくなるもの	12月1日(木)	12月2日(金)	12月3日(土)	12月4日(日)
9:00~12:00	テレビ	プリンタ	エアコン	レンジ
12:00~14:00	つくえ	ノートパソコン	プリンタ	そうじき
14:00~18:00	ノートパソコン	れいぞうこ	オーブン	ガスコンロ
18:00~22:00	カメラ	つくえ・いす	ノートパソコン	ストーブ

● 週末は　いつもより　5％　安く　なります。

● 金よう日の　12時から　14時まで　学生に　10％　安くします。

N5

ちょうかい
聴解
ぷん
(30分)

ちゅう　　い
注　意
Notes

1. 試験が始まるまで、この問題用紙を開けないでください。
   Do not open this question booklet until the test begins.

2. この問題用紙を持って帰ることはできません。
   Do not take this question booklet with you after the test.

3. 受験番号と名前を下の欄に、受験票と同じように書いてください。
   Write your examinee registration number and name clearly in each box below as written on your test voucher.

4. この問題用紙は、全部で 14 ページあります。
   This question booklet has 14 pages.

5. この問題用紙にメモをとってもいいです。
   You may make notes in this question booklet.

じゅけんばんごう 受験番号　Examinee Registration Number	
なまえ 名前　Name	

もんだい１

　もんだい１では、　はじめに　しつもんを　きいて　ください。　それから　はなしを　きいて、　もんだいようしの　１から４の　なかから、　いちばん　いい　ものを　ひとつ　えらんで　ください。

れい

1　びょういんへ　いく

2　くすりを　のむ

3　うちへ　かえる

4　はやく　ねる

1ばん

1 あかの　ボールペン

2 あかと　あおの　ボールペン

3 あかと　みどりいろの　ボールペン

4 あかと　くろいろの　ボールペン

2ばん

1

2

3

4

3ばん

1 げつようび

2 すいようび

3 もくようび

4 きんようび

4ばん

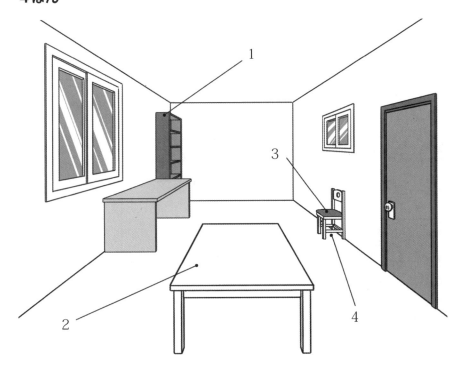

5ばん

1 600円
2 700円
3 750円
4 800円

6ばん

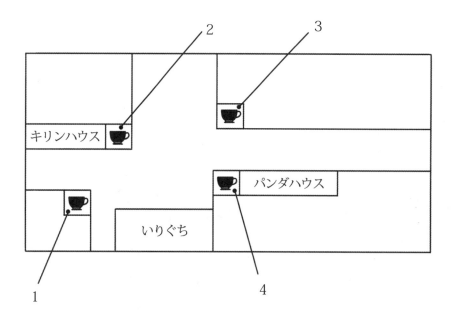

7ばん

1　１１８の　あとに　よびだしの　ボタンを　おす。

2　１１７の　あとに　よびだしの　ボタンを　おす。

3　１１５ばんの　ボタンを　おす。

4　よびだしの　ボタンを　おす。

もんだい2

　もんだい2では、　はじめに　しつもんを　きいて　ください。　それから　はなしを　きいて、　もんだいようしの　1から4の　なかから、　いちばん　いい　ものを　ひとつ　えらんで　ください。

れい

1　げつようび

2　きんようび

3　どようび

4　にちようび

1ばん

1

2

3

4

2ばん

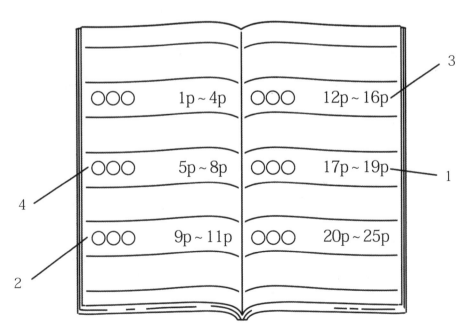

3ばん

1

2

3

4

4ばん

1

2

3

4

5ばん

3   4

1   2

6ばん

1

2

3

4

もんだい 3

　もんだい 3 では、　えを　みながら　しつもんを　きいて　ください。　➡ (や
じるし)の　ひとは　なんと　いいますか。　1 から 3 の　なかから、　いちばん
いい　ものを　ひとつ　えらんで　ください。

れい

1ばん

2ばん

3ばん

4ばん

もんだい4

　もんだい4では、えなどが　ありません。まず　ぶんを　聞いて　ください。そ
れから、そのへんじを　聞いて、1から3の　中から、いちばん　いい　ものを
一つ　えらんで　ください。

－　メモ　－

언어지식(문자·어휘)

もんだい1		もんだい4	
1	3	19	1
2	3	20	2
3	1	21	4
4	4		
5	3		
6	1		
7	2		
もんだい2			
8	4		
9	3		
10	2		
11	4		
12	1		
もんだい3			
13	1		
14	2		
15	4		
16	3		
17	3		
18	1		

언어지식(문법)·독해

もんだい1		もんだい3	
1	2	14	1
2	4	15	3
3	4	16	1
4	3	17	1
5	3	もんだい4	
6	2	18	3
7	1	19	4
8	2	もんだい5	
9	2	20	3
もんだい2		21	4
10	4	もんだい6	
11	2	22	2
12	2		
13	3		

청해

もんだい1		もんだい3	
れい	3	れい	2
1ばん	4	1ばん	1
2ばん	3	2ばん	2
3ばん	1	3ばん	1
4ばん	3	4ばん	3
5ばん	4	5ばん	2
6ばん	4	もんだい4	
7ばん	1	れい	3
もんだい2		1ばん	2
れい	4	2ばん	1
1ばん	4	3ばん	3
2ばん	3	4ばん	2
3ばん	3	5ばん	1
4ばん	2	6ばん	3
5ばん	4		
6ばん	2		

JLPT N4
실전 모의고사

1교시 언어지식(문자·어휘) 25분
1교시 언어지식(문법)·독해 55분
2교시 청해 35분

테스트 전 확인 사항

☐ 해답 용지 준비하셨나요?   ☐ 연필과 지우개 챙기셨나요?   ☐ 청해 음성 들을 준비하셨나요?

JLPT N4 청해
MP3

JLPT N4 문자·어휘·문법
무료 동영상

JLPT N4 독해·청해
무료 동영상

MP3 음원은 시원스쿨 홈페이지(Japan.siwonschool.com) > 학습지원센터 > 공부 자료실에서도 무료 다운로드 가능합니다.

시험 시간: 1교시 80분 | 2교시 35분

목표 점수: 점
시작 시간: 시   분 ~ 종료 시간: 시   분

JLPT N4 실전 모의고사 가채점표

 문자 · 어휘 · 독해

		문제유형	문항 및 배점	점수	총점
문자 · 어휘	문제1	한자 읽기	7문제 × 1점	7	28점
	문제2	표기	5문제 × 1점	5	
	문제3	문맥 규정	8문제 × 1점	8	
	문제4	유의 표현	4문제 × 1점	4	
	문제5	용법	4문제 × 1점	4	
문법	문제1	문법 형식 판단	13문제 × 1점	13	21점
	문제2	문장 만들기	4문제 × 1점	4	
	문제3	글의 문법	4문제 × 1점	4	
독해	문제4	내용 이해(단문)	3문제×6점	18	48점
	문제5	내용 이해(중문)	3문제×6점	18	
	문제6	정보 검색	2문제×6점	12	
합계					97점

★ 득점환산법(120점 만점) [득점] ÷ 97 × 120＝[   ]점

🎧 청해

		문제유형	문항 및 배점	점수	총점
청해	문제1	과제 이해	8문제 × 2점	16	56점
	문제2	포인트 이해	7문제 × 2점	14	
	문제3	발화 표현	5문제 × 2점	10	
	문제4	즉시 응답	8문제 × 2점	16	
합계					56점

★ 득점환산법(60점 만점) [득점] ÷ 56 × 60＝[   ]점

※위 배점표는 시원스쿨어학연구소가 작성한 것으로 실제 시험과는 다소 오차가 있을 수 있습니다.

N4

げんごちしき(もじ・ごい)
(25ふん)

ちゅうい
Notes

1. しけんが はじまるまで、この もんだいようしを あけない で ください。
   Do not open this question booklet until the test begins.

2. この もんだいようしを もって かえる ことは できません。
   Do not take this question booklet with you after the test.

3. じゅけんばんごうと なまえを したの らんに、じゅけんひ ょうと おなじように かいて ください。
   Write your examinee registration number and name clearly in each box below as written on your test voucher.

4. この もんだいようしは、 ぜんぶで 9ページ あります。
   This question booklet has 9 pages.

5. もんだいには かいとうばんごうの 1 、 2 、 3 …が あります。かいとうは、かいとうようしに ある おなじ ばんごう の ところに マークして ください。
   One of the row numbers 1 , 2 , 3 … is given for each question. Mark Your answer in the same row of the answer sheet.

じゅけんばんごう　Examinee Registration Number	
なまえ　Name	

もんだい1 ＿＿＿＿の ことばは ひらがなで どう かきますか。

1・2・3・4から いちばん いい ものを ひとつ えらんで ください。

(れい) あしたは 雨ですか。

　　　　1　はれ　　　　　2　あめ　　　　3　ゆき　　　　　4　くもり

　　(かいとうようし)　| (れい) | ① ● ③ ④ |

---

1 それに ついては もう すこし 考えて みます。

1　おしえて　　　2　かんがえて　　3　かえて　　　4　かぞえて

2 えきの ちかくで ケガした 鳥を みつけた。

1　とり　　　　　2　もり　　　　　3　しま　　　　4　いと

3 かれは えを かくのが ほんとうに 上手です。

1　うえしゅ　　　2　うわて　　　　3　じょうて　　4　じょうず

4 あの はいゆうは かいがいでも 人気があるという。

1　じんけ　　　　2　にんき　　　　3　じんき　　　4　にんけ

5 こんどは 旅館に とまって みたいです。

1　りょこう　　　2　りょうこう　　3　りょかん　　4　りょうかん

6 ははから　もらった　うでどけいを　大事に　つかって　いる。

    1　だいじ　　　　　2　おおごと　　　3　たいし　　　　　4　たいじ

7 お世話になった　せんせいに　てがみを　かいた。

    1　せいわ　　　　　2　よはなし　　　3　せわ　　　　　　4　よばなし

もんだい2　_____の　ことばは　どう　かきますか。

　　　　　1・2・3・4から　いちばん　いい　ものを　ひとつ　えらんで　ください。

(れい)　この　ざっしを　みて　ください。

　　　　　1　買て　　　　　2　見て　　　　　3　貝て　　　　　4　目て

(かいとうようし)　| (れい) | ① ● ③ ④ |

8　おそくても　8時には　いえに　かえりたいです。

　　1　返り　　　　　2　起り　　　　　3　買り　　　　　4　帰り

9　へやは　せまいですが、　えきから　ちかいです。

　　1　長い　　　　　2　狭い　　　　　3　深い　　　　　4　近い

10　かれの　こえが　きこえた　きが　する。

　　1　声　　　　　2　音　　　　　3　味　　　　　4　顔

11　つかれて　もう　これ　いじょう　あるけません。

　　1　以下　　　　　2　以上　　　　　3　言上　　　　　4　言下

12　つごうが　わるい　ときは　ごれんらく　ください。

　　1　試合　　　　　2　具合　　　　　3　都合　　　　　4　場合

もんだい3　(　　　)に　なにを　いれますか。

　　　　　1・2・3・4から　いちばん　いい　ものを　ひとつ　えらんで　ください。

(れい)　くるまが　3(　　　)　あります。

　　　　　1　さつ　　　　　　2　まい　　　　　3　だい　　　　　4　ひき

(かいとうようし)　| (れい) | ① ② ● ④ |

13　びょうきが　(　　　　　)とおもったら、　また　つぎから　つぎへと　あたらしい
びょうきが　みつかった。

　　1　なおった　　　2　そだてた　　　3　はこんだ　　　4　こわれた

14　かれは　どんな　しつもんに　たいしても　(　　　　)　こたえて　くれます。

　　1　にぎやかに　　　2　ひつように　　　3　ていねいに　　　4　ゆうめいに

15　みずうみの　なかに　おおきな　さかなが　(　　　　)　いた。

　　1　およいで　　　2　かわいて　　　3　しらべて　　　4　ならべて

16　じかんが　(　　　)　さいごまで　よむ　ことは　できませんでした。

　　1　おとなしくて　　2　たりなくて　　3　つよくて　　　4　くらくて

17 (会社で)

A「あの、これ、にほん　りょこうの　（　　　　）です。ひとつ　どうぞ。」

B「どうも　ありがとうございます。」

1　るす　　　　　　　2　えんりょ　　　3　いけん　　　　4　おみやげ

18 まちの　ひとたちは　たかい　ビルを　たてる　ことに　（　　　　）して　います。

1　しゅっぱつ　　2　けいけん　　　3　はんたい　　　4　せんたく

19 「じゅぎょうちゅうは　しずかに　して　ください」と　せんせいに　（　　　　）さ
れました。

1　ちゅうい　　　2　よてい　　　　3　べんり　　　　4　えいぎょう

20 こどもにも　りかい　できる　（　　　　）ニュースを　つたえる　サイトです。

1　すくない　　　2　やさしい　　　3　はやい　　　　4　きれいな

もんだい4 _____の ぶんと だいたい おなじ いみの ぶんが あります。

1・2・3・4から いちばん いい ものを ひとつ えらんで ください。

(れい) あの 人は うつくしいですね。

    1　あの 人は きれいですね。

    2　あの 人は 元気ですね。

    3　あの 人は おもしろいですね。

    4　あの 人は わかいですね。

(かいとうようし)　| (れい) | ● ② ③ ④ |

21　あぶないですから、 ここでは はしらないで ください。

    1　ふべんですから、 ここでは はしらないで ください。

    2　やさしく ないですから、ここでは はしらないで ください。

    3　えんりょですから、 ここでは はしらないで ください。

    4　きけんですから、 ここでは はしらないで ください。

22　あの だんせいは どろぼうから さいふを ぬすまれたそうだ。

    1　あの おとなの ひとは どろぼうから さいふを ぬすまれたそうだ。

    2　あの おとこの ひとは どろぼうから さいふを ぬすまれたそうだ。

    3　あの おんなの ひとは どろぼうから さいふを ぬすまれたそうだ。

    4　あの おおきい ひとは どろぼうから さいふを ぬすまれたそうだ。

23　きのう せんせいに ダンスを ならいました。

    1　きのう せんせいが わたしに ダンスを くれました。

    2　きのう せんせいが わたしに ダンスを あげました。

    3　きのう わたしは せんせいに ダンスを おそわりました。

    4　きのう わたしは せんせいに ダンスを おしえました。

24 りょうしんは　いつも　わたしが　やりたい　ことを　やらせて　くれます。

1　そふと　そぼは　いつも　わたしが　やりたい　ことを　やらせて　くれます。

2　あにと　あねは　いつも　わたしが　やりたい　ことを　やらせて　くれます。

3　おじと　おばは　いつも　わたしが　やりたい　ことを　やらせて　くれます。

4　ちちと　ははは　いつも　わたしが　やりたい　ことを　やらせて　くれます。

もんだい5 つぎの ことばの つかいかたで いちばん いい ものを
　　　　　　　　1・2・3・4から ひとつ えらんで ください。

<small>소요시간 3분</small>

(れい) おたく

1　こんど おたくに 遊びに きて ください。

2　また、おたくをする ときは おしえて ください。

3　もしもし、田中<small>たなか</small>さんの おたくですか。

4　こどもには おたくが ひつようです。

(かいとうようし)　| (れい) | ① | ② | ● | ④ |

25　よしゅう

1　じゅぎょうの まえに つぎ まなぶ ところを よしゅうして おいた。

2　かいがいりょこうに いく まえに パスポートを よしゅうして ください。

3　ともだちと よしゅうした じかんまで いけなかった。

4　いえから かいしゃまでは よしゅう 4じかんは かかります。

26　べんり

1　この アプリは いろんな ことが できて べんりだ。

2　この おもちゃは さいきん こどもに べんりが ある。

3　せんせいに べんりして みたが、 こたえが なかった。

4　いつもは かいだんを べんりして います。

27 おりる

1 この　ゲームは　まけると　だんだん　レベルが　<u>おりて</u>　しまいます。

2 おかねは　バスを　<u>おりる</u>　ときに　はらって　ください。

3 きゅうに　あめが　<u>おりて</u>　きて　びっくりしました。

4 かのじょは　むすこが　しけんに　<u>おりて</u>　しんぱいして　います。

28 にあう

1 あには　かおから　せいかくまで　ちちに　<u>にあって</u>　いる。

2 ぐうぜん　むかしの　ともだちに　<u>にあった</u>。

3 かのじょは　きものが　ほんとうに　よく　<u>にあい</u>ます。

4 せんぱいの　レポートを　<u>にあった</u>だけなので　ポイントが　わかりません。

N4

げんごちしき　ぶんぽう　どっかい
言語知識（文法）・読解
ふん
(55分)

ちゅう　い
注　意

Notes

1. しけん はじ　もんだいようし あ
   試験が始まるまで、この問題用紙を開けないでください。
   Do not open this question booklet until the test begins.

2. もんだいようし　も　かえ
   この問題用紙を持って帰ることはできません。
   Do not take this question booklet with you after the test.

3. じゅけんばんごう　なまえ　した　らん　じゅけんひょう　おな　か
   受験番号と名前を下の欄に、受験票と同じように書いてください。
   Write your examinee registration number and name clearly in each
   box below as written on your test voucher.

4. もんだいようし　ぜんぶ
   この問題用紙は、全部で 13 ページあります。
   This question booklet has 13 pages.

5. もんだい　かいとうばんごう　かいとう　かいとう
   問題には解答番号の 1 、 2 、 3 … があります。解答は、解答
   ようし　おな　ばんごう
   用紙にある同じ番号のところにマークしてください。
   One of the row numbers 1 , 2 , 3 … is given for each question. Mark
   Your answer in the same row of the answer sheet.

じゅけんばんごう 受験番号　Examinee Registration Number	

なまえ 名前　Name	

もんだい1　(　　　)に　何を　入れますか。

소요시간 12분

1・2・3・4から　いちばん　いい　ものを　一つ　えらんで　ください。

(例)　電車(　　　)　会社へ　行きます。

　　　　　1　し　　　　　2　と　　　　　3　で　　　　　4　に

(解答用紙)　　| (れい) | ① ② ● ④ |

1　20分　よていの　インタビューが　5分(　　　)　終わってしまいました。

　　1　に　　　　　2　で　　　　　3　を　　　　　4　と

2　山田「キムさんは　何を　食べますか。」

　　キム「うーん、わたしは　パスタ(　　　)　します。」

　　1　が　　　　　2　ぐらい　　　　　3　ずつ　　　　　4　に

3　ここは　夜　9時から　12時(　　　)　いつも　人が　多いです。

　　1　までは　　　　2　しか　　　　3　までには　　　4　よりは

4　きのうの　テストは　(　　　)　とけない　難しい　問題ばかりでした。

　　1　だんだん　　　2　だいたい　　　3　なかなか　　　4　ときどき

5 ヨーグルトは　牛乳(ぎゅうにゅう)(　　　)　作られます。

1　だけ　　　　　　2　によると　　　3　から　　　　　4　も

6 夏休み(　　　　)　アメリカへ　いって　英語を　べんきょうする　つもりです。

1　のあいだ　　　　2　ときに　　　　3　とちゅうで　　4　あと

7 かりた　ものを　(　　　　　　　　)から、すぐ　かばんの　中に　入(い)れました。

1　わすれても　いい　　　　　　　　2　わすれては　いけない

3　わすれないと　いけない　　　　　4　わすれては　いい

8 A「目が　あかいですね。　つかれて　いる　なら　早く　(　　　　　　)よ。」

B「はい、ありがとうございます。そうします。」

1　帰(かえ)った　ことが　あります　　　　2　帰(かえ)ったと　思って　いました

3　帰(かえ)った　ままです　　　　　　　　4　帰(かえ)った　ほうが　いいです

9 森(もり)「林(はやし)さん、昼(ひる)ご飯(はん)は　食べましたか。」

林(はやし)「はい、ちょうど　昼(ひる)ご飯(はん)を　(　　　　　　)。」

1　食べることです　　　　　　　　2　食べて　いきます

3　食べたところです　　　　　　　4　食べて　きます

10 日本語で　書いた　文を　先生に　なおして　(　　　　　　)。

1　くれました　　2　あげました　　3　もらいました　4　さしあげました

11 うまく　話せた(　　　　　)　わかりませんが、　必要な　ことは　いいました。

1　という　　　　2　かどうか　　　3　ようが　　　　4　だろうと

12 かれは　聞いた　ことを　すぐ　言って　しまうので、　だれも　(　　　　　)。

1　話したがりません　　　　　　2　話しそうです

3　話しやすいです　　　　　　　4　話すばかりです

13 今は　好きですが、　子どものころは　きらいな　野菜を　(　　　　)　泣いたり
しました。

1　食べさせて　　　　　　　　2　食べて　あって

3　食べられて　　　　　　　　4　食べさせられて

もんだい2 ___★___ に 入る ものは どれですか。

소요시간 5분

1・2・3・4から いちばん いい ものを 一つ えらんで ください。

_{もんだいれい}
(問題例)

すみません。_____ _____ _★_ _____か。

　　　　　　1 です 　　2 は 　　　　3 トイレ 　　4 どこ

_{こた　かた}
(答え方)

1. _{ただ}正しい _{ぶん}文を _{つく}作ります。

> すみません。_____ _____ _★_ _____か。
>
> 　　　　　3 トイレ 　2 は 　　　　4 どこ 　　　　1 です

2. _★_に _{はい}入る _{ばんごう}番号を _{くろ}黒く _ぬ塗ります。

_{かいとうようし}
(解答用紙) 　　　| _{れい}(例) | ① ② ● ④ |

---

14 A「_{しゅうまつ}週末、 よかったら みんな _____ _★_ _____ _____。」

B「_{うみ}海も いいですが、 _{やま}山へ 行くのは どうですか。」

1 行きませんか 　2 で 　　　3 _{うみ}海 　　　4 でも

---

15 わたしは 生まれてから 今まで _{いち　ど}一度も _★_ _____ _____ _____が

ないです。

1 _{ゆき}雪 　　　　2 見た 　　　3 こと 　　　4 を

---

16 かれは　歌手（かしゅ）ですが ＿＿＿＿ ＿＿＿＿ ★ ＿＿＿＿上手（じょうず）です。

1　ダンスの　　　　2　より　　　　3　歌（うた）　　　　4　ほうが

17 てんきよほうに　よると ＿＿＿＿ ＿＿＿＿ ＿＿＿＿ ★ 言って　いました。

1　雨が　続（つづ）く　　　2　来週（らいしゅう）まで　　　3　と　　　　4　だろう

もんだい3　18 から 21 に　何を　入れますか。文章の　意味を　考えて、

<small>ぶんしょう</small>　<small>いみ</small>　<small>かんが</small>

　　　　　　1・2・3・4から　いちばん　いい　ものを　一つ　えらんで　ください。

下の　ぶんは　タオさんの　作文です。

<small>した</small>　　　　　　　　　　　　　　<small>さくぶん</small>

ちちの　うで時計

<small>どけい</small>

　　わたしは　日本に　来る　とき、　父から　もらった　うで時計を　持って　きました。　わたしが　中学校に　はいるとき　もらった　ものです。　友だちは　みんな　小さくて　かわいい　うで時計を　して　いました。 18 　その　うで時計を　はずかしいと　思いました。　でも、　今は　大切に　して　います。　その　時計を　みると　父と　いっしょに　いると　 19 。

　　先月、　日本人の　友だちと　いっしょに　海へ　行きました。　くに 20 かぞくと　よく　山へ　行ったり　しましたが、　海へ　行った　ことは　ありません。　たのしく　あそびましたが、　海で　父の　うで時計を　 21 。　こわれて　動かない　うで時計を　見て　とても　かなしく　なりました。　ひさしぶりに　父に　電話して　みようと　思いました。

18

1 それに 　　　　　　　　　　2 だから

3 たとえば　　　　　　　　　 4 では

19

1 感じなければ　ならないからです

2 感じて　やったからです

3 感じられるからです

4 感じて　くれたからです

20

1 にも　　　　　2 なら　　　　3 のに　　　　4 では

21

1 落としそうに　なりました　　　　2 落として　みました

3 落とした　気が　しました　　　　4 落として　しまいました

もんだい4 つぎの（1）から（3）の文章を読んで、質問に答えてください。

答えは、1・2・3・4から、いちばんいいものを一つえらんでください。

(1)
ビルのエレベーターの前にこのお知らせがはってあります。

お知らせ

12月7日(月)から東側と西側のエレベーターが次のようにとまります。

東側のエレベーター：　1階から7階まで

西側のエレベーター：　8階から15階まで

※朝の8時から10時まではすべての階にとまります。

※荷物を運ぶときは、南側の荷物用のエレベーターを使ってください。

よろしくお願いします。

にこにこビルディング

22　12月10日に昼の12時に11階に行きたいです。どのエレベーターが使えますか。

1　南側のエレベーターが使える。

2　東側のエレベーターが使える。

3　西側のエレベーターが使える。

4　東側と西側のエレベーターが使える。

(2)

　　日本語にはオノマトペがたくさんあります。オノマトペとは人や動物、物の声、音、動きなどをことばにしたものをいいます。先週、友だちに「リュウさん、もう日本語ぺらぺらだね」と言われて<u>こまりました</u>。授業のときに、先生から聞いたことがないことばでした。その友だちは、「日本語が上手だということだよ」といいました。悪い意味ではないということが分かったので、安心しました。でも、「ぺらぺらと上手、はどう違うの」と聞いたら、今度は友だちの方がこまった顔をして、「意味は同じだよ」と言いました。アルバイトをしているときに、「むしむしするね」と言われてびっくりしました。私は客に「えっ、ムシとは何です？」と聞きました。すると、「とてもあついという意味ですよ」と言いながら、わらいました。わたしも「あ、そういえば、今日バスの中でも聞きました。」と言ってわらいました。

23　わたしは、なぜ<u>こまりました</u>か。

　1　ふたつのことばの意味のちがいが分からなかったから
　2　友だちが言ったことばの意味が分からなかったから
　3　友だちが失礼なことを言ったと思ったから
　4　授業のときも習ったことがあることばを聞いたから

24　わたしは、だれのことばを聞いてびっくりしましたか。

　1　先生
　2　友だち
　3　お客
　4　バスにのっていた人

もんだい5 つぎの文章を読んで、質問に答えてください。

答えは、1・2・3・4から、いちばんいいものを一つえらんでください。

　わたしは一人でカフェに行って本を読むのが好きです。週末になると、行ってみたことがないカフェに行って何時間もコーヒーを飲んだりします。先月、したしい先輩田村さんにその話をしたら、田村さんもコーヒーが好きだといいました。それで、わたしがよく行くカフェにいっしょにいくことにしました。

　土よう日に駅の近くで会っていっしょに電車にのっていきました。駅から5分ほど歩いたとき、先輩は「さくらがとてもきれいですね。ここで少し休みませんか」と言いました。田村さんはさくらが好きだといいました。さくらの写真をたくさんとってとても楽しそうでした。何時間も写真をとり続けていました。だから、わたしはとても残念な気がしました。カフェに行って休みながらコーヒーをのみたかったからです。おなかがすいてきたので、駅の近くのレストランに行ってカレーを食べました。田村さんは今までとったさくらの写真を見せてくれました。めずらしいさくらの写真もあって、とてもきれいでした。写真を見ていると、わたしも花の写真をとりたくなってきました。

　田村さんはどうすればきれいに写真をとることができるのかを教えてくれました。田村さんとさくらなどの花の写真をとってみました。昼ご飯を食べてからカフェにもいきました。カフェでゆっくり本を読むことはできませんでしたが、楽しい一日になりました。田村さんと来週は山へ花の写真をとりにいきましょうと言いました。

25 わたしはなぜ田村(たむら)さんと週末(しゅうまつ)に会うことにしましたか。

　1　いっしょに本を読みたいから

　2　ふたりでカフェに行きたいから

　3　先輩(せんぱい)とたくさん話したいから

　4　行ったことのない場所(ばしょ)にいってみたいから

독해

26 どうして残念(ざんねん)な気になりましたか。

　1　あまり歩いていないのにすぐ休んだから

　2　花がたくさん咲(さ)いてなかったから

　3　写真をとることに時間がかかりすぎたから

　4　おなかがすいていたのに、何も食べられなかったから

27 「楽しい」とありますが、どんなことが楽しかったですか。

　1　カフェに行って一人で本を読むこと

　2　花を見ながら休むこと

　3　先輩と二人で山にのぼること

　4　きれいな花の写真をとること

もんだい6 右のページの時間表<ruby>時間表<rt>じ かんひょう</rt></ruby>を見て、下の質問に答えてください。

答えは、1・2・3・4から、いちばんいいものを一つえらんでください。

28 中村<ruby>中村<rt>なかむら</rt></ruby>さんは、はじめてパンを作る人のためのパン教室でべんきょうしたいです。月に2回行きたいと思っています。中村さんは何回コースで何よう日に行きますか。

1　6回コース、水よう日の午前と土よう日の午前

2　6回コース、水よう日の午前と土よう日の午後

3　12回コース、水よう日の午後と土よう日の午前

4　12回コース、水よう日の午後と土よう日の午後

29 ジェームスさんは、月1回、水よう日の午後のパン教室でべんきょうしたいですが、1回チケットを買って食<ruby>食<rt>しょく</rt></ruby>パンをつくる教室にも行きたいと思っています。ジェームスさんは全部でいくら払<ruby>払<rt>はら</rt></ruby>いますか。

1　12,500円<ruby>円<rt>えん</rt></ruby>

2　13,500円<ruby>円<rt>えん</rt></ruby>

3　14,500円<ruby>円<rt>えん</rt></ruby>

4　22,500円<ruby>円<rt>えん</rt></ruby>

手作りパン教室のお知らせ

パンを自分で作ってみませんか？

先生が一人ひとりにやさしく教えてくれます。

● 6回コース：月1回(1月〜6月)
● 12回コース：月2回(1月〜6月)

※水よう日、土よう日の午前 (10:00~12:00)、午後 (18:00~20:00) のクラスがあります。

※教室に新しく入るときに、1,000 円が必要です。

※作ったパンは持って帰ることができます。

メニュー

	1月	2月	3月	4月	5月	6月
午前	テーブルロール	ベーグル	食パン	チョコパン	マフィン	メロンパン
午後	ゴマパン	デニッシュ	チーズパン	ロールケーキ	バターロール	バゲット

※土よう日の午前は、はじめてパンを作る人のための教室です。

※とちゅうで入ることもできます。

※一つのクラスに 5 人までです。

※6 回コースは12,000円/12回コースは20,000円です。

※1 回は一人1,500円です。

N4

ちょう かい
聴解
ふん
(35分)

ちゅう い
注　意
Notes

1. しけん はじ
試験が始まるまで、この問題用紙を開けないでください。
   Do not open this question booklet until the test begins.

2. この問題用紙を持って帰ることはできません。
   Do not take this question booklet with you after the test.

3. じゅけんばんごう な まえ した らん じゅけんひょう おな
受験番号と名前を下の欄に、受験票と同じように書いてく
ださい。
   Write your examinee registration number and name clearly in each
   box below as written on your test voucher.

4. もんだいよう し ぜん ぶ
この問題用紙は、全部で 15 ページあります。
   This question booklet has 15 pages.

5. もんだいよう し
この問題用紙にメモをとってもいいです。
   You may make notes in this question booklet.

じゅけんばんごう 受験番号　Examinee Registration Number	

な まえ 名前　Name	

もんだい1

　もんだい1では、まず　しつもんを　聞いて　ください。それから　話を　聞いて、もんだいようしの　1から4の　中から、いちばん　いい　ものを　一つ　えらんで　ください。

れい

1　いつも　いって　いる　びょういんへ　いって　みる。

2　がっこう　ちかくの　びょういんへ　いって　みる。

3　いつも　いって　いる　びょういんへ　でんわして　みる。

4　がっこう　ちかくの　びょういんへ　でんわして　みる。

1ばん

1

2

3

4

2ばん

1

2

3

4

3ばん

1 6枚を　ごぜん　11時半までに

2 6枚を　ごご　1時までに

3 7枚を　ごぜん　11時半までに

4 7枚を　ごご　1時までに

4ばん

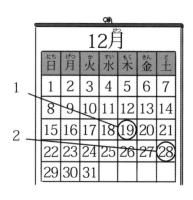

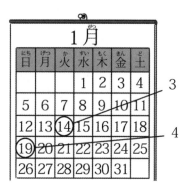

5ばん

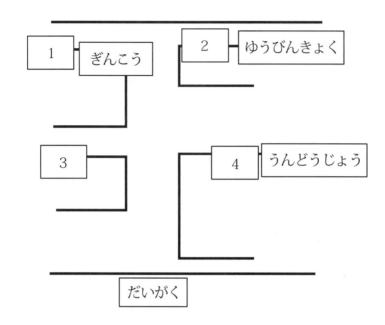

6ばん

ア

イ

ウ

エ

1　ア　ウ

2　ア　ウ　エ

3　イ　ウ　エ

4　ア　イ　エ

7ばん

1

2

3

4

8ばん

ア

イ

ウ

エ

1 ア イ
2 ウ エ
3 イ ウ エ
4 ア イ ウ エ

もんだい2

　もんだい2では、まず　しつもんを　聞いて　ください。そのあと、もんだいようしを　見て　ください。読む　時間が　あります。それから　話を　聞いて、もんだいようしの　1から4の　中から、いちばん　いい　ものを　一つ　えらんで　ください。

れい

1　アルバイトがあるから

2　先生に会いに行くから

3　あした行くことになったから

4　買いたいものがないから

1ばん

1　来月の　木曜日のチケット

2　来週の　水曜日のチケット

3　来月の　日曜日のチケット

4　来週の　月曜日のチケット

2ばん

1　イチ病院駅で　おりる。

2　ヒカリデパート前で　おりる。

3　ホシ銀行前で　おりる。

4　クニ病院前で　おりる。

3ばん

1 本や ネットで しらべたいことが あるから

2 パソコンを 使って べんきょうしたいから

3 せんぱいに 会う ことに なって いるから

4 先生に 相談したい ことが あるから

4ばん

1 子どもが 一人で 遊び場に はいる こと

2 遊び場で 飲み物を のむ こと

3 13階で 親と いっしょに あそぶ こと

4 パンを 食べながら アトラクションに のる こと

5ばん

1 あさ　7時の　クラス

2 ゆうがた　8時の　クラス

3 ごご　3時の　クラス

4 ごご　1時の　クラス

6ばん

1 一日中雨

2 一日中晴れ

3 午前は雨、午後は晴れ

4 午前は晴れ、午後は雨

7ばん

1 でんしゃに のって 行く。

2 車を うんてんして 行く。

3 タクシーに のって 行く。

4 あるいて 行く。

もんだい3

　もんだい3では、えを　見ながら　しつもんを　聞いて　ください。➡(やじるし)の　人は　何と　言いますか。1から3の　中から、いちばん　いい　ものを　一つ　えらんで　ください。

れい

1 ばん

2 ばん

3ばん

4ばん

5ばん

もんだい4

　もんだい4では、えなどが　ありません。まず　ぶんを　聞いて　ください。それから、そのへんじを　聞いて、1から3の　中から、いちばん　いい　ものを一つ　えらんで　ください。

― メモ ―

언어지식(문자·어휘)

もんだい1		もんだい4	
1	2	21	4
2	1	22	2
3	4	23	3
4	2	24	4
5	3	もんだい5	
6	1	25	1
7	3	26	1
もんだい2		27	2
8	4	28	3
9	2		
10	1		
11	2		
12	3		
もんだい3			
13	1		
14	3		
15	1		
16	2		
17	4		
18	3		
19	1		
20	2		

언어지식(문법)·독해

もんだい1		もんだい3	
1	2	18	2
2	4	19	3
3	1	20	4
4	3	21	4
5	3	もんだい4	
6	1	22	3
7	2	23	2
8	4	24	3
9	3	もんだい5	
10	3	25	2
11	2	26	3
12	1	27	4
13	4	もんだい6	
もんだい2		28	3
14	3	29	3
15	1		
16	1		
17	3		

청해

もんだい1		もんだい3	
れい	4	れい	2
1ばん	3	1ばん	3
2ばん	2	2ばん	2
3ばん	1	3ばん	1
4ばん	4	4ばん	3
5ばん	1	5ばん	2
6ばん	4	もんだい4	
7ばん	3	れい	3
8ばん	2	1ばん	3
もんだい2		2ばん	1
れい	2	3ばん	3
1ばん	2	4ばん	2
2ばん	3	5ばん	2
3ばん	1	6ばん	1
4ばん	3	7ばん	3
5ばん	4	8ばん	2
6ばん	1		
7ばん	2		

にほんごのうりょくしけん かいとうようし

N5 げんごちしき(もじ・ごい)

JLPT N5 실전 모의고사

じゅけんばんごう
Examinee Registration
Number

なまえ
Name

もんだい1

1	①	②	③	④
2	①	②	③	④
3	①	②	③	④
4	①	②	③	④
5	①	②	③	④
6	①	②	③	④
7	①	②	③	④

もんだい2

8	①	②	③	④
9	①	②	③	④
10	①	②	③	④
11	①	②	③	④
12	①	②	③	④

もんだい3

13	①	②	③	④
14	①	②	③	④
15	①	②	③	④
16	①	②	③	④
17	①	②	③	④
18	①	②	③	④

もんだい4

19	①	②	③	④
20	①	②	③	④
21	①	②	③	④

にほんごのうりょくしけん かいとうようし

N5 げんごちしき (ぶんぽう)・どっかい

なまえ
Name

じゅけんばんごう
Examinee Registration
Number

もんだい1

1	①	②	③	④
2	①	②	③	④
3	①	②	③	④
4	①	②	③	④
5	①	②	③	④
6	①	②	③	④
7	①	②	③	④
8	①	②	③	④

もんだい2

9	①	②	③	④
10	①	②	③	④
11	①	②	③	④
12	①	②	③	④
13	①	②	③	④

もんだい3

14	①	②	③	④
15	①	②	③	④
16	①	②	③	④
17	①	②	③	④

もんだい4

18	①	②	③	④
19	①	②	③	④

もんだい5

20	①	②	③	④
21	①	②	③	④

もんだい6

22	①	②	③	④

にほんごのうりょくしけん かいとうようし

N5 ちょうかい

じゅけんばんごう
Examinee Registration
Number

なまえ
Name

<ちゅうい Notes>

1. くろいえんぴつ(HB、No.2)でかいてください。
（ペンやボールペンではかかないでください。）
Use a black medium soft (HB or No.2) pencil.
(Do not use any kind of pen.)

2. かきなおすときは、けしゴムできれいにけしてください。
Erase any unintended marks completely.

3. きたなくしたり、おったりしないでください。
Do not soil or bend this sheet.

4. マークれい Marking examples

よいれい Correct Example	わるいれい Incorrect Examples
●	◌ ⊙ ⊘ ◍ ◐ ⊖

もんだい1

れい	①	②	❸	④
1	①	②	③	④
2	①	②	③	④
3	①	②	③	④
4	①	②	③	④
5	①	②	③	④
6	①	②	③	④
7	①	②	③	④

もんだい2

れい	①	❷	③	④
1	①	②	③	④
2	①	②	③	④
3	①	②	③	④
4	①	②	③	④
5	①	②	③	④
6	①	②	③	④

もんだい3

れい	❶	②	③	④
1	①	②	③	④
2	①	②	③	④
3	①	②	③	④
4	①	②	③	④
5	①	②	③	④

もんだい4

れい	①	②	❸	④
1	①	②	③	④
2	①	②	③	④
3	①	②	③	④
4	①	②	③	④
5	①	②	③	④
6	①	②	③	④

にほんごのうりょくしけん かいとうようし

N4 げんごちしき(もじ・ごい)

JLPT N4 실전 모의고사

じゅけんばんごう
Examinee Registration Number

なまえ
Name

<ちゅうい Notes>

1. <ろいえんぴつ(HB、No.2)でかいてください。
（ペンやボールペンでは かかないでください。）
Use a black medium soft (HB or No.2) pencil.
(Do not use any kind of pen.)

2. かきなおすときは、けしゴムできれいにけしてください。
Erase any unintended marks completely.

3. きたなくしたり、おったりしないでください。
Do not soil or bend this sheet.

4. マークれい Marking examples

よいれい Correct Example	わるいれい Incorrect Examples
●	◌ ◍ ◑ ◐ ◎ ⊘

もんだい1

1	①	②	③	④
2	①	②	③	④
3	①	②	③	④
4	①	②	③	④
5	①	②	③	④
6	①	②	③	④
7	①	②	③	④

もんだい2

8	①	②	③	④
9	①	②	③	④
10	①	②	③	④
11	①	②	③	④
12	①	②	③	④

もんだい3

13	①	②	③	④
14	①	②	③	④
15	①	②	③	④
16	①	②	③	④
17	①	②	③	④
18	①	②	③	④
19	①	②	③	④
20	①	②	③	④

もんだい4

21	①	②	③	④
22	①	②	③	④
23	①	②	③	④
24	①	②	③	④

もんだい5

25	①	②	③	④
26	①	②	③	④
27	①	②	③	④
28	①	②	③	④

にほんごのうりょくしけん かいとうようし

N4 げんごちしき (ぶんぽう)・どっかい

じゅけんばんごう
Examinee Registration
Number

<ちゅうい Notes>
1. <ろいえんぴつ(HB、No.2)でかいてください。
(ペンやボールペンではかかないでください。)
Use a black medium soft (HB or No.2) pencil.
(Do not use any kind of pen.)
2. かきなおすときは、けしゴムできれいにけしてください。
Erase any unintended marks completely.
3. きたなくしたり、おったりしないでください。
Do not soil or bend this sheet.
4. マークれい Marking examples

よいれい Correct Example	わるいれい Incorrect Examples
●	⊘ ⊗ ◯ ⊖ ⊕ ⊙ ◑

なまえ
Name

もんだい1

1	①	②	③	④
2	①	②	③	④
3	①	②	③	④
4	①	②	③	④
5	①	②	③	④
6	①	②	③	④
7	①	②	③	④
8	①	②	③	④
9	①	②	③	④
10	①	②	③	④
11	①	②	③	④
12	①	②	③	④
13	①	②	③	④

もんだい2

14	①	②	③	④
15	①	②	③	④
16	①	②	③	④
17	①	②	③	④

もんだい3

18	①	②	③	④
19	①	②	③	④
20	①	②	③	④
21	①	②	③	④

もんだい4

22	①	②	③	④
23	①	②	③	④
24	①	②	③	④

もんだい5

25	①	②	③	④
26	①	②	③	④
27	①	②	③	④

もんだい6

28	①	②	③	④
29	①	②	③	④

にほんごのうりょくしけん かいとうようし

N4 ちょうかい

JLPT N4 실전 모의고사

じゅけんばんごう
Examinee Registration Number

なまえ
Name

<ちゅうい Notes>

1. <ろいえんぴつ(HB、No.2)でかいてください。
   (ペンやボールペンではかかないでください。)
   Use a black medium soft (HB or No.2) pencil.
   (Do not use any kind of pen.)

2. かきなおすときは、けしゴムできれいにけしてください。
   Erase any unintended marks completely.

3. きたなくしたり、おったりしないでください。
   Do not soil or bend this sheet.

4. マークれい Marking examples

よいれい Correct Example	わるいれい Incorrect Examples
●	◯ ◯ ◯ ◯ ◯ ◯ ◑

もんだい1

れい	①	②	③	❹
1	①	②	③	④
2	①	②	③	④
3	①	②	③	④
4	①	②	③	④
5	①	②	③	④
6	①	②	③	④
7	①	②	③	④
8	①	②	③	④

もんだい2

れい	①	❷	③	④
1	①	②	③	④
2	①	②	③	④
3	①	②	③	④
4	①	②	③	④
5	①	②	③	④
6	①	②	③	④
7	①	②	③	④

もんだい3

れい	①	❷	③	④
1	①	②	③	④
2	①	②	③	④
3	①	②	③	④
4	①	②	③	④
5	①	②	③	④

もんだい4

れい	①	②	❸	④
1	①	②	③	④
2	①	②	③	④
3	①	②	③	④
4	①	②	③	④
5	①	②	③	④
6	①	②	③	④
7	①	②	③	④
8	①	②	③	④